民法典

合同编通则解释

条文要义

杨立新 / 著

中国法制出版社
CHINA LEGAL PUBLISHING HOUSE

前　言
Preface

2023 年 12 月 4 日，《最高人民法院关于适用〈中华人民共和国民法典〉合同编通则若干问题的解释》（以下简称《民法典合同编通则解释》）发布，定于 2023 年 12 月 5 日开始实施。这部司法解释对适用《中华人民共和国民法典》（以下简称《民法典》）合同编通则规定的合同法一般规则（也包括债法一般规则）统一了尺度，在我国合同法学领域是一个重要事件，完善了《民法典》合同编通则分编规定的一般规则体系，具有重要的理论价值和实践意义。

《民法典》编纂完成后，最高人民法院陆续制定了适用《民法典》的时间效力、总则编、物权编、婚姻家庭编、继承编、担保制度等司法解释。在《民法典》实施前，最高人民法院对《中华人民共和国合同法》（以下简称《合同法》）的适用就作了大量的司法解释，除对典型合同作出的司法解释外，还对适用《合同法》规定的合同一般规则作过两次司法解释。在《全国法院民商事审判工作会议纪要》也就是"第九次全国民事审判工作会议纪要"中，对合同一般规则的适用也作了一些具体规定。在《民法典》实施后，《全国法院贯彻适用民法典工作会议纪要》对具体适用《民法典》合同编通则规定的一般规则也作了一些具体规定。

按理说，在这样的基础上起草《民法典合同编通则解释》应当是轻车熟路、很容易完成的。但是，最高人民法院对这部司法解释的起草非常谨慎，在完成初稿、经过反复修改后，多次召开理论和实务部门的研讨会，广泛征求各部门、地方各级法院法官和民法理论专家的意见，逐条进行讨论，还在全社会公开征求各界意见，终于形成了这部比较完善的《民法典合同编通则解释》，应该说做到了精益求精，其是民法典司法解释中的精品。

深入研究和理解《民法典合同编通则解释》的具体条文，可以感受到其中蕴含的深刻法理和司法实践经验，对司法实务适用合同一般规则可能出现的问题，差不多都作了精当的解释，能够统一合同纠纷案件的裁判规则，为研究合同法理论研究也提供了新的依据。

正因如此，《民法典合同编通则解释》涉及的法理和实务问题都很前沿，具体理解和适用也会有一定难度，需要有深入浅出的解读，以便于更好地掌握，统一裁判思路。因此，在深入理解和研究这部司法解释的基础上，结合起草《民法典》合同编通则以及这部司法解释中积累的认识和体会，笔者依据《民法典》合同编通则的规定和合同法理论基础，对这部司法解释的条文作了简明、扼要的解读，原本打算作为授课的讲义，中国法制出版社的编辑认为可以作为图书出版，能够帮助读者便捷地掌握《民法典合同编通则解释》的基本精神和具体方法，产生更好的社会效果，因而就有了本书的出版。

由于对债与合同法理论修养和对《民法典》合同编通则的规定的理解还有局限，特别是《民法典合同编通则解释》刚刚公布，还需要进一步理解和深入研究，因此，本书解读《民法典合同编通则解释》条文可能会有不足。欢迎热心读者提出宝贵意见。

　　感谢中国法制出版社的策划编辑和责任编辑，精心策划本书选题和精准编辑、校对，使本书能够在很短的时间里与读者见面。在此表示衷心感谢！

中国人民大学民商事法律科学研究中心研究员

广东财经大学法学院特聘教授

杨立新

2023 年 12 月 6 日

目 录
Contents

导论

第一章　一般规定

第二章　合同的订立

第三章　合同的效力

第四章 合同的履行

第五章 合同的保全

第六章　合同的变更和转让

第七章　合同的权利义务终止

第八章 违约责任

第九章 附 则

导　论

　　《中华人民共和国民法典》（以下简称《民法典》）颁布实施后，最高人民法院已经出台了适用《民法典》的时间效力、担保制度、总则编、物权编、婚姻家庭编、继承编等一系列司法解释，2023 年 12 月 4 日又颁布了《民法典合同编通则解释》。自此，除对《民法典》人格权编、侵权责任编还没有出台一般性司法解释外，其他编的一般性司法解释都已发布。

　　刚刚颁布的《民法典合同编通则解释》，就《民法典》合同编通则规定的债与合同一般规则的具体法律适用，经过长时间的讨论和修改，集中了 1999 年《合同法》实施以来的司法实践经验和理论研究成果，形成了《民法典》有关债与合同法律适用一般性规则的完整司法解释，既有深刻的理论蕴含，又有丰富的司法实践经验作为基础支撑，具有重要的实践价值和理论意义，不仅是指导法官审理债与合同纠纷案件适用《民法典》合同编通则的具体规范，也是债与合同法理论研究的重要依据和探讨对象。

一、《民法典合同编通则解释》的产生和理论实践价值

（一）《民法典合同编通则解释》的产生基础

　　《民法典合同编通则解释》的产生及其理论实践价值，有以下重

要基础和价值。

1. 总结经验，依据实践和理论发展完善合同法规则

改革开放以来，我国的市场交易迅速发展，合同实践越来越广泛，交易秩序不断规范，对合同法律规制的需求越来越强烈。始则立法机关制定《经济合同法》《涉外经济合同法》《技术合同法》以应交易发展之急需，后又制定了集合同规则之大成的《合同法》，规定了比较完备的合同法律制度。

根据《合同法》的司法实践经验和实际需求，最高人民法院从两个方面制定适用《合同法》的司法解释：一是关于适用《合同法》总则规定的一般规则的司法解释；二是适用《合同法》典型合同规定的司法解释，其中前者更富有理论意义和实践价值，对适用《合同法》规定的合同一般规则作出了补充和完善。

合同法理论研究一直是民法理论研究的重点，结合市场经济发展的实际情况，借鉴国外和国际合同理论和规则的发展，创设了很多有关合同法的新规则，丰富了我国的债与合同法理论和司法实践，为我国经济发展、市场交易和合同争议的司法裁判等提供了重要规则和理论依据。

在此基础上，《民法典》合同编对我国的合同规则进行了大范围调整，大量吸收债与合同法的新规则，形成了比较完善的合同规则体系，使我国的合同法理论和实践向前发展了一大步。

不过，由于立法篇幅的限制，尽管《民法典》合同编有 526 个条文，并且有关于买卖合同纠纷、融资租赁合同纠纷、旅游纠纷、商品房买卖合同纠纷、城镇房屋租赁合同纠纷，以及审理民间借贷合同纠纷的典型合同规则适用的司法解释，但是，对于债与合同一般规则的具体适用，在原《最高人民法院关于适用〈中华人民共和

国合同法〉若干问题的解释（一）》和《最高人民法院关于适用〈中华人民共和国合同法〉若干问题的解释（二）》的基础上，仍然有进一步整合、补充、发展和完善的必要。

自 2020 年开始到现在的四年时间里，最高人民法院以原《最高人民法院关于适用〈中华人民共和国合同法〉若干问题的解释（一）》和《最高人民法院关于适用〈中华人民共和国合同法〉若干问题的解释（二）》的内容为基础，进一步总结司法实践经验，吸纳合同法理论的研究成果，反复推敲，完成了《民法典合同编通则解释》的制定工作，与《民法典》合同编通则规定的合同一般规则相得益彰，形成了合同法适用一般规则的完整体系。

2. 集思广益，广泛吸收各界提出的修改论证建议

在前述提到的有关适用《民法典》司法解释中，《民法典合同编通则解释》的起草用时最长。2020 年年初，编纂《民法典》进入最后阶段后，最高人民法院贯彻实施民法典领导小组就组织人员起草《民法典合同编通则解释》，形成了司法解释草案初稿。

2020 年年底，最高人民法院在出台各部适用《民法典》司法解释时，认为《民法典合同编通则解释》事关规范市场经济发展和市场交易秩序等复杂问题，必须慎重对待，因此没有急于出台，决定进行反复论证修改，以保障对合同一般规则解释的准确性。

在 2021 年至 2023 年的三年时间里，最高人民法院就该司法解释草案除在地方各级人民法院进行了广泛、深入的论证和征求意见外，仅在民法理论界和有关部委就进行了数十次理论研讨，逐条讨论、论证，又通过网络予以公布，广泛征求各界的修改意见，也经

过了立法机关的备案审查。① 在集思广益的基础上，起草小组对解释草案进行修改完善，最高人民法院审判委员会讨论通过，最终定稿并公布、实施。

从上述《民法典合同编通则解释》的产生过程就可以看到，《民法典合同编通则解释》不是起草者的个人见解，也不是起草小组的集体意见，而是最高人民法院以及各有关部门、全国学者专家以及各界人士集体智慧的结晶。

（二）《民法典合同编通则解释》的实践意义和理论价值

1. 为正确适用《民法典》审理合同争议补充必要的一般性规则

市场交易中的合同现象纷繁复杂，在合同订立、履行过程中发生的争议千姿百态，法律适用的难题无所不有。因此，审理合同争议适用《民法典》规定的合同法一般规则处理矛盾，平息纠纷，维护交易秩序，需要有完善的规则，才能平衡当事人之间的利益关系，公平确认双方当事人的权利义务，促进交易进行，推动社会经济的发展。

正因如此，在《民法典》的七编中，虽然合同编的篇幅最长，约占全部条文的41.75%，但是，合同编通则规定的合同法一般规则仍然不够完备、具体，有些规则过于抽象，在理解和适用上存在不同的见解，对交易中出现的新问题也存在应对规则不足的问题，需要统一见解和补充、完善具体适用规则。《民法典合同编通则解释》按照《民法典》合同编通则规定的内容和顺序，对应当并且能够作

---

① 《最高人民法院民二庭、研究室负责人就民法典合同编通则司法解释答记者问》，载最高人民法院网站，https：//www.court.gov.cn/zixun/xiangqing/419402.html，2023年12月14日访问。

出规范的，都作了相应的司法解释，能够给各级法官审判合同纠纷案件，正确适用《民法典》的规定，提供司法解释依据，统一了合同纠纷的法律适用规则，实现同案同判。例如，当事人之间对合同条款使用了不同于词句的通常含义的其他共同理解，在履行中发生争议的，究竟应当怎样进行解释，是一个难题。《民法典合同编通则解释》第1条第2款规定合同条款的解释规则，只要有证据证明当事人之间对合同条款有不同于词句通常含义的"其他共同理解"，对一方按照词句的通常含义理解合同条款的主张，就不予支持。这样就解决了这个合同解释的难题。

2. 为引领债与合同法理论发展提供实践基础和研究对象

《民法典合同编通则解释》的理论价值，不仅表现在确定合同一般规则条文所依据的深刻理论基础，还表现在一些具体规定运用了理论研究新成果，提出了新的理论研究课题，能够引领债与合同法理论发展。这对发展我国的债与合同法的理论，促进我国债与合同法治的进步，提供了新的研究对象。

例如，《民法典》没有明确规定"合同主要条款"的概念和规则，与合同法理论通说不够协调。在合同诸多条款中，必然存在主要条款，且主要条款在合同的成立方面具有决定性作用。没有确认合同主要条款，在判定合同成立和生效上就缺少基本的事实和法律依据。在《民法典》有关合同成立的条文中，虽然通过诸多条文的相互关系推论，可以确认存在合同主要条款，但是，由于没有明确规定具体条文，因而在理论上存在缺陷，在实务中指导审判实践也会造成误解，形成错判。对此，《民法典合同编通则解释》第3条确定，合同当事人的姓名或者名称、标的和数量是合同主要条款，在一般情况下，只要这三个条款能够确定，就应当认定合同成立。司法解释作这样的规定，就使合同主要条款的概念和规则从《民法典》的条文幕后走向台前，成为判断合同成立的事实依据。这在合同法理论上具有重要意义。

正是由于《民法典合同编通则解释》对于适用《民法典》合同编通则具有以上重要价值和意义，相信在今后的司法实践中，对指导民事审判正确适用《民法典》审理合同纠纷争议，推进我国债与合同法的理论研究，都会发挥重大作用。

二、《民法典合同编通则解释》对完善我国合同法一般规则体系的重大作用

《民法典合同编通则解释》遵循《民法典》合同编通则规定的我国合同法一般规则体系和内容，并进行了比较全面的补充，对我国债与合同法一般规则体系的完善发挥了重大作用。下文列举《民法典合同编通则解释》规定的主要规则。

（一）对合同编通则"一般规则"的完善

对《民法典》合同编通则规定的合同一般规则，《民法典合同编通则解释》只规定了两个条文：一是对合同条款解释规则的规定；二是对交易习惯的认定规则。

1. 合同条款的解释规则

《民法典合同编通则解释》第1条规定，合同解释以词句的通常含义为文义解释的基础。同时，也规定了合同条款有利解释原则，包括有利合同生效解释和有利无偿债务人解释的具体规则，前者体现的是促进交易原则，后者体现的是交易公平原则。

2. 对交易习惯的认定

尽管在理论上对交易习惯有直接适用论和排除适用论的不同见解，《民法典》还是特别重视交易习惯的适用。不过，《民法典》只规定了交易习惯的概念，没有规定交易习惯的类型和识别方法，在司法实践中存在交易习惯的界定和证明两大难题。《民法典合同编通则解释》第 2 条把交易习惯分为"往例"和"通例"，通例是当事人之间在交易活动中的惯常做法；往例是在交易行为当地或者某一领域、某一行业通常采用并为交易对方订立合同时所知道或者应当知道的做法。此外，还规定了主张交易习惯的举证责任负担规则，即由提出主张的当事人一方承担举证责任。

（二）对合同编通则"合同的订立"规则的完善

《民法典合同编通则解释》对合同的订立规则规定了比较复杂的内容，完善了合同订立的规则体系。其中最重要的部分有以下几点。

1. 确认主要条款达成合意的合同成立及例外

《民法典合同编通则解释》第 3 条规定了合同的主要条款达成合意，一般应当认定合同成立。同时，也规定了虽然确定具备合同主要条款，但是，在特殊情况下，其他非主要条款未达成合意的解决办法，即应当依据《民法典》第 510 条和第 511 条等规定予以确定。例如，合同标的没有市场价格或者难以确定市场价格，也不属于依法应当执行政府定价或者政府指导价的，当事人未就价款或者报酬进行协商，就应当依照《民法典》第 510 条、第 511 条等有关规定确定；在订立合同的过程中，当事人一方就质量、价款或者报酬、履行期限、履行地点和方式、违约责任和解决争议方法等对当事人权利义务有实质性影响的内容作出了意思表示，未与对方达成一致的，也应当按照这样的方法予以确定。但是，法律另有规定或者当事人另有约定的，如双方明确约定须就某项内容协商一致合同才能成立，事后无法达成合意的，不能认定合同已经成立。

2. 竞价方式订立合同的成立时间

对竞价方式订立合同的最重要解释，是补充了招标方式、现场拍卖、网络拍卖、产权交易所等主持拍卖或挂牌交易的合同成立时间。根据《民法典合同编通则解释》4 条的规定，招标合同自中标通知书到达中标人时成立，拍卖合同自拍卖师落槌、电子交易系统确认成交时成立，产权交易所等机构主持拍卖、挂牌交易合同自条件具备时成立。在司法实践中，对这个问题争论较大，裁判结果不一。该条司法解释统一了司法认定规则，以防止当事人对竞价方式订立合同的时间出现误判，损害其合法权益。

3. 完善预约合同规则

对《民法典》规定预约合同规则不具体的问题，《民法典合同编通则解释》第 6 条至第 8 条作了详细规定。

当事人以认购书、订购书、预订书等形式约定将来一定期限内订立合同，或者为担保将来一定期限内订立合同交付了定金，能够确定将来所要订立合同的主体、标的等内容的，预约合同成立。当事人通过签订意向书或者备忘录等方式，仅表达交易的意向，未约定在将来一定期限内订立合同，或者虽有约定但难以确定将来所要订立合同的主体、标的等内容，一方主张预约合同成立的，法院不予支持。当事人订立的认购书、订购书、预订书等已就合同标的、数量、价款或者报酬等主要内容达成合意，符合《民法典合同编通则解释》第 3 条第 1 款规定的合同成立条件，如果当事人未明确约定将来一定期限内另行订立合同，或者虽有约定但当事人一方已实施履行行为且对方接受的，本约合同成立。

《民法典》未明确规定违反预约合同的违约责任形式。《民法典合同编通则解释》第 7 条确认当事人一方拒绝订立本约合同，或者在磋商订立本约合同时违反诚信原则，导致未能订立本约合同，是认定违反预约合同的主要表现形式。对违反预约合同的违约损害赔偿责任，当事人有约定的，按照约定；没有约定的，法院应当综合考虑预约合同在内容上的完备程度，以及订立本约合同条件的成就程度等因素酌定。

4. 有关格式条款的认定和解释

《民法典合同编通则解释》第 9 条和第 10 条对格式条款的法律适用，分为两个层次作出规定。

第一，对如何认定格式条款，规定当事人仅以合同系依据合同示范文本制作，或者双方已经明确约定合同条款不属于格式条款为由，或者从事经营活动的当事人一方仅以未实际重复使用为由主张其预先拟定且未与对方协商的合同条款不是格式条款的主张，都是没有法律根据的，不能否定格式条款的性质。

第二，理论认为，格式条款作为合同条款订入合同，须与对方达成合意，而此时要约和承诺的意思表示都具有了一定的特殊性，在格式条款提供者方面，典型的表现为对"提示说明义务"的履行。《民法典合同编通则解释》第 10 条第 1 款规定，提示义务是指"提供格式条款的一方在合同订立时采用通常足以引起对方注意的文字、符号、字体等明显标识，提示对方注意免除或者减轻其责任、排除或者限制对方权利等与对方有重大利害关系的异常条款"。第 10 条第 2 款规定，说明义务是指"提供格式条款的一方按照对方的要求，就与对方有重大利害关系的异常条款的概念、内容及其法律后果以书面或者口头形式向对方作出通常能够理解的解释说明"。提供格式条款的一方对已尽提示义务或者说明义务承担举证责任。

(三) 对合同编通则"合同的效力"规则的完善

《民法典合同编通则解释》对合同效力规则，使用了 15 个条文作出解释，约占全文的 21.74%。之所以对合同效力规则作出如此复杂的解释，主要原因有四：一是依照《民法典》的规定认定合同效力，主要适用《民法典》总则编关于民事法律行为效力的规定，同时还要适用合同编关于合同效力的规定，这两方面的规则需要进行衔接，因而与原来适用《合同法》有关合同效力的统一规则有所区别；二是《民法典》关于民事主体的规定中，规定了一些不得对抗善意相对人的行为，因此引发的合同效力问题需要进一步明确；三是《民法典》合同编通则关于合同效力的规定比较简单，只对一些一般性问题作出了规定，对很多具体问题都没有作出规定；四是认定合同的效力，实践中反映的问题非常复杂，也特别具体，需要有具体的司法实务操作方法。正因为存在这些原因，《民法典合同编通则解释》才对合同效力规则作了全面补充和完善。

1. 多份合同的效力认定

在对合同效力的解释中最值得称道的，是《民法典合同编通则解释》第 14 条对多份合同效力认定和第 15 条对名实不符的合同效力认定规则的确定，也就是实践中对所谓的"黑白合同""阴阳合同"的效力认定。对这两个方面的规定，针对司法实践对黑白合同、备案合同与报批合同、合同名称与内容存在冲突的问题，规定了认定对当事人发生法律效力的合同的方法，解决了司法实践中特别重要又一直没有解决好的问题。

《民法典合同编通则解释》对这两种情况作出了具体规定，统一了司法实践应当依照隐藏行为规定认定的规则，即当事人为规避法律、行政法规的强制性规定，以虚假意思表示隐藏真实意思表示的，应当依据《民法典》第 153 条第 1 款的规定认定被隐藏合同的效力；当事人为规避法律、行政法规关于合同应当办理批准等手续的规定，以虚假意思表示隐藏真实意思表示的，应当依据《民法典》第 502 条第 2 款的规定认定被隐藏合同的效力。

《民法典合同编通则解释》第 15 条还规定，人民法院认定当事人之间的权利义务关系，不应当拘泥于合同使用的名称，而应当根据合同约定的内容。这个规则特别重要，在合同纠纷案件中，很多就是因此发生纠纷的。例如，合同标题写明的是合作合同，但是内容却是借款；合同标题是买卖合同，但是实际内容却是民间借贷与担保。对此，当事人主张的权利义务关系与根据合同内容确立的权利义务关系不一致的，应当结合缔约背景、交易目的、交易结构、履行行为以及当事人是否存在虚构交易标的等事实，认定当事人之间的民事法律关系，并据此认定合同的成立与效力。这样就能够解决名实不符合同的性质问题。

2. 违反强制性法律规定不导致合同无效的具体情形

《民法典》第 153 条第 1 款规定，违反强制性法律规定的法律行为无效。但是，该强制性规定不导致该民事法律行为无效的除外。我们对该款后段的规定应如何理解适用，都不够清楚。《民法典合同编通则解释》第 16 条作了具体规定。

违反法律、行政法规强制性规定，由行为人承担行政责任或者刑事责任能够实现强制性规定的立法目的，不导致合同无效的具体情形包括：一是合同的履行给社会公共秩序造成的影响显著轻微

（强制性规定虽然旨在维护社会公共秩序，但是合同的实际履行对社会公共秩序造成的影响显著轻微，认定合同无效将导致案件处理结果有失公平公正）；二是强制性规定旨在维护政府的税收、土地出让金等国家利益或者其他民事主体的合法利益而非合同当事人的民事权益，认定合同有效不会影响该规范目的的实现；三是强制性规定旨在要求当事人一方加强风险控制、内部管理等，对方无能力或者无义务审查合同是否违反强制性规定，认定合同无效将使其承担不利后果；四是当事人一方虽然在订立合同时违反强制性规定，但是在合同订立后其已经具备补正违反强制性规定的条件却违背诚信原则不予补正；五是法律、司法解释规定的其他情形。

但是，法律、行政法规的强制性规定旨在规制合同订立后的履行行为，当事人以合同违反强制性规定为由请求认定合同无效的，人民法院不予支持。但是，合同履行必然导致违反强制性规定或者法律、司法解释另有规定的除外。

3. 合同违背公序良俗

违背公序良俗是《民法典》新规定的民事法律行为无效的理由。就民法理论而言，公序良俗是很难确定的规则，即公共秩序和善良风俗的界定缺少通说，司法实践在适用中存在诸多乱象，根治的关键在于清楚认识和妥当把握公序良俗概括条款适用的谦抑性。因此，没有准确的解释，很难在实践中正确适用。《民法典合同编通则解释》第17条采用的方法是，把合同存在影响政治安全、经济安全、军事安全等国家安全，以及合同存在影响社会稳定、公平竞争秩序或者损害社会公共利益等违背社会公共秩序的行为，作为违背公共秩序的两种主要类型；把背离社会公德、家庭伦理或者有损人格尊

严等违背善良风俗的，作为违背善良风俗的具体要求，规定了判断
标准，保障正确适用。

4. 无权处分、越权代表、越权职务代理订立合同的效力

对《民法典》没有规定的无权处分订立合同的效力、法定代表
人或者负责人越权代表订立合同的效力、越权职务代理订立合同的
效力，以及印章与合同效力的关系问题，《民法典合同编通则解释》
都规定了具体规则，把《民法典》总则编的规定与合同编的规定衔
接起来，不仅在统一司法裁判上具有重要价值，而且也为民法理论
提供了值得研究的课题。

例如，根据第 19 条的规定，无权处分并不导致合同无效，但是
可以依据履行不能而解除合同。根据第 20 条的规定，越权代表行
为，相对人未尽审查义务，主张合同有效并由法人或者非法人组织
承担违约责任的，不予支持，但是，可以参照《民法典》第 157 条
的规定向有过错的法人或者非法人组织主张其承担相应的损害赔偿
责任。根据第 21 条的规定，越权职务代理订立的合同，不支持相对
人请求有效并由其承担违约责任的诉讼请求，但是可以参照《民法
典》第 157 条的规定请求赔偿。

对印章与行为效力的关系，在什么情况下的盖章行为能使第三
人产生合理信赖此行为的法律效力，立法和司法解释都没有作出明
确规定，需要进一步明确。《民法典合同编通则解释》第 22 条规定，
合同系以法人、非法人组织的名义订立，但是仅有法定代表人、负
责人或者工作人员签名或者按指印而未加盖法人、非法人组织的印
章，相对人能够证明法定代表人、负责人或者工作人员在订立合同
时未超越权限的，人民法院应当认定合同对法人、非法人组织发生
效力。但是，当事人约定以加盖印章作为合同成立条件的除外。合

同仅加盖印章而无人员签名或者按指印，相对人能够证明没有超越权限的，合同有效。

5. 法定代表人、负责人或者代理人与相对人恶意串通合同无效的连带责任

法定代表人、负责人或者代理人与相对人恶意串通订立合同的效力，《民法典合同编通则解释》第 23 条依据《民法典》第 164 条第 2 款对代理人与相对人恶意串通行为，损害被代理人合法权益，双方承担连带责任的规定，扩大解决法定代表人、负责人与代理人与相对人恶意串通订立合同的认定规则，确定法定代表人、负责人或者代理人与相对人恶意串通损害法人、非法人组织合法权益的，法人或者非法人组织不承担违约责任；主张法定代表人、负责人或者代理人与相对人对被代理人受到的损失承担连带责任的，应当支持。

6. 价款返还与利息计算

应当特别强调《民法典合同编通则解释》第 25 条关于价款返还及其利息计算的规定。这是对《民法典》第 157 条规定合同不成立、无效、被撤销或者确定不发生效力后的返还价款或者报酬，没有规定资金占用费和标的物使用费规则的补充解释。发生《民法典》第 157 条规定的情形，当事人请求对方返还占用的资金的，须支付资金占用费；计算方法是：应当在当事人请求的范围内按照中国人民银行授权全国银行间同业拆借中心公布的一年期贷款市场报价利率（LPR）计算；如果占用资金的当事人对合同不成立、无效、被撤销或者确定不发生效力没有过错的，应当以中国人民银行公布的同期同类存款基准利率计算。

请求返还占用的标的物，主张标的物使用费的，应当支持；主张标的物使用费与资金占用费相互抵销的，也应予支持。

这些规则都是从司法实践中总结出来的经验结晶，发展了合同不成立、无效、被撤销或者确定不发生效力后果的规则和理论。

（四）对合同编通则"合同的履行"规则的完善

《民法典合同编通则解释》在"合同的履行"这一节中规定 7 个条文，对《民法典》规定的一些重要合同规则也作出了解释，对完善合同履行规则具有重要价值。

1. 以物抵债协议

在对合同履行的解释中，对以物抵债规则的解释最有价值。《民法典》和《合同法》都没有规定以物抵债。从订立目的、达成时间、表现形式、内容实质属性等方面来看，以物抵债协议呈现出多种类型，引发的法律后果亦存在较大差异，对以物抵债协议的性质及效力的认定不能简单套用传统民法中的代物清偿制度。《民法典合同编通则解释》第 27 条和第 28 条依照民法理论研究成果和司法实践经验，把以物抵债区分为两种类型：一是债务履行期限届满后达成的以物抵债协议；二是债务履行期限届满前达成的以物抵债协议。

基本规则是：第一，债务人或者第三人与债权人在债务履行期限届满后达成以物抵债协议，不存在无效或者未生效情形的，应当认定该协议自当事人意思表示一致时生效。第二，债务人或者第三人与债权人在债务履行期届满前达成以物抵债协议的，应当在审理债权债务关系的基础上认定该协议的效力。对两种不同类型分别规定了以物抵债协议成立的要件、生效的时间、发生纠纷的处置方法以及以物抵债履行的法律效果，区分了两种不同的以物抵债具体规则和法律后果的不同，规则清晰明确，便于适用。

2. 合同履行中的第三人

有关合同履行中的第三人，《民法典》第 522 条至第 524 条规定了向第三人履行、由第三人履行和第三人代为履行三种情形，其中向第三人履行和第三人代为履行的规则不够具体，需要进一步规范。《民法典合同编通则解释》第 29 条和第 30 条针对这两种情形作出了规定，对适用这两个条文的具体规则作出了明确的解释。

第一，向第三人履行，通过体系解释、法意解释、比较法解释，可以且应该肯定第三人履行请求权，有权请求债务人向自己履行债务。第 29 条确认向第三人履行的第三人履行请求权，但除法律另有规定外，第三人无权主张行使撤销权、解除权等民事权利。合同依法被撤销或者被解除，债务人如果向债权人请求返还财产的，应予支持。债务人向第三人履行债务，第三人如果拒绝受领，债权人请求债务人向自己履行债务的，也应予支持，但是债务人已经采取提存等方式消灭债务的除外。第三人拒绝受领或者受领迟延，债务人有权请求债权人赔偿因此造成的损失。

第二，第三人代为履行是一项新制度，虽然突破了债的相对性原则，但具有保护当事人合法权益的正当性基础。其中对履行债务具有合法利益的第三人应当怎样界定，《民法典》第 524 条第 1 款没有具体规定。《民法典合同编通则解释》第 30 条规定，对履行债务具有合法利益的第三人具体包括：一是保证人或者提供物的担保的第三人；二是担保财产的受让人、用益物权人、合法占有人；三是担保财产上的后顺位担保权人；四是对债务人的财产享有合法权益且该权益将因财产被强制执行而丧失的第三人；五是债务人为法人或者非法人组织的，其出资人或者设立人；六是债务人为自然人的，其近亲属；七是其他对履行债务具有合法利益的第三人。其中第七项的其他，如转租关系中的次承租人，在承租人迟延缴纳租金时，就对债务履行具有合法利益，可以向债权人代为履行。

第三人在代为履行后，在其已代为履行的范围内取得对债务人的债权，但是不得损害债权人的利益。第三人是担保人的，在代为履行债务取得债权后，有权向其他担保人主张担保权利，可依据《最高人民法院关于适用〈中华人民共和国民法典〉有关担保制度的解释》第13条、第14条、第18条第2款等规定处理。

3. 同时履行抗辩权和先履行抗辩权

对同时履行抗辩权与先履行抗辩权的具体适用，《民法典》规定的规则比较具体，在具体实践中适用也存在一些需要明确的问题。

针对同时履行抗辩权的一方当事人以对方没有履行非主要债务为由，拒绝履行自己的主要债务，是否符合同时履行抗辩权的行使要件，《民法典合同编通则解释》第31条第1款作出否定性规定，同时也规定了例外条件。

先履行抗辩权在诉讼中，究竟是以抗辩方式提出，还是以反诉方式提出，《民法典合同编通则解释》第31条第2款规定为均可。这是实事求是的态度，且特别有利于享有先履行抗辩权的一方当事人保护自己的合法权益。

4. 情势变更

在对合同履行的解释中，最重要的是《民法典合同编通则解释》第32条关于情势变更适用规则的规定。

我国《合同法》在起草以及适用后，对可否适用情势变更原则，立法和司法几经周折。《合同法》立法时，立法者对是否规定情势变更原则始终忧心忡忡，下不了决心，担心法官滥用，损害市场交易规则。最高人民法院根据司法实践需要，确定在严苛条件下可以适用情势变更原则。

《民法典》第533条规定了情势变更原则，对其适用规定了比较严格的条件。在具体适用中还有一些具体问题需要解决，并且在适用情势变更规则对合同进行变更或解除时，应当注意限制法官自由裁量权对于当事人意思的过度干预。对此，《民法典合同编通则解释》第32条采取以下办法进行规制。

对怎样认定《民法典》第533条规定的合同的基础条件发生"重大变化"，该条第1款规定，因政策调整或市场供求关系异常变动等原因，导致价格发生当事人在订立合同无法预见、不属于商业风险的涨跌，继续履行合同对当事人一方明显不公平的，作为适用情势变更原则的基本要求。

对适用情势变更原则的后果究竟是变更还是解除合同，该条第2款确定优先适用变更，当事人请求变更的，法院不得解除合同；一方请求变更，另一方主张解除合同的，或者当事人一方请求解除合同，对方请求变更合同的，法院应当结合案件的实际情况，根据公平原则判决变更或者解除合同。

这些规定体现了民法理论研究情势变更的主要见解，在司法实践中能统一适用。

（五）对合同编通则"合同的保全"规则的完善

《民法典合同编通则解释》对合同的保全也特别重视，用了14个条文作出具体规定。其中，一部分是实体性规则，主要是对债权人代位权或者债权人撤销权行使条件的解释；另一部分是对行使债权人代位权或者债权人撤销权诉讼的程序性规则。

应当注意的是，《民法典》对债权人代位权和债权人撤销权两种保全措施规定的规则不同，前者适用"非入库规则"，后者适用"入库规则"，因而行使代位权或者撤销权的后果并不相同，债权人对债务人的相对人行使权利不都是为保全债务人的财产，而是债权人在行使代位权时可以直接请求相对人对自己清偿债务，实现债权。对此，《民法典合同编通则解释》根据不同情况规定了不同的规则。

在债权人代位权和债权人撤销权的行使条件中，《民法典合同编通则解释》第 33 条和第 34 条着重解释了代位权中的"怠于行使权利影响到期债权实现"和"专属于债务人自身的权利"这两个具体要件应当如何认定。对债权人行使撤销权，第 42 条和第 43 条着重解释的是对"明显不合理"低价或高价和"其他不合理交易行为"要件的认定，同时，还规定了行使债权人撤销权的效力范围和撤销权行使的法律后果。

对债权人代位权诉讼的程序，第 35 条至第 41 条规定了代位权诉讼的管辖、代位权诉讼与仲裁协议的协调、代位权诉讼中债务人的相对人的诉讼地位以及合并审理。同时，也对代位权不成立应该如何处理、代位权诉讼对债务人处分行为的限制等情形，作出了具体规定。

对债权人撤销权诉讼的程序，第 46 条重点解决了债权人撤销权诉讼实行入库规则与代位权诉讼实行非入库规则之间的关系，规定债权人在行使撤销权撤销债务人与相对人的财产处分行为时，可以同时起诉对债务人的债务请求清偿，可以合并审理，一并解决债权人行使撤销权保全财产和债权人主张债务人清偿债务两个争议。因而出现的后果是，债权人行使代位权可以直接主张用债务人的相对人的债务清偿自己的债权；债权人行使撤销权实行入库规则，不能向债权人的相对人直接主张清偿自己的债务，但是，可以通过对债务人同时行使清偿债务的请求权，与对相对人行使撤销权的诉讼合并审理，基本上也能实现同样的目的。这是一个非常重要的规则，既符合债的保全的法理要求，又实事求是地处理了立法与司法实践之间的关系协调。

（六）对合同编通则"合同的变更和转让"规则的完善

对合同变更和转让规则，《民法典合同编通则解释》规定的内容比较少，主要针对的是债权债务转让中的第三人和债务加入的追偿权的规则完善。

1. 债权债务转让中的诉讼第三人

《民法典合同编通则解释》第47条规定的是债权债务转让诉讼中第三人的程序法规则。债权转让后，债务人向受让人主张其对让与人的抗辩，以及债务转移后新债权人主张原债务人对债权人的抗辩的，都可以将让与人或者原债务人追加为第三人；债权债务概括转让的，对方就合同权利义务向受让人主张抗辩或者受让人就合同权利义务向对方主张抗辩的，也可以将让与人追加为第三人。

2. 债权转让通知

对债权转让通知，《民法典合同编通则解释》第48条作了比较详细的规定，主要是在债权转让中，债务人在接到债权转让通知或者未接到债权转让通知，对让与人的履行是否发生法律效力，应当以债务人接到债权转让通知为准，认定债务人应当向新债权人还是向原债权人履行。

3. 表见让与和债务人确认债权存在

债权转让后，有可能存在债权人否认债权和债务人否认债权的

导 论 | 21

情形，前者是表见让与，后者是债务人确认债权存在。

对于表见让与，第 49 条规定，债务人接到债权转让通知后，让与人以债权转让合同不成立、无效、被撤销或者确定不发生效力为由请求债务人向其履行的，人民法院不予支持。但是，该债权转让通知被依法撤销的除外。

对于债务人确认债权存在，是受让人基于债务人对债权真实存在的确认受让债权后，债务人又以该债权不存在为由拒绝向受让人履行。对此，法院不予支持。但是，受让人知道或者应当知道该债权不存在的除外。

4. 债权的多重转让

让与人将同一债权转让给两个以上受让人，就是债权的多重转让。如何确定哪一个受让人成为新债权人，应当以债务人最先接到债权转让通知所载明的受让人为准。债务人已经向最先通知的受让人履行为由主张其不再履行债务的，人民法院应予支持。如果债务人明知接受履行的受让人不是最先通知的受让人，最先通知的受让人请求债务人继续履行债务或者依据债权转让协议请求让与人承担违约责任的，法院应予支持；最先通知的受让人请求接受履行的受让人返还其接受的财产的，由于数个受让人之间并无法律关系，因此法院不予支持，但是接受履行的受让人明知该债权在其受让前已经转让给其他受让人的除外。

5. 债务加入的追偿权

对第三人加入债务，原《合同法》没有规定，全国法院民商事审判工作会议纪要作过解释。《民法典》在"合同的履行"一章作了规定，《最高人民法院关于适用〈中华人民共和国民法典〉有关担保制度的解释》就有关问题也作了规定，主要规则明确，但是没有规定第三人加入债务在清偿债务后的追偿权。学者依据《民法典》第519条第2款的规定认为，债务加入人向债权人履行债务后，可以向原债务人追偿，并取得法定代位权，而原债务人可以向债务加入人主张自己对债权人的抗辩。

《民法典合同编通则解释》第51条主要针对债务加入人履行债务后的追偿权以及其他权利，规定了第三人加入债务履行对债权人的债务后，双方如果约定第三人享有追偿权的，第三人可以向债务人行使追偿权；没有约定追偿权的，第三人可以在向债权人履行的范围内，向债务人请求清偿不当得利债务。这些规则，在《民法典》第552条关于债务加入的规定中没有说明，以往的司法解释也没有作过规定。这是一个实际存在的问题，必须有统一的操作规范。《民法典合同编通则解释》对此规定了具体的规则。

（七）对合同编通则"合同的权利义务终止"规则的完善

《民法典合同编通则解释》对合同的权利义务终止的补充规则也比较少，主要针对的是协商解除的法律适用、对行使解除权通知的审查、撤诉后再次起诉解除时合同的解除时间认定、抵押权行使的效力、抵销参照适用债务抵充规则以及侵权行为人不得主张抵销等情形，规定了适用《民法典》有关规则的具体规则。

1. 协商解除

协商解除合同不同于行使解除权解除合同，是双方当事人根据合同成立的程序，合意消灭合同的方法。《民法典》虽然把协商解除规定在"合同的权利义务终止"中关于解除的范围里，但是规定也比较简单。《民法典合同编通则解释》第52条主要解决的问题是，解除合同协议中未对合同解除后的违约责任、清算和清理等问题作出处理的，也成立协商解除。一方行使合同解除权，法院审理认为不符合合同解除权的行使条件，但是对方同意解除，或者双方都主张解除合同的，构成协商解除，产生合同因解除而消灭的效果。

2. 对行使解除权通知的审查

通知解除合同是行使约定解除权或者法定解除权的方法。合同法对于解除合同有严格要求，绝非只要合同当事人一方发出解除通知且对方未以诉讼或仲裁方式提出异议，就可以发生合同解除的效果。实践中对此问题仍有认识不清的地方，司法裁判做法不一。根据《民法典合同编通则解释》第53条的规定，一方行使解除权，向对方通知解除合同后，以对方未在约定的异议期限或者其他合理期限内提出异议为由，主张合同已经解除的，法院要进行实体审查。如果确认该方享有解除权，解除通知已经到达对方的，确认合同解除；审理认为不享有解除权的，不发生合同解除的效力。

3. 法定抵销权行使的效力

对抵销消灭合同，根据《民法典合同编通则解释》第55条的规定，行使法定抵销权，在抵销通知到达对方时，双方互负的主债务、利息、违约金或者损害赔偿金等债务在同等数额内消灭。如果行使抵销权的一方负担数项债务种类相同，享有的债权不足以抵偿全部债务，当事人因抵销的顺序发生争议的，根据《民法典合同编通则解释》第56条，可以参照适用《民法典》规定的债务抵充规则，确认抵销债权的先后顺序。

4. 不准行使抵销权的债权

对抵销权的规定最有意义的规定是《民法典合同编通则解释》第57条，即人身损害赔偿债务，因故意或者重大过失造成财产损失产生的财产损害赔偿债务，侵权人提出这种抵销主张的，不予支持。

5. 已过诉讼时效债权的抵销

对已过诉讼时效债权的抵销，《民法典合同编通则解释》第 58 条规定了两种情形，以主张抵销的当事人是否享有诉讼时效届满的抗辩权，以及对方当事人是否同意为标准，确定是否可以抵销。一是一方以其诉讼时效期间已经届满的债权通知对方主张抵销（主动债权罹于诉讼时效），对方提出诉讼时效抗辩的，对该抗辩依法予以支持。二是一方的债权诉讼时效期间已经届满（被动债权罹于诉讼时效），对方主张抵销的，依法予以支持，但是，根据债务性质，按照当事人约定或者依照法律规定不得抵销的除外。

（八）对合同编通则"违约责任"规则的完善

《民法典合同编通则解释》对违约责任规则的完善是解释的重点，十分重要，在理论和实践上都有重要价值。

1. 非金钱债务违约后继续履行不能的终止合同权利义务请求权

《民法典》第 580 条第 2 款规定，非金钱债务违约后继续履行不能，当事人有权请求法院和仲裁机构裁决终止合同的权利义务关系。这一规定不仅在理论上有争议，而且在实务操作上也有需要解决的问题。其中最重要的是，这个权利的性质是请求权而不是形成权，且规定请求权主体是"当事人"而没有规定是哪一方当事人。

针对立法上的这种表述，需要进一步明确行使这一权利的具体操作方法。

事实上，这里的"当事人"在理论上包含非违约方，但是，该方并非必须行使这一终止合同权利义务关系的请求权，完全可以直接行使解除权解除合同。因而"当事人"中主要包含的是违约方，由于非违约方不行使解除权而使继续履行不能的合同陷入僵局，为破解该僵局，才赋予违约方终止合同权利义务关系的请求权，借以终结合同的权利义务关系。

《民法典合同编通则解释》第 59 条针对这种情形，明确规定终止合同权利义务关系时间的确定。即：一般规则是，当事人一方依据《民法典》第 580 条第 2 款的规定请求终止合同权利义务关系的，法院一般应当以起诉状副本送达对方的时间作为合同权利义务关系终止的时间。二是特殊规则是，根据案件的具体情况，以其他时间作为合同权利义务关系终止的时间更加符合公平原则和诚信原则的，法院可以以该时间作为合同权利义务关系终止的时间，但是应当在裁判文书中充分说明理由。

该条司法解释把《民法典》第 580 条第 2 款规定的规则作出如此清晰的规定，能够统一裁判规则，方便实务操作，同时也丰富了合同法的基础理论。

2. 违约损害赔偿责任

对违反合同的损失赔偿责任，《民法典合同编通则解释》将其作为重点，第 60 条至第 61 条作了详细规定，便于司法实务操作。首先，明确了确定违约损失赔偿的"可得利益损失规则"和"可预见利益损失规则"这两个违约损失赔偿基本规则；其次，对这两种违约损失赔偿规则的具体适用规定了具体方法。

（1）可得利益损失赔偿规则

对违约损失赔偿可得利益损失规则适用的一般方法是，确定合同履行后可以获得的利益，可以按照扣除非违约方为订立、履行合同支出的费用等合理成本后，按照非违约方能够获得的生产利润、经营利润或者转售利润等计算。这就是违约损失赔偿的标的。

应当特别重视司法解释强调的非违约方应当遵守的减损规则。

在违约方违反合同义务时，非违约方应当尽可能采取措施，减少违约造成的实际损失。如果违反减损规则的要求，非违约方故意扩大损失或者放任损失扩大，将不能获得对方当事人损失赔偿的救济。

实行减损规则，非违约方在依法行使合同解除权时，向违约方请求损失赔偿，而损失赔偿的计算就必然受到减损规则的限制，受损害一方必须采取合理的行为以减少损失，安排替代交易以减轻损失。非违约方没有实施替代交易行为的，应当扣除实施替代交易能够减损部分的损失赔偿责任。

因无法确定可得利益损失的赔偿，《民法典合同编通则解释》第62条规定，非违约方在合同履行后可以获得的利益难以根据本解释第60条、第61条的规定予以确定的，法院可以综合考虑违约方因违约获得的利益、违约方的过错程度、其他违约情节等因素，遵循公平原则和诚信原则确定。

（2）持续性定期合同的可得利益赔偿

对以持续履行的债务为内容的定期合同，一方不履行支付价款、租金等金钱债务，对方如果请求解除合同，审理认为合同应当依法解除的，应当根据当事人订立合同的目的，综合考虑合同主体、合同内容、交易类型、交易习惯、磋商过程等因素，按照与违约方处于相同或者类似情况的民事主体在订立合同时预见到或者应当预见到的损失予以确定。

（3）可预见性规则

对可预见性规则的适用，认定违约一方订立合同时预见到或者应当预见到的因违约可能造成的损失，应当根据当事人订立合同的目的，综合考虑合同主体、合同内容、交易类型、交易习惯、磋商过程等因素，按照与违约方处于同样或类似情况的民事主体，在订立合同时预见或者应当预见的损失，予以确定。这一解释的价值在于，从合同保护目的的角度认识可预见性规则，会产生损害赔偿内在体系的统一效应，为统一损害赔偿体系的构建奠定基础。

此外，非违约方主张还有其向第三人承担违约责任应当支出的额外费用等其他因违约所造成的损失，并请求违约方赔偿，审理认为该损失系违约一方订立合同时预见到或者应当预见到的，法院应予支持。

3. 违约金调整

《民法典》第585条第2款强调，对于违约金过高或者过低，法院可以根据当事人的请求予以调整，只有在当事人要求调整违约金的情况下，法院才能调整，因为这是当事人的私权利，法院不能依职权即公权力主动调整当事人之间自治范围内的私人关系。对调整过高或者过低的违约金，《民法典合同编通则解释》第64条规定了请求调整违约金的方式和举证责任，第65条规定了违约金的司法酌减、违约金调整的释明与改判的规则。确定当事人约定的违约金超过造成损失30%的，一般可以认定过分高于造成的实际损失。特别规定的是，对恶意违约的当事人请求减少违约金的，一般不予支持。

行使违约金的酌减权，应当由当事人在诉讼过程中提出；法官在审理过程中有释明的责任，根据审理的不同程序对权利人释明，由权利人本人作出是否行使权利的选择。

4. 定金识别和定金罚则适用

定金的固有功能决定了定金责任的惩罚性色彩通常比违约金责任更浓厚。对定金责任适用控制存在问题，应当通过惩罚性赔偿法定原则限制其惩罚性，由此可统合各类违约赔偿约款的法律适用。对定金规则的完善，《民法典合同编通则解释》第67条和第68条两个条文都体现了对定金责任的限制原则。

首先，对依照合同约定交付留置金、担保金、保证金、订约金、押金或者订金等金钱的，能否认定为定金，应当根据《民法典》第587条规定的定金罚则确定，如果确定当事人预交这些名义的金钱，同时约定了适用定金罚则的，应当认定为定金；否则，不能认定为定金。对于违约定金、立约定金、证约定金和解约定金的适用，都作了规定。

其次，对适用定金罚则规定了三个规则：一是当事人一方仅有轻微违约，对方具有致使不能实现合同目的的违约情形，轻微违约方主张适用定金罚则，对方以轻微违约方也有违约行为为由进行抗辩的，对该抗辩不予支持；二是定金罚则可以根据部分履行合同的情形，按比例适用，但是部分未履行致使不能实现合同目的的为例外；三是因不可抗力致使合同不能履行，非违约方主张适用定金罚则的，不予支持。

三、《民法典合同编通则解释》对完善《民法典》司法解释体系的启示

在《民法典》编纂完成以及实施后，最高人民法院就贯彻实施《民法典》作出的司法解释已经形成了规模宏大的体系，仅关于在民事审判领域具体适用的就已经达到一千多条，接近于《民法典》全文的规模；关于在商事审判领域适用《民法典》的具体解释，大体上也是这样的规模。两者相加，已经远远超过《民法典》本身的条文数量。

面对这样的情况，在民商法理论界存在一个重要争论，就是适用《民法典》的司法解释是否要形成完善体系。一种主张认为，司

法解释仍然是对适用《民法典》具体条文的解释，不应该追求规模效应和体系效应，应当本着有什么需要解释就解释什么的宗旨进行，突出问题导向，注重解决实际问题。另一种主张认为，适用《民法典》司法解释已然形成了庞大规模，构成了完整体系，应当在完善民法典司法解释的过程中，实现《民法典》规定的规则与司法解释确定的规则相得益彰，补充和完善《民法典》不够具体、不够详细的规则，以《民法典》的规定为基础，辅之以司法解释规则，形成我国完整的、完善的、完备的民法规范体系。对此，本书坚持后一种意见，并作以下说明。

（一）民法典司法解释实现体系化是不可避免的发展方向

对适用《民法典》的具体规则进行司法解释，采用问题导向是完全正确的，因为没有适用《民法典》的具体问题，就完全用不着作司法解释。但是，由于《民法典》的有些规则比较抽象，有些缺乏具体规则，甚至还留有规则空白，因此，司法解释不可避免地会出现数量较多、规则较细、操作规范较具体的诸多规范。如上文所述，在司法解释的条文数量已经超过《民法典》的情况下，面对这样庞大的司法解释规模，如果没有科学的、富有逻辑基础的体系，就会成为杂乱无章的规范群，必然形成司法解释的无序化，在司法适用中造成混乱。只有进行规范化整理和体系化构建，才能使司法解释与《民法典》的规定相得益彰，补充立法不足和规范不具体的缺陷，使民法规则能够在司法实践中更具有可操作性。体系化司法解释的重要职能在于，对《民法典》的适用统一规范，做到同案同判，实现法治统一。因此，民法典司法解释的体系化和规范化是不可避免的。

在已经形成的民法典司法解释规模的基础之上，针对仍然需要继续进行解释的问题，应当考虑民法典司法解释规范的体系，进一步完善，实现体系化。例如，《民法典》合同编通则存在诸多问题需要进行解释，不仅要与其他典型合同的解释相一致，还要与已经出台的其他部分的司法解释相协调。在《民法典合同编通则解释》出台后，还应当对尚未出台的适用《民法典》人格权编、侵权责任编的一般规则进行司法解释。这样，就能对《民法典》各编的司法解释构成一个整体，形成整体的体系化。

民法典司法解释体系化还表现在另一个方面，就是每一部司法解释也应当有自己的体系，借以体现《民法典》在该部分规定的规则体系，法律规则和司法解释水乳交融，形成整体的体系化。在这一点上，《民法典合同编通则解释》按照《民法典》合同编通则的规范体系，逐一对一般规定、合同订立、合同的效力、合同的履行、合同的保全、合同的变更和转让、合同的权利义务终止以及违约责任，按照《民法典》合同编通则规定的顺序，作出必要解释，形成每一条司法解释都有问题导向，具体解决某个法典条文的适用规范；但是在整体上，又完全是在体系化的要求下进行解释。如果没有这样的体系化，民法典司法解释就会形成无序状态，无法统一《民法典》的具体实施。

（二）确立民法典司法解释是与制定法相对应的法官法地位

诚然，大陆法系的法官以及法院没有造法的权力，但是，法院对于立法不足，可以依据衡平原则和诚信原则、公平原则进行补充，统一裁判规范。司法解释的真正生命力在于其为立法与个别司法裁判之间的中介——不仅能与个案审判经验保持密切联系，又能对之加以普遍化。基于这样的认识，可将司法解释定位为基于司法经验的造法形式。我国《立法法》规定最高人民法院对于法律适用的具体问题享有司法解释的权力，可以进行司法解释，也可以公布指导性案例，对地方各级人民法院在审判中适用法律进行规范，可以援引作为裁判依据。对最高人民法院作出的司法解释和公布的指导性案例称为法官法，并非没有道理。

将制定法与法官法相对应，并不违反《立法法》规定的原则。大陆法系国家严格奉行法官没有造法权，但是这并不妨碍确立法官法的地位，并且法官法能够对各级法院的审判工作发挥指导和规范作用。如此形成的"法官之法"虽往往不被立法机关直接承认，却常具有法律效力，或至少对判决具有影响力，这也是其能够被冠以"法"的名称的理由。

《德国民法典》是制定法，而德国法院对法典没有规定的某一种法律关系形成的裁判规则，称为法官法，并且将其与制定法相对应，构成法律适用的整体体系。甚至有学者认为，20世纪可以说是法官法和法教义学的世纪，满足法律生活需要的更多的是法律实践和法律科学的配合，而不是法律条文。虽然德国法官并无援引判例的法定义务，但他们在判决案件时都乐意援引判例，尤其是联邦法院系统会比较频繁地援引本法院先前所作的判例。因而法官法成为重要的法源。例如，关于让与担保，《德国民法典》至今没有将其规定为担保物权，没有成为法定的担保方式，但是，在德国法院审理该类案件形成的让与担保裁判规则，成为各级法院应当遵守和适用的让与担保的法官法。直至今天，德国法院创造的让与担保裁判规则，不仅成为本国法院法律适用规则，而且影响到很多国家的立法和司法，成为本国法的重要担保物权，如日本。可是，德国的让与担保仍然以法官法的方式存在，并且由各级法院具体适用。

我国《民法典》也没有规定让与担保，但在实务中广泛应用，因而民法典担保司法解释第68条和第69条规定了财产权利让与担保和股权让与担保规则，形成了完整的规范。我国对让与担保的这种立法状况，与德国关于让与担保的规范方法是一样的，都是制定法没有规定而由法官法调整。

在德国法中，还存在一些适用法官法而制定法不作具体规定的情形。例如，对一般人格权的保护，《德国民法典》至今没有修订补充规定，也是适用法官法的规则进行调整。我国原来对一般人格权的保护也采用法官法的方式，《民法典》对一般人格权采取了与德国不同的做法，在人格权编规定了一般人格权及其保护规则，因此不必用法官法保护一般人格权。

在列举了上述情形后，在《民法典》和民法典司法解释体系的关系上也应当认为，《民法典》是民法的制定法，适用《民法典》的司法解释是民法的法官法。在我国，在制定法实证主义的影响下，对法官法的认识仍然非常有限。法官法当然不是独立的法律，而且也不属于法律的属性，其性质是司法解释，是对立法规范的补充和完善。将其称为法官法，可以更好地理解法官法的地位和性质，确定法官法与制定法之间的关系，即制定法是母法，法官法是完善制定法规则的辅助性规范。

在这样的认识基础上，能够综合平衡《民法典》和民法典司法解释之间的关系，确立民法典司法解释是为补充完善并且附属于制定法即《民法典》，但是又有自己的独立地位和具体适用的强制性规范。

法官法的独立性，表现在规范和体系的整体性，不是松散的具体规则，而具有独立的适用地位。

法官法的强制性，表现在裁判民事纠纷案件中，司法解释具有强制适用的效力，违反司法解释规定的规则调整民事权利义务关系，也是适用法律错误，必须予以纠正，否则就失去司法解释制定的必要性。

衔接司法解释的地位独立性与适用强制性的是民法典司法解释与《民法典》规范的一致性，只有司法解释与《民法典》规定的具体规则实现一致性，民法典司法解释的地位才能得到确认，其强制性才能被认可，如果民法典司法解释与《民法典》的规则没有实现一致性，就因其不符合《民法典》规定而应当成为废除的无效司法解释。

在民事争议案件的审理中，司法解释更受到法官的重视，司法解释的独立性和强制性被法官所认可。尽管这种状况多为学者所诟病，但是，法官重视的原因，不仅是司法解释更便于操作，更重要的是相信司法解释与《民法典》规定的一致性，也就是法官法与制定法的一致性。当然，这不是否定《民法典》的制定法效力，而是对民法典司法解释与《民法典》规定一致性的确信。正因为两者之间规范的一致性，法官在具体适用法律中重视适用司法解释，相信适用《民法典》和民法典司法解释的规范是维护民法适用的统一性和规范性。《民法典合同编通则解释》在这一点上，表现得更为突出。

（三）司法解释对《民法典》的守成和创新

把守成还是创新应用到民法典司法解释上，主要说的还是《民法典》与民法典司法解释之间是否应保持一致性的问题。

1. 正确理解对《民法典》的守成和创新

强调民法典司法解释对《民法典》的守成，不能作狭隘理解，不能认为民法典司法解释不得越《民法典》雷池一步，只要《民法典》没有规定的，甚至对《民法典》规定不具体的，司法解释都不可以作出新的解释。这样的守成并不是对《民法典》本来意义的守成，而是阻碍民法进步的障碍。

对此，应当看到我国完善《民法典》具体规范的必要性，即必须进行司法解释创新的必要性。《民法典》并非完美无瑕，不存在任何需要补充、完善的问题。事实是，任何一部法典在脱离了立法程序成为正式的法律之后，就已经落后于时代发展的需求了，与现实生活的需要产生了滞后性，因而任何法律都不是完美的。不仅如此，我国《民法典》即使有1260个条文，很多规范仍然是原则性、概括性的规定，甚至还存在某些缺漏和空白。何况世界范围内的民法典，有的条文已经达到四千多条的规模。我国《民法典》继承编只有47个条文，而《德国民法典》继承编有400多个条文，条文数量的差距大约为10倍。我国《民法典》婚姻家庭编规定婚生子女否认和非婚生子女认领这样复杂的规则，仅规定了一个条文，没有具体的操作规则。同样，《民法典》第一次规定添附规则，只用一个条文规定了附合、混同和加工三种不同的规则，具体规则的欠缺是不言而喻的。

面对这样的立法状况，如果把对《民法典》的守成理解为司法解释不得超过其规范的范围，司法解释也就没有存在的必要了。既然如此，民法典司法解释对《民法典》规则的创新也就有了必要性。

2. 民法典司法解释对民法规则实现创新性的具体方法

司法解释对《民法典》的规则创新主要通过以下方法得以实现，

《民法典合同编通则解释》对这些方法都有适用。

第一，对《民法典》没有规定且在具体实务操作中必须遵循的规则，司法解释应当作出创新规定，满足司法实践需要。在这方面，《最高人民法院关于适用〈中华人民共和国民法典〉有关担保制度的解释》是范例，对让与担保、增信措施等的规定，都是《民法典》没有规定而在司法操作中必须解决的问题，作出了让与担保和增信措施适用法律的解释，创新性地解决了具体法律适用的需求。在《民法典合同编通则解释》中，对无权处分订立合同效力等的规定都具有创新性。特别是《民法典合同编通则解释》结合实际情况，确定可得利益损失赔偿适用减损规则，守约方负有实施替代履行的义务，减少违约造成的实际损失，减少违约方的损害赔偿责任。这些都是在《民法典》的规范范围内作出的创新性规定。

第二，对《民法典》只有原则性规定而缺少具体规则的问题，司法解释的创新性表现，是依据这些原则性规定，创造性地提出司法实践急需的具体规则。例如，在现实生活中比较普遍存在的阴阳合同、黑白合同等，争议很大，立法又没有规定。《民法典合同编通则解释》对这种多份合同、名实不符合同的效力作出了明确规定，也是适用《民法典》的创新规则。

第三，对《民法典》规定的一般规则，根据实际情况和法理作出新的解释，是司法解释创新的方法。把《民法典》规定的概括性原则作出具体解释，提出法律适用的具体规则，统一司法实践做法，这也是一种创新，是使司法解释保持活力的方法之一。例如，对债权人代位权诉讼中使用的"怠于行使权利影响到期债权实现"和"专属于债务人自身的权利"，债权人撤销权诉讼中"明显不合理"

低价或者高价和"其他不合理交易行为"的认定规则,《民法典合同编通则解释》都作了具体规定,这实际上也是对《民法典》规则的创新,是司法解释最常用的创新方法。

第四,正确运用准用条款适用《民法典》的相关规定,也是司法解释的创新方法之一。我国《民法典》没有使用"准用"概念,通常使用的是"参照适用",实现了简化条文、规范存储、增进体系化和查缺补漏的功能。其实,参照适用和准用有所区别,作用基本相同。在对《民法典》的司法解释中,很多都采用准用规则创新民法规则。仅举一例,《民法典合同编通则解释》运用准用方式进行司法解释,最典型的就是第56条规定的抵销准用债务抵充规则,这里使用的表述是"参照",但在实际上是准用。因为抵充是在债务清偿中适用的规则,抵销虽然也是债务清偿,但却是双方互负清偿债务而相互消灭债务。这里准用债务抵充规则的基础条件,就是一笔债务的清偿面对数种应当清偿的债务而不足以消灭全部债务。这在抵销中也是同样存在的,只是适用条件有所不同。对此准用债务抵充规则,就是一种司法解释的创新方法。

以本书之管见,《民法典合同编通则解释》之所以具有重要的理论价值和实践指导意义,正是因为综合使用了上述对《民法典》规则的守成和创新的多种方法,形成了对《民法典》合同编通则规定的规则的完善和补充,实现了司法解释与《民法典》规范的融会贯通,形成了相得益彰的效果,并且在民法典司法解释体系中补充了重要一环,为附属于《民法典》制定法的法官法完善做出了重要贡献。

第一章 一般规定

第一条 合同条款的解释规则

人民法院依据民法典第一百四十二条第一款、第四百六十六条第一款的规定解释合同条款时，应当以词句的通常含义为基础，结合相关条款、合同的性质和目的、习惯以及诚信原则，参考缔约背景、磋商过程、履行行为等因素确定争议条款的含义。

有证据证明当事人之间对合同条款有不同于词句的通常含义的其他共同理解，一方主张按照词句的通常含义理解合同条款的，人民法院不予支持。

对合同条款有两种以上解释，可能影响该条款效力的，人民法院应当选择有利于该条款有效的解释；属于无偿合同的，应当选择对债务人负担较轻的解释。

【民法典条文】

第一百四十二条 有相对人的意思表示的解释，应当按照所使用的词句，结合相关条款、行为的性质和目的、习惯以及诚信原则，确定意思表示的含义。

无相对人的意思表示的解释，不能完全拘泥于所使用的词句，而应当结合相关条款、行为的性质和目的、习惯以及诚信原则，确定行为人的真实意思。

第四百六十六条 当事人对合同条款的理解有争议的，应当依据本法第一百四十二条第一款的规定，确定争议条款的含义。

合同文本采用两种以上文字订立并约定具有同等效力的，对各文本使用的词句推定具有相同含义。各文本使用的词句不一致的，应当根据合同的相关条款、性质、目的以及诚信原则等予以解释。

【条文要义】

本条是对合同条款的解释规则的解释。

《民法典》第 142 条第 1 款和第 466 条第 1 款规定的都是对意思表示和合同条款进行解释的文义解释规则。本条司法解释依照《民法典》的这两条规定，对如何进行文义解释进一步作了规定。

1. 对文义解释的通常理解

对合同进行文义解释，应当依据《民法典》第 142 条第 1 款、第 466 条第 1 款的规定对合同条款进行解释，把意思表示和合同条款的文义作为基础，以词句的通常含义为基础，作出正确解释。同时，还要结合相关条款、合同的性质和目的、习惯以及诚信原则，参考缔约背景、磋商过程、履行行为等因素，确定争议条款的含义。

这里强调的是，合同解释的基本规则是文义解释，文义解释的方法应当以词句的通常含义为基础。通常理解，就是对词句文义的一般理解，如《新华字典》《新华汉语词典》和《大百科全书》等辞书类作出的文义解释，还可以依据《辞海》《词源》《康熙字典》等辞书对词句的释义，确定意思表示和合同条款使用的词句的含义和渊源，确定合同用语的文义。由于意思表示和合同中使用的词句通常是法律术语，因此，对这些词句的解释，主要应当以法律词典或者教科书的一般理解作为基础来解释。

当然，对意思表示和合同条款使用的词句进行文义解释，还必须结合合同的相关条款的整体解释、习惯解释、诚信解释等解释方法，同时还要参考缔约背景、磋商过程、履行行为等因素，把这些内容结合起来，才能对合同争议的条款含义作出正确的解释。

2. 对词句采用非通常含义的其他共同理解

在意思表示和合同条款的词句中，如果使用的词句不是按照通常含义使用，而是采用了非通常含义，其成立的条件是双方共同认可，也就是当事人的其他共同理解。双方对意思表示和合同条款中的词句，没有按照通常含义，而是对其赋予非通常理解的特定含义，一致认可的，应当认定这种非通常含义的其他共同理解也是有效的，可以依此作出解释。如果双方当事人对意思表示和合同条款中的词句采取了非通常含义的解释，而且作为共同理解作出约定，一方当事人主张按照词句通常理解确定合同条款的含义，这属于出尔反尔，不是双方当事人在签订合同和作出意思表示时使用该词句的真实意思。对于这种主张，法院不予支持。

对此，对非通常含义的其他共同理解，双方应当举证证明当时使用的词句采用的是非通常含义，不能按照通常含义确定意思表示和合同条款词句的含义。

一方否认非通常含义的其他共同理解，首先，对方当事人必须证明当时的意思表示和合同条款中使用的非通常含义，是双方的真实意思表示。其次，否认非通常含义的其他共同理解的一方当事人，应当证明意思表示和合同条款中使用的词句不是共同理解，或者约定的就是通常含义。双方都有证据证明时，应当斟酌双方证明及其反证的证据优势，确定解释的基础。

3. 两种以上解释的优先选择

在意思表示或者合同条款中，对使用的词句有两种以上的解释，而且两种不同的解释可能影响该条款效力的，法院应当斟酌实际情况，确定优先选择的解释。

法院对合同条款有两种以上解释的优先选择原则是：

第一，有利于选择该条款有效的解释。对意思表示和合同条款有两种以上的解释，并且都有根据，选择不同的解释对合同该条款的效力有所不同，是经常出现的情形。在这种情况下的原则是，优先选择有利于该条款有效的解释。也就是说，一个条款可以理解为有效也可以解释为无效，那就优先选择有利于该条款有效的解释，排除不利于该合同条款有效的解释，不认定合同无效。

第二，如果争议的是无偿合同的条款，应当优先选择对债务人负担较轻的条款作出解释。这是因为，合同本来是无偿的，对债务人来说，只负有义务而不享有权利，如果再加重债务人的负担，是不符合民法公平原则的。因此，无偿合同的条款有两种以上解释的，应当作出对债务人负担较轻的解释，借此协调双方当事人之间的利益关系，保护好无偿合同债务人的合法权益。

第二条　交易习惯的认定

下列情形，不违反法律、行政法规的强制性规定且不违背公序良俗的，人民法院可以认定为民法典所称的"交易习惯"：

（一）当事人之间在交易活动中的惯常做法；

（二）在交易行为当地或者某一领域、某一行业通常采用并为交易对方订立合同时所知道或者应当知道的做法。

对于交易习惯，由提出主张的当事人一方承担举证责任。

【民法典条文】

第一百四十条　行为人可以明示或者默示作出意思表示。

沉默只有在有法律规定、当事人约定或者符合当事人之间的交易习惯时，才可以视为意思表示。

第三百二十一条　天然孳息，由所有权人取得；既有所有权人又有用益物权人的，由用益物权人取得。当事人另有约定的，按照其约定。

法定孳息，当事人有约定的，按照约定取得；没有约定或者约定不明确的，按照交易习惯取得。

第四百八十条　承诺应当以通知的方式作出；但是，根据交易习惯或者要约表明可以通过行为作出承诺的除外。

第四百八十四条　以通知方式作出的承诺，生效的时间适用本法第一百三十七条的规定。

承诺不需要通知的，根据交易习惯或者要约的要求作出承诺的行为时生效。

第五百零九条　当事人应当按照约定全面履行自己的义务。

当事人应当遵循诚信原则，根据合同的性质、目的和交易习惯履行通知、协助、保密等义务。

当事人在履行合同过程中，应当避免浪费资源、污染环境和破坏生态。

第五百一十五条　标的有多项而债务人只需履行其中一项的，债务人享有选择权；但是，法律另有规定、当事人另有约定或者另有交易习惯的除外。

享有选择权的当事人在约定期限内或者履行期限届满未作选择，经催告后在合理期限内仍未选择的，选择权转移至对方。

第五百五十八条 债权债务终止后,当事人应当遵循诚信等原则,根据交易习惯履行通知、协助、保密、旧物回收等义务。

第六百二十二条 当事人约定的检验期限过短,根据标的物的性质和交易习惯,买受人在检验期限内难以完成全面检验的,该期限仅视为买受人对标的物的外观瑕疵提出异议的期限。

约定的检验期限或者质量保证期短于法律、行政法规规定期限的,应当以法律、行政法规规定的期限为准。

第六百八十条 禁止高利放贷,借款的利率不得违反国家有关规定。

借款合同对支付利息没有约定的,视为没有利息。

借款合同对支付利息约定不明确,当事人不能达成补充协议的,按照当地或者当事人的交易方式、交易习惯、市场利率等因素确定利息;自然人之间借款的,视为没有利息。

第八百一十四条 客运合同自承运人向旅客出具客票时成立,但是当事人另有约定或者另有交易习惯的除外。

第八百九十一条 寄存人向保管人交付保管物的,保管人应当出具保管凭证,但是另有交易习惯的除外。

【相关司法解释】

《最高人民法院关于适用〈中华人民共和国合同法〉若干问题的解释(二)》①

第七条 下列情形,不违反法律、行政法规强制性规定的,人

---

① 本书为便于读者全面了解相关条文变化,引用部分已失效或者修改前的司法解释供对照学习,下文对此不再提示。

民法院可以认定为合同法所称"交易习惯":

（一）在交易行为当地或者某一领域、某一行业通常采用并为交易对方订立合同时所知道或者应当知道的做法；

（二）当事人双方经常使用的习惯做法。

对于交易习惯，由提出主张的一方当事人承担举证责任。

【条文要义】

本条是对认定交易习惯规则类型和举证责任的解释。

在《民法典》前述的各个条文中，都规定了"交易习惯"的概念。原《最高人民法院关于适用〈中华人民共和国合同法〉若干问题的解释（二）》对"交易习惯"也作过解释。本条司法解释在《最高人民法院关于适用〈中华人民共和国合同法〉若干问题的解释（二）》这一规定的基础上，增加了对公序良俗的考量，把通例和往例的顺序作了调整，使认定交易习惯的规则进一步完善。

交易习惯，在民法特别是合同法领域的法律适用中，具有重要的地位和价值，不仅可以确定双方当事人之间的合同是否成立和生效，而且可能构成《民法典》第10条规定的习惯法，成为民事裁判的法律渊源。因此，认定交易习惯应当特别慎重。尽管在理论上对交易习惯有直接适用论和排除适用论的不同见解，但是，《民法典》特别重视交易习惯的适用。在司法实践中，存在交易习惯的界定和证明两大难题。

在立法上，《民法典》有十几个条文规定了交易习惯的概念，但是都没有规定交易习惯的类型和识别方法，本条司法解释对认定交易习惯的类型和举证责任，规定了以下具体规则。

1. 往例和通例及认定标准

（1）往例：当事人之间在交易活动中的惯常做法

当事人之间在交易活动中的惯常做法，在民法学理上也称作往例，也就是以往常用的惯例，是交易习惯的类型之一。

往例虽然对约束合同当事人以外的他人作出意思表示或者订立合同没有约束效力，但是，对合同当事人却具有相当的约束力。例如，双方当事人在以往交易中不采取书面合同形式，而是一方发货，另一方货到付款，双方都认可这种口头合同的效力。这就是双方交易的往例。当存在往例的情况下，一方当事人在对方给其发货以后，却否认口头合同的效力，拒绝向对方付款，就违反了往例，也就是违反了双方当事人在交易中遵守的惯常做法，应当判断拒付货款的行为是违约行为。因为根据往例，双方当事人不采取书面约定，也没有特别的口头协议，只是通过实际发货和付款的行为，确定双方之间买卖合同的效力。长此以往双方一直遵守，突然一方违反往例，当然是违约行为。

如果一方当事人想打破往例，采取新的形式进行交易，应当双方合意，在取得一致意见时，再采取新的交易方式，用书面合同或者口头合同进行交易，不再采取往例。如果没有协商和合意，一方未经对方同意就打破往例，拒绝按照往例履行合同义务的，构成违约行为。

（2）通例：某一地区、某一领域、某一行业的交易习惯

本条司法解释认定交易习惯的第二种类型是通例。通例这种交易习惯，有可能成为习惯法。为了与往例相区别，把这种交易习惯称为通例。

确定某种交易习惯具有通例的属性，也就是作为通例的交易习惯，应当符合这一条文规定的要件。

首先，通例是在双方当事人实施交易行为的当地，或者是实施交易行为的某一领域、某一行业，通常采用的交易方法。这里强调的是交易行为的当地，也包括交易行为的某一领域或者是某一行业。例如，某种交易是在当地进行，应当以交易当地的交易方法作为判断基础；如果交易行为是发生在某一领域、某一行业，如网络交易或者钢铁交易等。在这些地区、这种领域或者行业中形成的通常采用的交易方法就是通例，甚至可能成为习惯法。

其次，通例这种通常的交易方法，是交易对方在订立合同时知道或者应当知道的方法。在交易双方中，一方知道采用的是某一地区、某一领域或者某一行业的通常交易方法，但是，这还不够，须对方当事人也知道或者应当知道，才能成为约束双方交易行为的交易习惯。一方知道而对方不知道或者不应当知道的交易习惯，不能认为是通例。

在交易行为具备上述两个要件时，就已经采用了交易的通例，双方当事人在交易过程中应当遵守这样的交易习惯。在发生争议时，应当用这些通例确认双方当事人之间交易行为的解释基础。

（3）认定往例和通例的标准

在认定往例和通例时，应当确定认定的前提。也就是在按照上述要求认定往例和通例的基础上，还必须确认这些往例和通例不违反法律、行政法规的强制性规定，且不违背公序良俗。只有符合这样要求的往例和通例，法院才可以认定为《民法典》所称的"交易习惯"。不论是往例还是通例，只要是违反法律、行政法规的强制性规定，或者违背公序良俗，或者既违反法律、行政法规的强制性规定，又违背公序良俗，就否定了往例和通例的合法性，不能成为有效的交易习惯。

2. 认定往例和通例的举证责任

本条司法解释第 2 款特别规定了对交易习惯的举证责任。对交易习惯的证明，应当由提出主张的当事人一方承担举证责任，对方当事人不承担举证责任。

第一，如果一方当事人主张适用双方交易行为的往例，或者适用某一地区、某一领域或者某一行业的通例，应当举证证明交易行为依照的是双方交易的往例，或者依照的是某一地区、某一领域或者某一行业的通例。

第二，还要证明对方已经知道或者应当知道这是双方交易行为所遵循的往例，或者遵循的是某一地区、某一领域或者某一行业的通例。

主张交易习惯的一方当事人如果能够证明上述两方面的事实，就可以认定双方交易中的行为符合往例或者通例的要求，确认提出主张一方当事人的诉讼请求成立。

第二章　合同的订立

第三条　合同成立与合同内容

当事人对合同是否成立存在争议，人民法院能够确定当事人姓名或者名称、标的和数量的，一般应当认定合同成立。但是，法律另有规定或者当事人另有约定的除外。

根据前款规定能够认定合同已经成立的，对合同欠缺的内容，人民法院应当依据民法典第五百一十条、第五百一十一条等规定予以确定。

当事人主张合同无效或者请求撤销、解除合同等，人民法院认为合同不成立的，应当依据《最高人民法院关于民事诉讼证据的若干规定》第五十三条的规定将合同是否成立作为焦点问题进行审理，并可以根据案件的具体情况重新指定举证期限。

【民法典条文】

第四百七十条　合同的内容由当事人约定，一般包括下列条款：

（一）当事人的姓名或者名称和住所；

（二）标的；

（三）数量；

（四）质量；

（五）价款或者报酬；

（六）履行期限、地点和方式；

（七）违约责任；

（八）解决争议的方法。

当事人可以参照各类合同的示范文本订立合同。

第五百一十条 合同生效后，当事人就质量、价款或者报酬、履行地点等内容没有约定或者约定不明确的，可以协议补充；不能达成补充协议的，按照合同相关条款或者交易习惯确定。

第五百一十一条 当事人就有关合同内容约定不明确，依据前条规定仍不能确定的，适用下列规定：

（一）质量要求不明确的，按照强制性国家标准履行；没有强制性国家标准的，按照推荐性国家标准履行；没有推荐性国家标准的，按照行业标准履行；没有国家标准、行业标准的，按照通常标准或者符合合同目的的特定标准履行。

（二）价款或者报酬不明确的，按照订立合同时履行地的市场价格履行；依法应当执行政府定价或者政府指导价的，依照规定履行。

（三）履行地点不明确，给付货币的，在接受货币一方所在地履行；交付不动产的，在不动产所在地履行；其他标的，在履行义务一方所在地履行。

（四）履行期限不明确的，债务人可以随时履行，债权人也可以随时请求履行，但是应当给对方必要的准备时间。

（五）履行方式不明确的，按照有利于实现合同目的的方式履行。

（六）履行费用的负担不明确的，由履行义务一方负担；因债权人原因增加的履行费用，由债权人负担。

【相关司法解释】

《全国法院贯彻实施民法典工作会议纪要》

6. 当事人对于合同是否成立发生争议，人民法院应当本着尊重合同自由，鼓励和促进交易的精神依法处理。能够确定当事人名称或者姓名、标的和数量的，人民法院一般应当认定合同成立，但法律另有规定或者当事人另有约定的除外。

对合同欠缺的当事人名称或者姓名、标的和数量以外的其他内容，当事人达不成协议的，人民法院依照民法典第四百六十六条、第五百一十条、第五百一十一条等规定予以确定。

《最高人民法院关于适用〈中华人民共和国合同法〉若干问题的解释（二）》

第一条　当事人对合同是否成立存在争议，人民法院能够确定当事人名称或者姓名、标的和数量的，一般应当认定合同成立。但法律另有规定或者当事人另有约定的除外。

对合同欠缺的前款规定以外的其他内容，当事人达不成协议的，人民法院依照合同法第六十一条、第六十二条、第一百二十五条等有关规定予以确定。

《最高人民法院关于审理买卖合同纠纷案件适用法律问题的解释》（2020）

第一条　当事人之间没有书面合同，一方以送货单、收货单、结算单、发票等主张存在买卖合同关系的，人民法院应当结合当事人之间的交易方式、交易习惯以及其他相关证据，对买卖合同是否成立作出认定。

对账确认函、债权确认书等函件、凭证没有记载债权人名称，买卖合同当事人一方以此证明存在买卖合同关系的，人民法院应予支持，但有相反证据足以推翻的除外。

《最高人民法院关于审理买卖合同纠纷案件适用法律问题的解释》（2012）

第一条 当事人之间没有书面合同，一方以送货单、收货单、结算单、发票等主张存在买卖合同关系的，人民法院应当结合当事人之间的交易方式、交易习惯以及其他相关证据，对买卖合同是否成立作出认定。

对账确认函、债权确认书等函件、凭证没有记载债权人名称，买卖合同当事人一方以此证明存在买卖合同关系的，人民法院应予支持，但有相反证据足以推翻的除外。

【条文要义】

本条是对认定合同成立的主要条款和对确定合同成立发生影响的其他合同内容的解释。

应当看到的是，《民法典》第 470 条规定了合同内容的一般条款，没有明确规定合同的主要条款。尽管根据《民法典》第 510 条的规定可以推断有合同主要条款的存在和规则适用，但是，由于没有明确规定，在理解上就会发生认识不统一的问题。其实，这个问题在原《合同法》中就存在。因此，在原来对《合同法》的有关司法解释中，就已经确认了合同主要条款是合同主体、标的、数量。本条司法解释在上述解释的基础上，进一步归纳总结，继续确认合同主要条款包括合同主体、标的和数量。同时也对合同成立的相关问题作出了解释。

1. 合同的主要条款

《民法典》没有明文规定合同的主要条款，只是在有关合同条款的条文中，表达了合同主要条款的内容。本条司法解释确认合同主体、标的和数量是合同主要条款。

合同的主要条款，是指合同必须具备的最一般条款。欠缺主要条款，合同就不成立。合同的主要条款决定合同的类型，确定当事人各方的权利义务的质和量。它的意义在于，合同的主要条款具备了，就可以认定合同已经成立，其他非主要条款可以在合同履行过程中通过合同条款确定的方法予以确定。在不同性质的合同中，主要条款有所变化，但都是上述主要条款的变化形式，在司法实践中应当特别注意掌握。

可见，合同的主要条款就是本条解释所说的当事人对合同是否成立存在争议，法院能够确定合同的主体、标的和数量的，一般应当认定合同成立。

（1）合同的主体条款

第一个合同主要条款是合同主体。规定这个主要条款，其实没有特别的必要，因为一个合同如果没有主体，或者缺少应该有的一方主体，当然不会成立合同，甚至都没有争议的主体。但是在讨论中，多数专家还是认为把合同主体规定为主要条款是必要的。这里其实主要说的是，合同不仅要有合同主体，而且合同主体还必须是明确的，合同主体不明确合同不能成立。

（2）合同的标的条款

第二个合同主要条款是标的。标的，就是合同的权利、义务指向的对象。这个对象在合同法中称为给付，其实就是《民法典》总则编第 118 条第 2 款说的在合同中约定的"为或者不为一定行为"。合同标的的行为包括作为和不作为。不过，合同的标的主要还是指作为，当然不作为也有，只是比较少见。对作为合同主要条款的标的的要求，一是确定，二是可能，三是不违反公序良俗。合同标的表达的是合同的质，表明合同的性质。

(3) 合同的数量条款

第三个合同主要条款是数量。数量是合同约定的标的的量的条款。在对数量这个条款的讨论中，很多专家提出，明文规定合同的主要条款是必要的，但是也应当准确，如合同的数量并非每一个合同都有，因而把数量作为合同的主要条款还是值得斟酌的，应当用一个概括性更强的词句来表达这一合同主要条款。其实，这个担心是没有必要的，因为数量虽然在有些合同中可能不存在，但是，合同却存在相当于或者类似于数量的概念。因此，这个数量，就是一个例示式的条款。只要在一个合同的条款中约定了类似于或者相当于数量的条款，就成立了这一主要条款。

合同法确认合同的主要条款，意义在于当事人就合同的主要条款达成一致，合同就成立，合同的主要条款没有达成合意，合同就不成立。所以，在当事人各方就合同的标的和数量达成合意时，合同就成立了。其实，除合同当事人外，合同成立的标志就是当事人就合同的标的和数量达成一致。

2. 主要条款达成合意但合同未成立

本条司法解释规定，能够确定合同主体、标的和数量已经达成合意，一般应当认定合同已经成立。使用"一般"的表述，就是表达了也有例外情形。符合例外情形要求的，合同的主要条款虽然达成合意，当事人主张合同不成立的，法院也应当支持，确认合同不成立。

例外的情形主要是，对合同其他非主要条款的约定不符合法律规定，或者不符合当事人约定的其他成立条件，合同也不能成立。

首先是合同的约定违反法律规定。例如，合同约定的价款违反了政府定价，是违反法律规定的成立条件。这些合同主要条款达成合意而合同却不成立的例外情形，主要是法律另有规定。

其次是当事人另有约定。例如，双方当事人明确约定须就某些非主要条款的内容协商一致合同才能成立的，当事人对于这些对合同有实质性影响的非主要条款内容事后没有达成合意。这样的合同，尽管对主要条款已经达成合意，但是，由于双方约定对某些非主要条款须达成一致合同才能成立，事后又没有对此达成合意，这种合同也不能成立。

3. 主要条款达成合意后对欠缺内容的确定

双方当事人在合同中约定的标的和数量已经达成合意，合同已经成立。根据本条解释第 1 款规定能够认定合同已经成立的，对合同欠缺的内容当事人没有达成一致意见的，构成合同内容欠缺。

对已经成立的合同的内容欠缺，应当对合同欠缺的内容进行确定。确定的方法：首先，依照《民法典》第 510 条的规定，由当事人进行协商，协商后达成一致，可补充合同欠缺的内容，当然就没有问题了。其次，当事人无法协商达成合意的，应当依照《民法典》第 511 条规定确定，补充合同欠缺内容，使合同能够履行。

4. 当事人主张合同无效或者请求撤销、解除合同的审理焦点

法院在审理合同纠纷案件中，当事人主张合同无效或者请求撤销、解除该合同等的，如果法院认为合同不成立，应当依据《最高人民法院关于民事诉讼证据的若干规定》第 53 条的规定，将合同是否成立作为争议焦点进行审理。该规定第 53 条规定："诉讼过程中，当事人主张的法律关系性质或者民事行为效力与人民法院根据案件事实作出的认定不一致的，人民法院应当将法律关系性质或者民事行为效力作为焦点问题进行审理。但法律关系性质对裁判理由及结

果没有影响，或者有关问题已经当事人充分辩论的除外。存在前款情形，当事人根据法庭审理情况变更诉讼请求的，人民法院应当准许并可以根据案件的具体情况重新指定举证期限。"主张合同无效、请求撤销、解除合同的前提，是合同已经成立，甚至已经生效。若法院经过审理认为该合同不成立的，当然就不存在主张无效、请求撤销或者解除的基础。因此，在程序上，法院的审理重点，是合同是否已经成立。如果确认合同确实不成立的，应当直接认定合同不成立，双方之间不受原来约定的约束。

当法院对上述争议重点进行审理的过程中，可以根据案件的具体情况，重新对当事人制定举证期限。例如，当事人根据法庭审理的实际情况主张变更诉讼请求，法院准许其提出变更的，由于是对新的诉讼请求进行审理，当事人可以对自己提出的新的诉讼请求进行举证。法院就可以根据案件的具体情况，重新指定举证期限，要求变更诉讼请求的当事人在举证期限内重新举证。

第四条　以竞价方式订立合同

采取招标方式订立合同，当事人请求确认合同自中标通知书到达中标人时成立的，人民法院应予支持。合同成立后，当事人拒绝签订书面合同的，人民法院应当依据招标文件、投标文件和中标通知书等确定合同内容。

采取现场拍卖、网络拍卖等公开竞价方式订立合同，当事人请求确认合同自拍卖师落槌、电子交易系统确认成交时成立的，人民法院应予支持。合同成立后，当事人拒绝签订成交确认书的，人民法院应当依据拍卖公告、竞买人的报价等确定合同内容。

产权交易所等机构主持拍卖、挂牌交易，其公布的拍卖公告、交易规则等文件公开确定了合同成立需要具备的条件，当事人请求确认合同自该条件具备时成立的，人民法院应予支持。

【民法典条文】

第一百三十七条　以对话方式作出的意思表示，相对人知道其内容时生效。

以非对话方式作出的意思表示，到达相对人时生效。以非对话方式作出的采用数据电文形式的意思表示，相对人指定特定系统接收数据电文的，该数据电文进入该特定系统时生效；未指定特定系统的，相对人知道或者应当知道该数据电文进入其系统时生效。当事人对采用数据电文形式的意思表示的生效时间另有约定的，按照其约定。

第六百四十四条　招标投标买卖的当事人的权利和义务以及招标投标程序等，依照有关法律、行政法规的规定。

第六百四十五条　拍卖的当事人的权利和义务以及拍卖程序等，依照有关法律、行政法规的规定。

【条文要义】

本条是对认定以竞价方式订立合同的成立和内容的解释。

以往的司法解释对以竞价方式订立合同的成立和内容，没有作过司法解释。

《民法典》对以竞价方式订立合同，没有在合同编通则的"合同的成立"一章中规定，而是规定在"有名合同"中的"买卖合同"一章第 644 条和第 645 条。以往的合同法司法解释没有对以竞价方式订立合同的成立和内容作出解释，本条司法解释根据合同法理论和司法实践经验作出了具体解释。

以竞价方式订立合同，包括招标、现场拍卖和网络拍卖以及产权交易所主持的拍卖和挂牌交易。这些交易形式，都不是双方当事人进行充分协商订立的合同，而是以竞价最高者为承诺人的合同订立方式。对这些以竞价方式订立合同的规则，《民法典》只作了概括性的规定，没有规定具体规则。本条司法解释对这些以竞价方式订立的合同的成立和具体内容的认定作了比较详细的规定。

1. 以招标方式订立的合同

以招标方式订立合同，是招标人首先进行招标，应标者提出投标方案，招标人对投标人的投标方案进行比较，择其最优者与其订立合同的合同订立方式。

以招标方式订立合同，在以往的司法实践中，争议最大的是招标合同在何时成立。有的是以中标通知书送达为准，有的是以双方当事人正式签订合同为准，作为合同成立的时间。

为统一裁判规则，本条司法解释确定，当事人请求确认招标的合同自中标通知书到达中标人时成立的，应当认定合同成立。在这里，认定招标合同成立的标志有两个：一是中标通知书。中标通知书的性质属于承诺，一经发出，就成立合同。二是中标通知书已经送达。对此采取到达主义，即中标通知书到达投标人的时间，为合同成立的时间。

该规定确定了招标合同成立的时间点，标准明确，有利于解决双方对招标合同成立的争议。同时，这样规定的另一个作用，是确定合同的签订地，便于确定合同纠纷案件的管辖。

本条还规定了一种情形，就是中标通知书到达投标人，合同成立后，双方当事人应该签订正式的书面合同。如果投标人收到了中标通知书，但是当事人却拒绝签订书面合同的，不能否定招标合同已经成立的事实，即使不签订书面合同，合同也已经成立。关于具体的合同内容，法院应当依据招标文件、投标文件和中标通知书等招标投标的文件，确定合同的内容和双方当事人的权利义务。当事人拒不履行合同，就构成违约行为，应当承担违约责任。

2. 以拍卖方式订立的合同

以拍卖方式订立合同，无论是现场拍卖，还是网络拍卖，都是以公开竞价的方式订立合同。

在以拍卖方式订立合同时，竞买人叫价，在拍卖人落槌时，合同成立。换言之，竞买人的叫价是要约，拍卖师的落槌是承诺。这是说的现场拍卖。

在网络拍卖时，叫价也是要约，电子交易系统确认合同成交是承诺。

当拍卖师落槌，或者电子交易系统确认成交，这种竞价交易合同即成立。

所以，本条第 2 款明确规定，采取现场拍卖、网络拍卖等公开竞价方式订立合同，当事人请求确认合同自拍卖师落槌、电子交易系统确认成交时成立的，法院应予支持。这就明确了，拍卖师落槌或者网络交易系统确认成交，合同就已经成立。

在司法实践中，很多人不遵守这个规则，主张双方还须另外签订合同，并且签字、盖章后，合同才生效。这些见解都是不正确的，不应予以支持。

在拍卖师落槌或者电子交易系统确认合同成交时，合同就已经成立。如果当事人拒绝签署成交确认书，也就是否认拍卖师落槌或者电子交易系统确认成交是成立合同的效力，是没有法律依据的，法院应当依据拍卖公告竞买人的报价等确定合同内容。

3. 以产权交易所主持拍卖、挂牌交易订立的合同

产权交易所等机构主持拍卖、挂牌交易，也是一种重要的竞价交易方式。这种交易方式通常采用公布拍卖公告或者交易规则等文件的方式进行，就公开确定了合同成立需要具备的条件。当产权交易所等机构主持拍卖、挂牌交易时，公布的拍卖公告、交易规则等文件公开确定的合同成立需要具备的条件符合要求时，合同成立。当事人请求确认合同自该条件具备时成立的，法院也应当予以支持。

第五条　合同订立中的第三人责任

第三人实施欺诈、胁迫行为，使当事人在违背真实意思的情况下订立合同，受到损失的当事人请求第三人承担赔偿责任的，人民法院依法予以支持；当事人亦有违背诚信原则的行为的，人民法院应当根据各自的过错确定相应的责任。但是，法律、司法解释对当事人与第三人的民事责任另有规定的，依照其规定。

【民法典条文】

第一百四十九条　第三人实施欺诈行为，使一方在违背真实意思的情况下实施的民事法律行为，对方知道或者应当知道该欺诈行为的，受欺诈方有权请求人民法院或者仲裁机构予以撤销。

第一百五十条　一方或者第三人以胁迫手段，使对方在违背真实意思的情况下实施的民事法律行为，受胁迫方有权请求人民法院或者仲裁机构予以撤销。

第五百条　当事人在订立合同过程中有下列情形之一，造成对方损失的，应当承担赔偿责任：

（一）假借订立合同，恶意进行磋商；

（二）故意隐瞒与订立合同有关的重要事实或者提供虚假情况；

（三）有其他违背诚信原则的行为。

第五百九十三条　当事人一方因第三人的原因造成违约的，应当依法向对方承担违约责任。当事人一方和第三人之间的纠纷，依照法律规定或者按照约定处理。

【相关司法解释】

《全国法院贯彻实施民法典工作会议纪要》

3. 故意告知虚假情况，或者故意隐瞒真实情况，诱使当事人作出错误意思表示的，人民法院可以认定为民法典第一百四十八条、第一百四十九条规定的欺诈。

4. 以给自然人及其亲友的生命、身体、健康、名誉、荣誉、隐私、财产等造成损害或者以给法人、非法人组织的名誉、荣誉、财产等造成损害为要挟，迫使其作出不真实的意思表示的，人民法院可以认定为民法典第一百五十条规定的胁迫。

【条文要义】

本条是对合同订立中第三人实施欺诈、胁迫行为怎样承担责任的解释。

关于原《合同法》的司法解释没有规定过合同订立中第三人欺诈、胁迫的民事责任。《全国法院贯彻实施民法典工作会议纪要》第3条和第4条对《民法典》第148条、第149条规定的欺诈和第150条规定的胁迫，规定了具体的认定规则，但也没有规定第三人欺诈、胁迫造成当事人损失的赔偿责任。

对第三人欺诈或者胁迫订立的合同，《民法典》第149条和第150条规定了撤销权，受害一方可以行使撤销权，撤销该合同。但是，对第三人欺诈或者胁迫订立的合同受欺诈或者受胁迫一方因此受到损失的，没有明确规定损害赔偿请求权。但是，《民法典》第500条关于缔约过失责任的规定，是能够包含这种损害赔偿的。尽管这一条文只规定了缔约双方当事人因缔约过失引起的损害赔偿责任，没有规定第三人在缔约过程中因欺诈、胁迫等过错行为，造成合同不成立、无效、被撤销或者确定不发生法律效力的，也应当承担缔约过失责任，能够包括因第三人欺诈、胁迫而使合同当事人受到损害的赔偿责任，但是需要进行解释。

本条司法解释根据实际情况和第三人实施欺诈、胁迫行为，使当事人在违背真实意思的情况下订立合同的法理，规定了第三人在订立合同中缔约过失责任的承担规则。

1. 合同订立中第三人欺诈、胁迫责任的确认

在合同订立过程中，第三人实施欺诈、胁迫行为，使当事人在违背真实意思的情况下订立合同，同样应当承担缔约过失的损害赔偿责任。

第三人承担缔约过失责任的要件：一是第三人实施了欺诈、胁迫行为；二是使一方当事人在违背真实意思的情况下订立了合同；三是该合同不成立、无效、被撤销或者确定不发生效力；四是第三

人对合同不成立等具有过错。符合这四个要件的要求，第三人构成缔约过失责任，对受害方承担损害赔偿责任。所以，受到损失的当事人请求第三人承担赔偿责任的，法院应当支持。这里的"受到损失的当事人"，是因受到欺诈或者胁迫而订立合同的一方当事人，如果双方当事人都受到欺诈或者胁迫而造成损失，也可以是双方当事人。不过，第三人欺诈或者胁迫通常是与合同的一方当事人有关，造成另一方当事人的损害，双方都受到损害的比较少见。

例如，依照《民法典》第 149 条的规定，第三人实施欺诈行为，使一方在违背真实意思的情况下实施的民事法律行为，对方知道或者应当知道该欺诈行为的，受欺诈方有权请求人民法院或者仲裁机构予以撤销。法院对实施的行为判决撤销后，受到欺诈的一方当事人因此受到损失，构成缔约过失责任，第三人应当承担赔偿责任。

同样，依照《民法典》第 150 条的规定，第三人以胁迫手段使一方当事人在违背真实意思的情况下实施的民事法律行为，受胁迫方有权请求法院或者仲裁机构予以撤销。合同撤销后，因此受到损失的合同当事人也有权请求第三人承担缔约过失责任，第三人应当承担赔偿责任。

确定第三人欺诈或者胁迫行为构成缔约过失责任承担损害赔偿，应当依照《民法典》关于缔约过失责任的规定确定，包括一般的缔约过失的损害赔偿，也包括缔约机会损失的损害赔偿。举证责任应当由提出损害赔偿责任主张的一方承担。

2. 第三人缔约过失责任的损害赔偿

合同的当事人一方或者双方因合同不成立、无效、被撤销或者确定不发生法律效力，自己也有违背诚信原则的行为的，也适用缔约过失责任，在确定第三人因欺诈或者胁迫行为应当承担的损害赔偿责任时，适用过失相抵原则。

第三人欺诈、胁迫行为造成合同当事人的损失，应当承担损害赔偿责任的，按照缔约过失的损害赔偿责任规则确定。

缔约的双方当事人对合同不成立、无效、被撤销或者确定不发生法律效力，也有违背诚信原则的行为的，应当由第三人和违背诚信原则的当事人各自按照自己的过错程度，以及行为对损害发生的原因力，确定过失相抵的比例，各自承担相应责任，减轻第三人承担的损害赔偿责任。

如果缔约一方当事人与第三人各自都有过错，并且原因力相等的时候，每人应该承担50%的损失赔偿。但是，双方当事人与第三人都有过错，如果各自的过错原因力相等，究竟是承担33.3%的责任，还是第三人承担50%的责任，合同缔约当事人双方承担50%的责任。笔者认为，在这种情况下，应当由各方按照自己的过错程度，三方分担损失为宜。

3. 第三人承担缔约过失责任的例外

本条最后强调，第三人在合同订立中的损害赔偿责任，如果依照法律、司法解释对当事人与第三人的民事责任另有规定的，依照其规定。这里说的是，《民法典》以及民法典司法解释如果对当事人或者第三人的民事责任另有规定的，就不适用本条的规定。例如，《民法典》第593条规定，当事人一方因第三人的原因造成违约的，应当依法向对方承担违约责任。当事人一方和第三人之间的纠纷，依照法律规定或者按照约定处理。这样的规定，就不是向第三人直接追究赔偿责任。

第六条　预约合同的认定

当事人以认购书、订购书、预订书等形式约定在将来一定期限内订立合同，或者为担保在将来一定期限内订立合同交付了定金，能够确定将来所要订立合同的主体、标的等内容的，人民法院应当认定预约合同成立。

当事人通过签订意向书或者备忘录等方式，仅表达交易的意向，未约定在将来一定期限内订立合同，或者虽然有约定但是难以确定将来所要订立合同的主体、标的等内容，一方主张预约合同成立的，人民法院不予支持。

当事人订立的认购书、订购书、预订书等已就合同标的、数量、价款或者报酬等主要内容达成合意，符合本解释第三条第一款规定的合同成立条件，未明确约定在将来一定期限内另行订立合同，或者虽然有约定但是当事人一方已实施履行行为且对方接受的，人民法院应当认定本约合同成立。

【民法典条文】

第四百九十五条　当事人约定在将来一定期限内订立合同的认购书、订购书、预订书等，构成预约合同。

当事人一方不履行预约合同约定的订立合同义务的，对方可以请求其承担预约合同的违约责任。

【相关司法解释】

《最高人民法院关于审理商品房买卖合同纠纷案件适用法律若干问题的解释》（2020）

第五条 商品房的认购、订购、预订等协议具备《商品房销售管理办法》第十六条规定的商品房买卖合同的主要内容，并且出卖人已经按照约定收受购房款的，该协议应当认定为商品房买卖合同。

《最高人民法院关于审理买卖合同纠纷案件适用法律问题的解释》（2012）

第二条 当事人签订认购书、订购书、预订书、意向书、备忘录等预约合同，约定在将来一定期限内订立买卖合同，一方不履行订立买卖合同的义务，对方请求其承担预约合同违约责任或者要求解除预约合同并主张损害赔偿的，人民法院应予支持。

《最高人民法院关于审理商品房买卖合同纠纷案件适用法律若干问题的解释》（2003）

第五条 商品房的认购、订购、预订等协议具备《商品房销售管理办法》第十六条规定的商品房买卖合同的主要内容，并且出卖人已经按照约定收受购房款的，该协议应当认定为商品房买卖合同。

【条文要义】

本条是对认定预约合同以及预约合同转化为本约合同的解释。

对预约合同，《合同法》和其他有关法律都没有规定，在司法实践中，通常依据民法学理认定预约合同及其效力。2012年《最高人民法院关于审理买卖合同纠纷案件适用法律问题的解释》第1条第一次使用了预约合同的概念，并且作出了具体的司法解释。《民法典》根据实际需要，明确规定了预约合同，填补了合同法立法中的不足，是一个重要的立法举措。本条司法解释根据以往司法解释的基础以及相关的司法解释，对正确适用《民法典》第 459 条关于预约合同的规定，作出了具体解释。

由于以往审理的预约合同纠纷案件不多，立法又未作具体规定，很多法官对如何认定预约合同及其效力缺少必要认识，无法分辨预约合同和本约合同之间的区别。特别是预约合同具备哪些要件会转化为本约合同，更没有相应的规则。因此，本条司法解释一方面规定认定预约合同的条件，另一方面又规定预约合同在何种情况下可以认定为本约合同，对认定预约合同和区别本约合同具有理论和实践的重要价值。

1. 预约合同的认定

认定预约合同，一方面是根据合意的形式，另一方面是根据合意的内容来确定。

《民法典》规定，预约合同的合意形式，是认购书、订购书、预订书等，这些合意的形式通常是预约合同的表现方式。

在实践中，双方当事人签订了订购书、认购书、预订书等，就有可能订立了预约合同。这是预约合同的外观形式。

预约合同的合意内容，要从两个方面进行分析：

第一，预约合同的合意内容表现为，是约定在将来一定期限内订立合同，或者为担保在将来一定期限内订立合同而交付了定金。其中，约定在将来一定期限内订立合同，是预约的意思表示；为担保在将来一定期限内订立合同而交付定金，就是缔约定金，而不是违约定金。当然，缔约定金在不缔约的时候，也发生定金罚则，是违反缔约义务的违约定金罚则。

第二，预约合同的合意内容表现为，能够确定在将来所要订立合同的主体、标的等内容。在这个表述里，强调的是合同主体和合同标的，没有强调数量，这并不是忽略，而是把数量作为预约合同的非主要条款。也就是说，在预约合同中只要合同主体和合同标的已经确定，合同的其他条款包括数量条款，都可以将来在订立本约合同时再协商确认，在认定预约合同中，数量不作为成立预约合同的要件。

上述两个方面的合意加到一起，就构成预约合同。在实践中，如果当事人约定具有上述两方面的合意，就已经成立预约合同，具有法律约束力。如果当事人表明在将来必须在一定期限内订立本约合同，当事人受意思表示约束，当然没有问题。但是，没有约定当事人受意思表示约束，并不说明当事人不受预约合同的拘束，不发生预约合同的法律效力。这是因为，当事人既然约定了预约合同的主要内容，当然就意味着自己受意思表示的约束。如果当事人明确约定上述预约合同的主要内容，却约定当事人不受该意思表示的约束，就不是预约合同。不过，这在实际上也没有意义，只能是一个缔约的意向，不发生预约的法律效力，充其量是要约或者邀请要约。

2. 意向书、备忘录不构成预约合同的要件

《民法典》第 495 条规定预约合同的外观形式，只列举了"认购书、订购书、预定书等"，没有列举意向书、备忘录等形式也可以构成预约合同。

在司法实践中可以看到，当事人以意向书、备忘录等形式达成的合意，多数不构成预约合同，但是，有些类似的合意形式也有具备预约合同的内容和形式要件，构成预约合同。因此，本条规定，当事人主张双方之间订立的意向书、备忘录等形式，仅表达交易的意向，未约定在将来一定期限内订立合同，或者虽然有约定但是难

以确定将来所要订立合同的主体、标的等内容，一方主张构成预约合同的，理由不充分，法院不予支持。关键在于，意向书、备忘录等形式中是否具备上述主要条款。

本条解释确定不构成预约合同主要有三个要件：一是意向书、备忘录等表达了交易的意向，这本来是预约合同的要件之一，但是，仅有这个要件，尚不能成立预约合同；二是意向书、备忘录等形式中没有约定在将来一定期限内订立合同，既然没有在这些形式中约定在将来一定期限内订立合同，这对双方当事人没有约束力，不受将来进行交易的意向限制，因而不能成立预约合同；三是意向书或者备忘录中虽然有在将来一定期限内订立合同的约定，却在意向书、备忘录中难以确定将来所要订立合同的主体、标的，这个要件的核心是订立合同的主体和标的难以确定，一种是有约定但是因为含糊、不清晰而不能确定订立的合同的主体和标的，另一种是没有约定，这样就缺少预约合同的主要条款。在第三个要件中，其实主体的约定并不特别重要，标的是最重要的，因为既然有意向书、备忘录，一般就会有当事人，就存在预约合同的主体，如果只是一方当事人的意向书或者备忘录，完全没有成立预约合同的可能，只能是自己的意向，或者提醒自己的备忘。不过，有这个要求也是好的，可以确定，意向书或者备忘录等没有主体，即使有关于合同标的的约定，也不成立预约合同。

可见，确定是否构成预约合同，形式外观是次要的，主要的是内容是否符合预约合同的要求。

3. 预约合同转化为本约合同

预约合同在具备一定条件时，可以转化为本约合同。对此，很多法官在司法实践中都认为缺少便于掌握和适用的规则。本条第3

款规定了预约合同转化为本约合同的要件，具体分为两种情形。

第一，当事人订立的认购书、订购书、预订书等，已就合同的标的、数量、价款或者报酬等主要内容达成合意，符合本司法解释第 3 条第 1 款规定的合同成立条件，未明确约定在将来一定期限内另行订立合同。这时，虽然合同的标题写的是认购书、订购书、预订书等，没有明文写成"协议"或者"合同"，但是，这并不妨碍已经成立本约合同。这是因为，这些表达当事人合意的法律文件对合同的主要条款，甚至对价款或者报酬等已经作了明确的合意，而且没有明确约定在将来一定期限内要另行订立本约合同。这样的认购书、订购书、预定书等，其实是名称和内容不相符，虽然名称是认购书、订购书、预订书等，没有标明合同的名称，但是，在实质上已经对合同的主要条款达成了合意，且没有约定在将来一定要订立本约合同。对此，不能认定为预约合同，应当直接认定为本约合同，双方当事人的权利义务关系已经确定，双方应当按照本约合同的约定履行义务。

第二，当事人订立的认购书、订购书、预订书等，约定了合同的标的、数量、价款或者报酬等主要内容，虽然也约定了在将来一定期限内订立本约合同，符合预约合同的要求，应当认定为预约合同，但是，当事人一方已经实施了履行行为，并且对方已经接受。这就表明，双方当事人愿意接受这些认购书、订购书、预订书等约定的本属于预约合同内容的约束，应当认定已经成立本约合同，这些法律文件中约定的内容对双方当事人的权利义务关系具有法律约束力。对一方已经履行和对方已经接受履行的债务的行为没有量的要求，只要履行就可以，注意与已经履行主要债务的规定相区别。

应当说明的是，在本条第 3 款对预约合同形式的列举中，没有写意向书和备忘录，是不是就意味着预约合同转换为本约合同的形式不包括意向书和备忘录。但是要注意的是，第 3 款的规定，是按照《民法典》的表述方法拟定的，其中虽然没有意向书和备忘录，但是有一个"等"字，因此，按照本条第 2 款的规定，意向书、备忘录符合本条司法解释第 1 款规定要件的，仍然构成预约合同；符合第 3 款的规定要件，也能够转化为本约合同。

第七条　违反预约合同的认定

预约合同生效后，当事人一方拒绝订立本约合同或者在磋商订立本约合同时违背诚信原则导致未能订立本约合同的，人民法院应当认定该当事人不履行预约合同约定的义务。

人民法院认定当事人一方在磋商订立本约合同时是否违背诚信原则，应当综合考虑该当事人在磋商时提出的条件是否明显背离预约合同约定的内容以及是否已尽合理努力进行协商等因素。

【民法典条文】

第四百九十五条　当事人约定在将来一定期限内订立合同的认购书、订购书、预订书等，构成预约合同。

当事人一方不履行预约合同约定的订立合同义务的，对方可以请求其承担预约合同的违约责任。

第五百三十三条　合同成立后，合同的基础条件发生了当事人在订立合同时无法预见的、不属于商业风险的重大变化，继续履行合同对于当事人一方明显不公平的，受不利影响的当事人可以与对方重新协商；在合理期限内协商不成的，当事人可以请求人民法院或者仲裁机构变更或者解除合同。

人民法院或者仲裁机构应当结合案件的实际情况，根据公平原则变更或者解除合同。

第五百九十条 当事人一方因不可抗力不能履行合同的，根据不可抗力的影响，部分或者全部免除责任，但是法律另有规定的除外。因不可抗力不能履行合同的，应当及时通知对方，以减轻可能给对方造成的损失，并应当在合理期限内提供证明。

当事人迟延履行后发生不可抗力的，不免除其违约责任。

【相关司法解释】

《最高人民法院关于审理买卖合同纠纷案件适用法律问题的解释》（2012）

第二条 当事人签订认购书、订购书、预订书、意向书、备忘录等预约合同，约定在将来一定期限内订立买卖合同，一方不履行订立买卖合同的义务，对方请求其承担预约合同违约责任或者要求解除预约合同并主张损害赔偿的，人民法院应予支持。

【条文要义】

本条是对认定违反预约合同责任的解释。

《民法典》未明确规定违反预约合同的违约责任形式。但《民法典》第495条规定，违反预约合同也要承担违约责任，但是没有规定怎样认定预约合同的违约责任。2012年《最高人民法院关于审理买卖合同纠纷案件适用法律问题的解释》第2条对预约合同违约责任和要求解除预约合同主张损害赔偿的请求，作出了法院应当支持的解释，但对怎样认定预约合同的违约责任没有具体规定。本条对认定预约合同的违约责任规则作了具体规定。

预约合同也是合同。预约合同的效力，在于双方在约定的期限内订立本约合同，这当然也是一种合同的债权债务关系。只不过这种债权债务关系是一种行为，即将来订立本约合同的行为。

《民法典》第 459 条第 2 款规定了预约合同的违约责任，条件是：当事人一方不履行预约合同约定的订立合同义务的，对方可以请求其承担预约合同的违约责任。

在司法实践中怎样认定违反预约合同，《民法典》没有明确规定。本条根据司法实践经验，确定了认定预约合同违约的具体规则。

认定预约合同违约责任，须具备三个条件：一是预约合同已经生效；二是当事人一方拒绝订立本约合同，或者在磋商订立本约合同时违背诚信原则；三是未能订立本约合同。

1. 无正当理由拒绝订立本约合同

在上述预约合同违约责任的构成要件里，有一个关键要件：即当事人一方拒绝订立本约合同。这一要件要求，只要一方当事人拒绝订立本约合同，就成立违约责任。没有规定"没有正当理由"的要求。

其实，一方当事人拒绝订立本约合同，如果有正当理由，就不是拒绝订立本约合同，不应当承担预约合同的违约责任。

因此，即使不订立本约合同，有法律规定的不可抗力或者情势变更这些正当理由，预约合同当事人也不承担违约责任。在这种情况下，依照《民法典》的规定处理即可。

预约合同成立后，发生了不能订立本约合同、应当变更或者解除预约合同的客观情形，包括不可抗力和情势变更。对不可抗力和情势变更，《民法典》已经作了明确规定，司法解释也有相应规定。

不过，对不可抗力和情势变更，《民法典》规定的都是对已经成立生效的本约合同适用，没有规定对预约合同也适用。根据法理，预约合同也可以适用不可抗力和情势变更规则。订立预约合同之后，出现了不可抗力，或者情势变更的情形，不订立本约合同或者变更、解除预约合同就有正当理由，不能认为是预约合同的违约行为。

（1）适用不可抗力

预约合同成立后，发生不可抗力导致不能订立本约合同，一方当事人主张全部或者部分免除预约合同的违约责任的，符合《民法典》第590条的规定，根据不可抗力的影响，部分或者全部免除不履行预约合同、不能订立本约合同的违约责任。对此，应当适用《民法典》第590条第1款的规定。

《民法典》第590条第1款和第2款的规定是否也能适用于预约合同因不可抗力而部分或者全部免除违约责任，并不明确。

笔者认为，根据《民法典》第590条第1款的规定，因不可抗力不能履行合同订立本约合同义务的，也应当及时通知对方，以减轻可能给对方造成的损失，并应当在合理期限内提供证明。预约合同的当事人应当履行这一义务。如果主张不可抗力的一方不能及时通知，给对方当事人造成损害的，应当承担赔偿责任。

《民法典》第590条第2款规定，当事人迟延履行后发生不可抗力的，不免除其违约责任。这一规定对预约合同的违约责任也应当适用，即应当订立本约合同，由于当事人的拖延而没有订立，在这之后发生不可抗力的，不能免除该方当事人的违约责任。

（2）适用情势变更规则

预约合同成立后，发生情势变更，导致订立本约合同对当事人一方明显不公平的，也可以适用情势变更规则，变更或者解除预约合同约定的义务，对不能依约订立本约合同的，不能追究其违约责任。一方当事人提出变更或者解除预约合同的，法院应当根据《民法典》第 533 条的规定，结合案件的实际情况和当事人的诉讼请求，根据公平原则变更预约合同的内容或者解除预约合同，该方当事人不承担预约的违约责任。适用情势变更规则变更或者解除预约合同，应当依照情势变更的构成要件进行，并且不得自行变更或者解除，应当请求法院判决或者仲裁机构裁决。

2. 怎样判断一方当事人违背诚信原则

本条司法解释第 1 款规定的第二种预约合同的违约行为，是当事人一方在磋商订立本约合同时违背诚信原则。本条司法解释第 2 款专门对这种预约合同的违约行为作出了具体解释。

确定当事人一方在磋商订立本约合同时违背诚信原则，要从两个方面进行考察：

第一，综合考虑该当事人在磋商订立本约合同时，提出的条件是否明显背离预约合同约定的内容。预约合同成立时，应当对本约合同的基本内容已经作了明确约定。在订立本约合同时提出新的意思表示，双方意见一致的，当然没有问题。如果一方当事人在磋商订立本约合同时，提出订立本约合同的条件明显与预约合同约定的内容不同，是另起炉灶，提出新的要求，坚持订立严重背离预约合同约定的内容，另一方不同意的，坚持订立严重背离预约合同约定内容的一方就违背了诚信原则，没有按照预约合同约定的内容订立本约合同。

第二，综合考虑该当事人在磋商订立本约合同时，是否已尽合理努力进行协商。按照预约合同的约定，双方当事人在订立本约合同中难免出现意见分歧，发生争议是订立本约合同的正常现象，当事人应当努力进行协商，争取消除争议，达成本约合同内容的约定。如果双方已经进行了合理努力协商仍然不能达成合意，就是已经尽了合理努力。如果一方当事人在分歧面前消极对抗，甚至扩大分歧，没有积极争取达成本约合同的合意，执意改变预约合同约定的条款，就构成没有尽到合理努力进行协商，有可能构成违背诚信原则。

上述两种情形，都是当事人一方本来应当按照预约合同的约定订立本约合同，但是却违背诚信原则，致使不能订立本约合同。对上述两个方面应当综合起来进行考察，评定一方当事人是否构成预约违约行为，不能仅靠一个方面行为就直接认定预约合同的违约责任。

3. 导致本约合同不能订立

按照本条第 1 款的规定，当事人在订立预约合同之后，具备上述两个要件后，还必须具备第三个要件，即导致不能订立本约合同。本约合同不能订立，没有过失的一方缔约人就丧失了订立本约合同进而实现合同期待利益丧失。为救济这种损害，法院应当认定该方当事人构成预约合同的违约行为，应当承担预约合同的违约责任。

第八条 违反预约合同的违约责任

预约合同生效后，当事人一方不履行订立本约合同的义务，对方请求其赔偿因此造成的损失的，人民法院依法予以支持。

前款规定的损失赔偿，当事人有约定的，按照约定；没有约定的，人民法院应当综合考虑预约合同在内容上的完备程度以及订立本约合同的条件的成就程度等因素酌定。

【民法典条文】

第四百九十五条 当事人约定在将来一定期限内订立合同的认购书、订购书、预订书等，构成预约合同。

当事人一方不履行预约合同约定的订立合同义务的，对方可以请求其承担预约合同的违约责任。

【相关司法解释】

《最高人民法院关于审理买卖合同纠纷案件适用法律问题的解释》（2012）

第二条 当事人签订认购书、订购书、预订书、意向书、备忘录等预约合同，约定在将来一定期限内订立买卖合同，一方不履行订立买卖合同的义务，对方请求其承担预约合同违约责任或者要求解除预约合同并主张损害赔偿的，人民法院应予支持。

【条文要义】

本条是对预约合同违约损失赔偿责任及其计算方法的解释。

《民法典》第 495 条第 2 款规定了预约合同的违约责任的概括性规则，没有规定具体的责任方式以及损失赔偿的计算方法。2012 年《最高人民法院关于审理买卖合同纠纷案件适用法律问题的解释》第 2 条对解除预约合同并主张损害赔偿的作了原则性规定，也没有规定具体的计算方法。在司法实践中，如何确定违反预约合同的违约损失赔偿责任是一个难题。本条对此作了明确规定，使具体确定违反预约合同的违约责任有了可操作性的规则。

1. 预约违约责任包括损失赔偿责任

预约合同的违约责任当然包括损失赔偿。双方当事人订立预约合同后，都期待订立本约合同，通过本约合同的正式履行，实现合同的预期利益。

但是，一方违反预约合同的缔约义务，使另一方期待本约合同的预期利益丧失，造成了实际的财产损失，主要的救济方法当然就是损失赔偿。因此，本条第 1 款规定，对方请求其赔偿因此造成的损失的，法院依法予以支持。

这里存在的问题是，预约合同违约责任是否包括继续履行。本条司法解释对此没有规定。其实，如果双方当事人订立了预约合同，一方违反预约义务不订立本约合同，如果具备继续履行条件的，也可以确定承担继续履行的违约责任。不过，在通常情况下，预约合同的一方当事人拒不订立本约合同，双方已经经过协商无法达成协议订立本约合同，判决继续履行订立本约合同的义务可能很难实现。所以，要确定预约合同违约责任的继续履行，要根据实际情况判定才行，如果确定继续订立本约合同，一方拒不继续履行的，应当判决其承担违约损失赔偿责任。

2. 预约合同违约的损失赔偿范围

预约合同违约的损失赔偿具体范围是最难确定的，缺少具体的标准和方法，在理论上和实务中都有不同见解。对此，本条第 2 款规定了两种方法。

第一种方法，当事人对预约合同的违约责任损失赔偿有约定的，依照其约定。例如，双方当事人在预约合同中约定，一方违约不订立本约合同要承担损失赔偿责任，并且约定了具体的计算方法，这当然没有问题，直接按照约定确定损失赔偿的具体数额即可。

第二种方法，是当事人在预约合同中对违约损失赔偿没有约定。本条司法解释第 2 款规定的方法是：首先，综合考虑预约合同在内容上的完备程度。预约合同在内容上的完备程度，是订立预约合同后，其内容达到何种完备程度，如合同的主体、标的、数量等内容是否完备，是否具有可履行性等。内容完备，可履行性很强的，不订立本约合同，无过错当事人的损失就会比较大；反之，损失就会比较小。其次，综合考虑订立本约合同的条件成就程度。订立本约合同的条件成就程度，是指订立本约合同的条件成就了哪些，主要的条件成就还是次要的条件成就，借此就能判断非违约方的损失程度。综合起来，预约合同在内容上的完备程度，以及订立本约合同的条件成就程度，是确定预约合同违约损害赔偿的两个关键因素。在当事人对预约合同中没有约定违约损害赔偿的内容时，依据这两个关键要素，就能够确定预约合同违约损害赔偿责任的具体数额。

本条对预约合同违约损害赔偿责任的确定，只规定了这两种计算方法，比较原则和抽象，不够具体。

笔者认为，确定预约合同违约的损失赔偿数额，应当在缔约过失责任的信赖利益损失以上和实际违约责任的预期利益损失之下，在这两者之间确定。也就是说，预约违约损失赔偿的上限，不超过违约责任的预期利益损失；下限不低于缔约过失责任赔偿的信赖利益损失。这样的赔偿数额确定标准，其实可斟酌的程度比较大，要根据非违约方受到的实际损失以及违约方的过错程度，综合确定损失赔偿的数额。

3. 预约合同转化为本约合同的违约损失赔偿

预约合同具备本约合同的要求可以转化为本约合同。如果预约合同已经具备了本约合同的要求，在合同的主体、标的、数量、价款或者报酬等影响当事人权利义务的实质内容方面均已达成合意，实际上已经成立了本约合同。在这种情况下，如果一方当事人违反预约合同的约定拒不订立本约合同，当事人请求按照本约合同成立并履行可以获得的利益，计算违反预约合同损失赔偿额的，实际就是对违反预约合同的损失赔偿采用本约合同实际违约的损失赔偿计算方法，确定预约违约损失赔偿责任。这样预约合同的违约损失赔偿，就与本约合同的实际违约损失赔偿是一样的。

需要注意的是，如果当事人在预约合同中已经对违反预约合同拒不订立本约合同的损失赔偿作出约定，应当按照约定确定损失赔偿责任，即使符合上述规定的这些条件，基本构成了本约合同，也不可以按照本约合同的损失赔偿方法计算损失赔偿责任的具体数额。

第九条　格式条款的认定

合同条款符合民法典第四百九十六条第一款规定的情形，当事人仅以合同系依据合同示范文本制作或者双方已经明确约定合同条款不属于格式条款为由主张该条款不是格式条款的，人民法院不予支持。

从事经营活动的当事人一方仅以未实际重复使用为由主张其预先拟定且未与对方协商的合同条款不是格式条款的，人民法院不予支持。但是，有证据证明该条款不是为了重复使用而预先拟定的除外。

【民法典条文】

第四百九十六条　格式条款是当事人为了重复使用而预先拟定，并在订立合同时未与对方协商的条款。

采用格式条款订立合同的，提供格式条款的一方应当遵循公平原则确定当事人之间的权利和义务，并采取合理的方式提示对方注意免除或者减轻其责任等与对方有重大利害关系的异常条款，按照对方的要求，对该条款予以说明。提供格式条款的一方未履行提示或者说明义务，致使对方没有注意或者理解与其有重大利害关系的异常条款的，对方可以主张该条款不成为合同的内容。

【条文要义】

本条是对格式条款认定规则的解释。

对格式条款的认定，以往的司法解释没有作出规定。本条是对认定格式条款规则的新规定。

对于格式条款，《民法典》第 496 条第 1 款已经作了规定，即格式条款是当事人为了重复使用而预先拟定，并在订立合同时未与对方协商的条款。这个解释得比较清楚，但在实践中也有疑问，需要进一步明确，以往的司法解释没有对此作出解释。本条从以下两个方面对认定格式条款的规则作了规定。

1. 对非格式条款的认定

认定格式条款，应当按照《民法典》第 496 条第 1 款的规定确认，符合规定要求的，就构成格式条款。

但是，在格式条款的认定中有两种情形，当事人可能会否认格式条款。

第一种情形是，合同虽然符合《民法典》第 496 条第 1 款的规定，但是，当事人以合同仅依据合同示范文本制定为由，不认为是格式条款。合同的示范文本原则上不是格式条款，通常叫标准合同。但是，如果这种标准合同或者示范合同符合《民法典》第 496 条第 1 款规定的要件，也是格式条款。例如，保险合同，虽然也是合同，也表现为示范文本，但是，符合格式条款的要件要求，因此是格式条款。

第二种情形是，合同虽然符合《民法典》第 496 条第 1 款的规定，但是双方当事人已经明确约定该合同条款不属于格式条款，否定格式条款的性质。在这种情况下，双方当事人订立的合同符合格式条款的要求，但是，双方约定合同条款不属于格式条款的，按照意思自治原则，似乎应当认定为非格式条款，但是，本条第 1 款也规定，当事人主张不属于格式条款的，法院不予支持，也认为是格式条款。

其实，这两种情况都属于格式条款，符合《民法典》对格式条款的定义，应当按照格式条款对待，保护消费者的合法权益。如果由于有上述两种情形就不认为是格式条款，可能会对交易中的弱势一方造成损害。因此，司法解释规定上述两种情形，当事人如果提出不是格式条款的主张，法院不予支持，仍然应当认定为格式条款。

2. 非重复使用的格式条款

《民法典》第 496 条第 1 款界定格式条款时，明确规定了格式条款应当是重复使用的条款，并且重复使用是格式条款制定的目的。

在实践中，有些格式条款提供方就以事先拟定的格式条款不是重复使用为由，而主张不是格式条款。这种说法看似有道理，因为《民法典》第 496 条确实规定了格式条款要重复使用；但是，如果完全拘泥于重复使用，如果没有重复使用就不认为是格式条款，可能会损害交易中弱势一方当事人的合法权益，因此应当认定为格式条款，适用《民法典》关于格式条款的规定。

对此，本条采取了灵活态度，采用两种方法认定格式条款。

第一，从事经营活动的当事人一方仅以未实际重复使用为由，主张其预先拟定且未与对方协商的合同条款不是格式条款。这是提供的合同符合格式条款的其他要求，一是预先拟定，二是未与对方协商，这些已经构成格式条款。如果从事经营活动的当事人一方仅以未实际重复使用为由主张不是格式条款，是不成立的，所以，法院不应予以支持。这里可能存在的问题是，这个格式条款的其他方面都符合要求，只是第一次使用，还没有重复使用，当然也是格式条款。

第二，从事经营活动的当事人一方有证据证明该条款并不是为了重复使用而预先拟定，证明确实不是格式条款。这里需要有两个要件：一是非为预先拟定，这不符合格式条款的要求；二是非为重复使用。为了重复使用和没有重复使用是两个概念，一个格式条款如果不具有预先拟定的特点，而是双方当事人进行协商订立的合同，同时也没有把这一合同作为将来重复使用的目的，就不是格式条款，而是一般的合同。对此，应当有证据证明，否则不能认定为非格式条款。

第十条　格式条款订入合同

提供格式条款的一方在合同订立时采用通常足以引起对方注意的文字、符号、字体等明显标识，提示对方注意免除或者减轻其责任、排除或者限制对方权利等与对方有重大利害关系的异常条款的，人民法院可以认定其已经履行民法典第四百九十六条第二款规定的提示义务。

提供格式条款的一方按照对方的要求，就与对方有重大利害关系的异常条款的概念、内容及其法律后果以书面或者口头形式向对方作出通常能够理解的解释说明的，人民法院可以认定其已经履行民法典第四百九十六条第二款规定的说明义务。

提供格式条款的一方对其已经尽到提示义务或者说明义务承担举证责任。对于通过互联网等信息网络订立的电子合同，提供格式条款的一方仅以采取了设置勾选、弹窗等方式为由主张其已经履行提示义务或者说明义务的，人民法院不予支持，但是其举证符合前两款规定的除外。

【民法典条文】

第四百九十六条　格式条款是当事人为了重复使用而预先拟定，并在订立合同时未与对方协商的条款。

采用格式条款订立合同的，提供格式条款的一方应当遵循公平原则确定当事人之间的权利和义务，并采取合理的方式提示对方注意免除或者减轻其责任等与对方有重大利害关系的条款，按照对方的要求，对该条款予以说明。提供格式条款的一方未履行提示或者说明义务，致使对方没有注意或者理解与其有重大利害关系的条款的，对方可以主张该条款不成为合同的内容。

【相关司法解释】

《最高人民法院关于适用〈中华人民共和国民法典〉时间效力的若干规定》

第九条　民法典施行前订立的合同，提供格式条款一方未履行提示或者说明义务，涉及格式条款效力认定的，适用民法典第四百九十六条的规定。

《全国法院贯彻实施民法典工作会议纪要》

7. 提供格式条款的一方对格式条款中免除或者减轻其责任等与对方有重大利害关系的内容，在合同订立时采用足以引起对方注意的文字、符号、字体等特别标识，并按照对方的要求以常人能够理解的方式对该格式条款予以说明的，人民法院应当认定符合民法典第四百九十六条所称"采取合理的方式"。提供格式条款一方对已尽合理提示及说明义务承担举证责任。

《最高人民法院关于适用〈中华人民共和国合同法〉若干问题的解释（二）》

第六条　提供格式条款的一方对格式条款中免除或者限制其责任的内容，在合同订立时采用足以引起对方注意的文字、符号、字体等特别标识，并按照对方的要求对该格式条款予以说明的，人民法院应当认定符合合同法第三十九条所称"采取合理的方式"。

提供格式条款一方对已尽合理提示及说明义务承担举证责任。

第九条　提供格式条款的一方当事人违反合同法第三十九条第一款关于提示和说明义务的规定，导致对方没有注意免除或者限制其责任的条款，对方当事人申请撤销该格式条款的，人民法院应当支持。

第十条　提供格式条款的一方当事人违反合同法第三十九条第一款的规定，并具有合同法第四十条规定的情形之一的，人民法院应当认定该格式条款无效。

【条文要义】

本条是对认定格式条款订入合同一方是否负有提示义务和说明义务及举证责任的解释。

合同法理论认为，格式条款作为合同条款订入合同，须与对方达成合意，而此时要约和承诺的意思表示都具有了一定的特殊性，在格式条款提供者方面，典型的表现为对"提示说明义务"的履行。对于格式条款订入合同，在原《合同法》实施中，最高人民法院曾经作过司法解释。例如，《最高人民法院关于适用〈中华人民共和国合同法〉若干问题的解释（二）》第6条、第9条和第10条都作过规定。《民法典》实施以后，《最高人民法院关于适用〈中华人民共和国民法典〉时间效力的若干规定》第9条，以及《全国法院贯彻实施民法典工作会议纪要》第7条，都作了相关规定。本条综合以上司法解释，对此作了统一的解释。

1. 格式条款订入合同一方履行提示义务的要求

格式条款订入合同与《民法典》第496条第2款规定的采用格式条款订立合同的要求一致，即提供格式条款的一方应当遵循公平原则，确定当事人之间的权利和义务，并采取合理的方式，提示对方注意免除或者减轻其责任等与对方有重大利害关系的条款，按照对方要求，对该条款履行说明的义务。

订入合同的格式条款，是指那些注意免除或者减轻其责任、排除或者限制对方权利等与对方有重大利害关系的异常条款。他们在把这些条款订入合同时，提供格式条款一方必须尽到提示和说明的义务，并且根据对方的要求，对该条款予以说明。如果提供格式条款的一方未履行提示或者说明义务，致使对方没有注意或者理解与其有重大利害关系的异常条款的，对方可以主张该条款不成为合同的内容。

履行提示义务的方法是，采用足以引起对方注意的文字、符号、字体等明显标识。

履行这一义务的标准是，采用通常的方式进行提示，要达到通常足以引起对方注意的程度。这就要求，提供格式条款一方通过这些方法，能够使消费者一眼就能看到订入合同的格式条款，并且引起足够的注意，进行阅读并作出自己的决定。要求对格式条款的文字、符号和字体采用加黑、加粗、用不同的字体，使消费者一眼就能看到、注意到。

如果对订入合同的格式条款采取了上述提示义务，法院就可以认定提供格式条款的一方已经履行了《民法典》第 496 条第 2 款规定的提示义务。

2. 格式条款订入合同一方履行说明义务的要求

格式条款订入合同一方在履行了提示义务以后，如果对方要求作出说明，该方应当按照对方的要求，就格式条款中与对方有重大利害关系的异常条款的概念、内容及其法律后果，以书面或者口头形式，向对方作出通常能够理解的解释说明。确定是否尽到说明义务的标准是该说明能否达到通常能够理解。如果作出的说明一般人都能够理解，就履行了说明义务。如果作出的说明不能使一般人理解，不符合通常能够理解的要求，就没有尽到说明义务。

通常的标准，是指普通人、常人的标准，而不是专业人士的标准。如果作出的说明只有专业人士才能听懂，普通人无法听懂、接受，就没有尽到说明义务。

3. 举证责任

对格式条款订入合同一方是否尽到提示义务、说明义务的举证责任由提供格式条款一方承担，对方不承担举证责任。

证明的内容，是提示达到了足以引起注意的明显标识；说明的内容，是已经作出了普通人或者常人通常能够理解的解释。

证明的标准，是高度概然性标准。

本条第 3 款在确定了提供格式条款一方对其已经尽到提示义务或者说明义务承担举证责任的规则后，特别强调了对于通过互联网等信息网络订立的电子合同，提供格式条款的一方尽到提示义务和说明义务的证明要求。对于通过互联网等信息网络订立的电子合同，如果没有把格式条款订入合同，即使普通的电子合同，如果当事人已经证明自己履行了提示义务或者说明义务的，应当予以认定。但是，利用互联网等信息网络订立的电子合同，在合同中订有格式条款的，提供格式条款一方仅以采取了设置勾选、弹窗等方式为由，主张自己已经履行了提示义务或者说明义务的，不能认为已经完成了证明责任，属于证明不足。换言之，一方当事人利用互联网等信息网络订立的电子合同，将格式条款订入合同的，提供格式条款一方仅通过勾选、弹窗等方式履行提示义务或者说明义务，法院对提供格式条款一方的这种主张不予支持。但是，通过互联网等信息网络订立的电子合同，提供格式条款的一方的举证符合本条司法解释的前两款规定的要求，虽然采取设置勾选、弹窗的，但是尽到了提示义务和说明义务的，不能认为其没有完成举证责任。

第三章 合同的效力

第十一条 自然人缺乏判断能力的认定

当事人一方是自然人，根据该当事人的年龄、智力、知识、经验并结合交易的复杂程度，能够认定其对合同的性质、合同订立的法律后果或者交易中存在的特定风险缺乏应有的认知能力的，人民法院可以认定该情形构成民法典第一百五十一条规定的"缺乏判断能力"。

【民法典条文】

第一百五十一条 一方利用对方处于危困状态、缺乏判断能力等情形，致使民事法律行为成立时显失公平的，受损害方有权请求人民法院或者仲裁机构予以撤销。

【相关司法解释】

《最高人民法院关于贯彻执行〈中华人民共和国民法通则〉若干问题的意见（试行）》

72. 一方当事人利用优势或者利用对方没有经验，致使双方的权利与义务明显违反公平、等价有偿原则的，可以认定为显失公平。

【条文要义】

本条是对显失公平合同中如何认定作为当事人的自然人"缺乏判断能力"的解释。

原《民法通则》第59条第1款第2项规定了显失公平的民事行为为可变更、可撤销的民事行为,原《合同法》第54条第1款第2项也规定了显失公平的合同可变更、可撤销。《最高人民法院关于贯彻执行〈中华人民共和国民法通则〉若干问题的意见(试行)》第72条对显失公平的构成解释为"一方当事人利用优势或者利用对方没有经验",对具体如何认定,也没有进行具体解释。由于《合同法》第54条没有具体规定显失公平的要件,因而合同法相关司法解释也没有规定对显失公平合同的一方当事人缺乏判断能力的认定方法。

《民法典》将显失公平和乘人之危都规定为显失公平,都是可撤销的民事法律行为,将《民法通则》解释中"一方当事人利用优势或者利用对方没有经验"概括为一方当事人"缺乏判断能力",这是专业的民法术语,但是对如何认定"缺乏判断能力"没有具体规定。本条规定了认定缺乏判断能力的规则。

1. 对自然人缺乏判断能力的定义

依照本条规定,缺乏判断能力,是指作为一方当事人的自然人对合同的性质、合同订立的法律后果或者交易中存在的特定风险缺乏应有的认知能力。本条对缺乏判断能力的这一定义十分准确。

缺乏判断能力的特征是:

第一,合同的该方当事人适格,不属于无民事行为能力或者限制民事行为能力的自然人、法人、非法人组织。"缺乏判断能力"的当事人必须是自然人。如果当事人为无民事行为能力人或者限制民事行为能力人，不具有或者欠缺某些合同的缔约资格，不能与他方当事人订立合同，或者不能与他方当事人订立法律规定不能订立的合同。缺乏判断能力的人不是无民事行为能力人或者限制民事行为能力人，是具有订立合同资格的当事人。

第二，合同的该方当事人缺少必要的交易经验，对合同的性质、合同订立的法律后果或者交易中存在的特定风险不能正确识别，因而无法正确判断。认定当事人缺少必要的交易经验的要素：一是合同的性质；二是合同订立的法律后果；三是交易中的特定风险。这三个要素，只要具备其中之一，即可认定当事人缺少必要的交易经验，有可能构成缺乏判断能力。

第三，判断能力具体表现为认知能力。通常认为，认知能力是指人脑加工、储存和提取信息的能力，即人们对事物的构成、性能、与他物的关系、发展的动力、发展方向以及基本规律的把握能力，是成功完成活动的最重要心理条件。在民事交易领域，合同当事人的认知能力，就是当事人对交易信息的加工、储存和提取的能力，是对交易的构成、性能、关系、发展、结果以及基本规律的把握能力，集中表现为对合同性质、订立合同的法律后果以及对交易中的特定风险的认识和把握能力。

2. 怎样认定合同的当事人是否缺乏判断能力

认定交易的合同一方当事人是否缺乏判断能力，是确认当事人的主观状态，既要对当事人的主观方面进行考察，也要从当事人能否识别交易的要素进行考察。因此，认定一方当事人是否缺乏判断能力，需要从两个方面进行考察：

第一，当事人的主观方面要件。这要根据当事人一方的年龄、智力、知识、经验并结合交易的复杂程度进行判断。判断的要素：

一是年龄，年龄过大或者过小，都可能对交易的判断能力发生影响，当事人的年龄要与交易的复杂程度相适应，如刚满十八岁或者超过八十岁的成年人进行复杂的金融交易，一般来说会不适应；二是智力，即该自然人的智力达到什么程度，是否能够作出正确的判断，如自然人虽然不是无民事行为能力人或者限制民事行为能力人，但属于智力发育有缺陷的；三是知识，即当事人是否有从事交易活动的专业知识，如没有投资经验的青年进行投资活动；四是经验，即当事人有无从事某种特定交易的经历和积累，是初出茅庐还是久经沙场，是商业人士还是普通大众；五是将上述当事人的三种主观情况结合交易的复杂程度进行综合判断，复杂的交易需要年龄适中、具有专业知识、有丰富经验的专业人士进行，简单的交易则不需要这些方面的要求。

第二，当事人认知交易客观要素的程度。这是根据一方当事人的主观方面，对交易所指向的客观要素的认知，考察其是否缺乏判断能力。根据一方当事人的年龄、智力、知识、经验以及结合交易的复杂程度得出的主观状况，确定其对进行交易的合同性质、合同订立法律后果或者交易中的特定风险是否有足够的认知能力。一方当事人对普通合同和特殊合同，对合同订立后的法律后果是什么，对实施的这种交易是否存在特定的风险，风险程度如何，都能有足够认知的，就有从事该种交易的认知能力，否则，该方当事人就没有相应的认知能力。

将上述两个构成要件进行综合分析，就能够判断一方当事人是否构成缺乏判断能力。

3. 自然人为当事人缺乏判断能力的法律后果

在交易中，一方当事人缺乏判断能力，就具备了《民法典》第

151 条规定的显失公平合同的要件之一，再加上"民事法律行为成立时显失公平"的要件，就可以确认应当适用《民法典》第 151 条的规定，认定当事人实施的民事法律行为构成显失公平，成立可撤销的合同，缺乏判断能力的一方当事人对该合同享有撤销权，可以主张撤销显失公平的合同。

第十二条　批准生效合同的法律适用

合同依法成立后，负有报批义务的当事人不履行报批义务或者履行报批义务不符合合同的约定或者法律、行政法规的规定，对方请求其继续履行报批义务的，人民法院应予支持；对方主张解除合同并请求其承担违反报批义务的赔偿责任的，人民法院应予支持。

人民法院判决当事人一方履行报批义务后，其仍不履行，对方主张解除合同并参照违反合同的违约责任请求其承担赔偿责任的，人民法院应予支持。

合同获得批准前，当事人一方起诉请求对方履行合同约定的主要义务，经释明后拒绝变更诉讼请求的，人民法院应当判决驳回其诉讼请求，但是不影响其另行提起诉讼。

负有报批义务的当事人已经办理申请批准等手续或者已经履行生效判决确定的报批义务，批准机关决定不予批准，对方请求其承担赔偿责任的，人民法院不予支持。但是，因迟延履行报批义务等可归责于当事人的原因导致合同未获批准，对方请求赔偿因此受到的损失的，人民法院应当依据民法典第一百五十七条的规定处理。

【民法典条文】

第五百零二条 依法成立的合同，自成立时生效，但是法律另有规定或者当事人另有约定的除外。

依照法律、行政法规的规定，合同应当办理批准等手续的，依照其规定。未办理批准等手续影响合同生效的，不影响合同中履行报批等义务条款以及相关条款的效力。应当办理申请批准等手续的当事人未履行义务的，对方可以请求其承担违反该义务的责任。

依照法律、行政法规的规定，合同的变更、转让、解除等情形应当办理批准等手续的，适用前款规定。

【相关司法解释】

《全国法院民商事审判工作会议纪要》

37.【未经批准合同的效力】法律、行政法规规定某类合同应当办理批准手续生效的，如商业银行法、证券法、保险法等法律规定购买商业银行、证券公司、保险公司5%以上股权须经相关主管部门批准，依据《合同法》第44条第2款的规定，批准是合同的法定生效条件，未经批准的合同因欠缺法律规定的特别生效条件而未生效。实践中的一个突出问题是，把未生效合同认定为无效合同，或者虽认定为未生效，却按无效合同处理。无效合同从本质上来说是欠缺合同的有效要件，或者具有合同无效的法定事由，自始不发生法律效力。而未生效合同已具备合同的有效要件，对双方具有一定的拘束力，任何一方不得擅自撤回、解除、变更，但因欠缺法律、行政法规规定或当事人约定的特别生效条件，在该生效条件成就前，不能产生请求对方履行合同主要权利义务的法律效力。

38.【报批义务及相关违约条款独立生效】须经行政机关批准生

效的合同，对报批义务及未履行报批义务的违约责任等相关内容作出专门约定的，该约定独立生效。一方因另一方不履行报批义务，请求解除合同并请求其承担合同约定的相应违约责任的，人民法院依法予以支持。

39.【报批义务的释明】须经行政机关批准生效的合同，一方请求另一方履行合同主要权利义务的，人民法院应当向其释明，将诉讼请求变更为请求履行报批义务。一方变更诉讼请求的，人民法院依法予以支持；经释明后当事人拒绝变更的，应当驳回其诉讼请求，但不影响其另行提起诉讼。

40.【判决履行报批义务后的处理】人民法院判决一方履行报批义务后，该当事人拒绝履行，经人民法院强制执行仍未履行，对方请求其承担合同违约责任的，人民法院依法予以支持。一方依据判决履行报批义务，行政机关予以批准，合同发生完全的法律效力，其请求对方履行合同的，人民法院依法予以支持；行政机关没有批准，合同不具有法律上的可履行性，一方请求解除合同的，人民法院依法予以支持。

《最高人民法院关于适用〈中华人民共和国合同法〉若干问题的解释（一）》

第九条　依照合同法第四十四条第二款的规定，法律、行政法规规定合同应当办理批准手续，或者办理批准、登记等手续才生效，在一审法庭辩论终结前当事人仍未办理批准手续的，或者仍未办理批准、登记等手续的，人民法院应当认定该合同未生效；法律、行政法规规定合同应当办理登记手续，但未规定登记后生效的，当事人未办理登记手续不影响合同的效力，合同标的物所有权及其他物权不能转移。

合同法第七十七条第二款、第八十七条、第九十六条第二款所列合同变更、转让、解除等情形，依照前款规定处理。

《最高人民法院关于适用〈中华人民共和国合同法〉若干问题的解释（二）》

第八条 依照法律、行政法规的规定经批准或者登记才能生效的合同成立后，有义务办理申请批准或者申请登记等手续的一方当事人未按照法律规定或者合同约定办理申请批准或者未申请登记的，属于合同法第四十二条第（三）项规定的"其他违背诚实信用原则的行为"，人民法院可以根据案件的具体情况和相对人的请求，判决相对人自己办理有关手续；对方当事人对由此产生的费用和给相对人造成的实际损失，应当承担损害赔偿责任。

【条文要义】

本条是对须经批准生效合同未履行报批义务的当事人应当承担的法律后果的解释。

在《民法典》"合同的效力"一章中，第502条第2款明确规定，依照法律、行政法规的规定，合同应当办理批准等手续的，依照其规定。未办理批准等手续影响合同生效的，不影响合同中履行报批等义务条款以及相关条款的效力。因为只有依靠这些应当履行报批义务的条款和相关条款的效力，才能认定不履行报批义务一方的违约责任。这对应当办理申请报批等手续的一方当事人提出了很高的要求：约定由其办理报批手续的，就必须履行义务；没有履行报批义务，应当承担相应的后果责任。

原《合同法》对此也有规定，因此，以往的《最高人民法院关于适用〈中华人民共和国合同法〉若干问题的解释（一）》第9条和《最高人民法院关于适用〈中华人民共和国合同法〉若干问题的解释（二）》第 8 条，都对如何适用这一规定作了解释。《民法典》实施之后，《全国法院民事审判工作会议纪要》第 37 条至第 40 条总结上述司法经验，作了详细规定。《民法典》实施后，最高人民法院进一步总结实践经验，对《民法典》第 502 条规定的具体适用规则作出了解释。

对此，本条司法解释规定了四个规则。

1. 报批义务不履行的继续履行和损失赔偿

合同依法成立后，负有报批义务的当事人如果不履行报批义务，或者履行报批义务不符合合同的约定或者法律、行政法规的规定，如果对方要求继续履行，履行报批义务的一方当事人就应当继续履行，完成报批手续。

负责报批义务的当事人不履行报批义务，对方当事人主张解除合同，并请求其赔偿因违反报批义务造成的损失的，理由成立。因为合同已经成立，只是因为没有报批而没有生效，对方要求其赔偿违反报批义务的赔偿责任，法院应当予以支持。

2. 判决后不继续履行报批义务的解除权和损失赔偿

一方当事人负有报批义务，另一方起诉要求继续履行报批义务，法院判决该方当事人继续履行报批义务，该方当事人拒不履行的，既是公然违约，也是拒不执行生效判决的行为。如果对方当事人主张解除合同，并参照违反合同的违约责任请求其承担赔偿责任的，其理由成立，法院应当支持。

这个方法解决了负有报批义务的当事人拒不履行报批义务的后果，通过参照违反合同的违约责任请求其承担赔偿损失的方法，制裁负有报批义务又拒不履行报批义务的公然违约行为。由于这种行为也构成拒不执行生效判决，涉及的是违反公法的行为，可以通过适用公法规定予以制裁。

3. 合同获批前请求对方履行合同主要义务没有根据

在合同成立但在没有获得批准之前，合同没有生效。所以，在合同获得批准前，当事人一方起诉请求对方履行合同约定的主要义务，是不符合法律规定的。对此，法官应该释明其应当变更诉讼请求。经过法官释明后，该方当事人拒绝变更诉讼请求的，法院应当判决驳回诉讼请求，这种程序驳回并没有驳回其实体诉权，不影响其另行提起诉讼。

4. 已经履行报批义务但未获批准的后果

双方当事人订立的合同应当报批，负有报批义务的一方当事人已经办理申请批准等手续，或者已经履行了生效判决确定的报批义务，但是批准机关没有批准。在这种情况下，如何追究负有报批义务一方的责任，须分情况处理。

一是批准机关决定不予批准，这是行政机关的权力，当事人无法左右。在这种情况下，由于合同没有生效，对方当事人请求损害赔偿的，就没有理由，向法院起诉，法院也不应当支持。

二是虽然负有履行报批义务的一方已经履行了报批义务，但是由于迟延履行报批义务而未被批准，对这种情况，就构成可归责于负有报批义务当事人的原因，导致合同未获批准而没有成立。这时虽然履行了报批义务，却因迟延履行而使有关部门没有批准，该方当事人有过错。对此，对方当事人请求赔偿因此受到损失的，法院依照《民法典》第157条的规定处理，因民事法律行为无效、被撤销或者确定不发生效力，行为人因该行为取得的财产应当予以返还；不能返还或者没有必要返还的，应当折价补偿。有过错的一方应当赔偿对方由此受到的损失；各方都有过错的，应当各自承担相应的责任。

第十三条 **备案合同或者已批准合同等的效力认定**

合同存在无效或者可撤销的情形，当事人以该合同已在有关行政管理部门办理备案、已经批准机关批准或者已依据该合同办理财产权利的变更登记、移转登记等为由主张合同有效的，人民法院不予支持。

【民法典条文】

第五百零二条 依法成立的合同，自成立时生效，但是法律另有规定或者当事人另有约定的除外。

依照法律、行政法规的规定，合同应当办理批准等手续的，依照其规定。未办理批准等手续影响合同生效的，不影响合同中履行报批等义务条款以及相关条款的效力。应当办理申请批准等手续的当事人未履行义务的，对方可以请求其承担违反该义务的责任。

依照法律、行政法规的规定，合同的变更、转让、解除等情形应当办理批准等手续的，适用前款规定。

【相关司法解释】

《最高人民法院关于审理商品房买卖合同纠纷案件适用法律若干问题的解释》（2020）

第六条 当事人以商品房预售合同未按照法律、行政法规规定办理登记备案手续为由，请求确认合同无效的，不予支持。

当事人约定以办理登记备案手续为商品房预售合同生效条件的，从其约定，但当事人一方已经履行主要义务，对方接受的除外。

《最高人民法院关于审理商品房买卖合同纠纷案件适用法律若干问题的解释》（2003）

第六条 当事人以商品房预售合同未按照法律、行政法规规定办理登记备案手续为由，请求确认合同无效的，不予支持。

当事人约定以办理登记备案手续为商品房预售合同生效条件的，从其约定，但当事人一方已经履行主要义务，对方接受的除外。

【条文要义】

本条是对合同已备案或者已批准不具有否定合同无效、可撤销效力的解释。

对认定已经备案或者已经批准的合同，能否对抗合同无效、合同可撤销的效力，《民法典》没有明确的规定。在以往的司法解释中，2003年《最高人民法院关于审理商品房买卖合同纠纷案件适用法律若干问题的解释》第6条，对以商品房买卖合同办理登记备案手续为由的合同效力问题作了规定。2022年修订的《最高人民法院关于审理商品房买卖合同纠纷案件适用法律若干问题的解释》第6条仍然确认这一规则。本条根据以往司法经验，对此作出了明确规定。

法律、行政法规规定有些合同生效要经过备案或者经过批准的，在一般情况下，合同经过要约、承诺就已经成立，需要备案已经备案，需要报批已经批准，这个合同就已经生效了。

但问题是，如果经过备案或者报批批准的合同，存在法定无效或者可撤销的情形，这样的合同还能不能宣告无效或者是被撤销呢？这一问题不十分明确，法官也有不同认识，甚至认为合同一经备案或者经过批准，就已经发生法律效力，不能再请求宣告无效或者行使撤销权而撤销合同。

这不是实事求是的态度。

首先说合同无效。合同无效是法律对合同效力的强制干预，规定这些合同因为违反法律、行政法规的强制性规定，或者违背公序良俗等原因而无效。这样的合同即使经过备案或者批准，其中存在的违反法律、行政法规的规定以及违背公序良俗等原因并没有消失，仍然还在影响着合同效力。在这种情况下，一方当事人请求法院判决认定合同无效，只要符合法律的规定，就可以判决宣告该合同无效。也就是说，合同的备案和报批并不影响合同无效的认定。

再说合同可撤销。当合同存在欺诈、胁迫、重大误解、显失公平等可撤销的事由时，合同虽然经过备案或者报批批准，对合同一方行使撤销权也不发生妨碍，只要具备了《民法典》规定的民事法律行为可撤销的事由，当事人就可以请求法院撤销这样的合同，不能因为合同已经备案或者报批批准，就不能请求撤销该合同。

第十四条　多份合同的效力认定

当事人之间就同一交易订立多份合同，人民法院应当认定其中以虚假意思表示订立的合同无效。当事人为规避法律、行政法规的强制性规定，以虚假意思表示隐藏真实意思表示的，人民法院应当依据民法典第一百五十三条第一款的规定认定被隐藏合同的效力；当事人为规避法律、行政法规关于合同应当办理批准等手续的规定，以虚假意思表示隐藏真实意思表示的，人民法院应当依据民法典第五百零二条第二款的规定认定被隐藏合同的效力。

依据前款规定认定被隐藏合同无效或者确定不发生效力的，人民法院应当以被隐藏合同为事实基础，依据民法典第一百五十七条的规定确定当事人的民事责任。但是，法律另有规定的除外。

当事人就同一交易订立的多份合同均系真实意思表示，且不存在其他影响合同效力情形的，人民法院应当在查明各合同成立先后顺序和实际履行情况的基础上，认定合同内容是否发生变更。法律、行政法规禁止变更合同内容的，人民法院应当认定合同的相应变更无效。

【民法典条文】

第一百四十六条 行为人与相对人以虚假的意思表示实施的民事法律行为无效。

以虚假的意思表示隐藏的民事法律行为的效力，依照有关法律规定处理。

第一百五十三条 违反法律、行政法规的强制性规定的民事法律行为无效。但是，该强制性规定不导致该民事法律行为无效的除外。

违背公序良俗的民事法律行为无效。

第一百五十七条 民事法律行为无效、被撤销或者确定不发生效力后，行为人因该行为取得的财产，应当予以返还；不能返还或者没有必要返还的，应当折价补偿。有过错的一方应当赔偿对方由此所受到的损失；各方都有过错的，应当各自承担相应的责任。法律另有规定的，依照其规定。

第五百零二条 依法成立的合同，自成立时生效，但是法律另有规定或者当事人另有约定的除外。

依照法律、行政法规的规定，合同应当办理批准等手续的，依照其规定。未办理批准等手续影响合同生效的，不影响合同中履行报批等义务条款以及相关条款的效力。应当办理申请批准等手续的当事人未履行义务的，对方可以请求其承担违反该义务的责任。

依照法律、行政法规的规定，合同的变更、转让、解除等情形应当办理批准等手续的，适用前款规定。

第五百四十三条　当事人协商一致，可以变更合同。

第五百四十四条　当事人对合同变更的内容约定不明确的，推定为未变更。

【条文要义】

本条是对认定多份合同的效力规则的解释。

对于多份合同的效力问题，涉及《民法典》第 146 条规定的适用，同时也涉及第 153 条、第 157 条、第 502 条、第 543 条和第 544 条的适用。对此，以往的司法解释没有作出规定，本条是第一次作出规定。

所谓多份合同的效力，在实践中通常被称为黑白合同或者阴阳合同，即在表面上有一个阳合同、背地里还有一个阴合同，其中对多份合同中究竟哪一份合同有效，就是多份合同的效力。

多份合同的效力还有另一种情况，即双方当事人就同一交易订立的多份合同，都是当事人的真实意思表示，并且不存在其他影响合同效力的情形。这些先后订立的合同是否发生合同变更的后果，也是多份合同效力中的问题。

这两种情况，都属于认定多份合同效力的问题。《民法典合同编通则解释》对这两种情况作出了具体规定，统一了司法实践应当依照隐藏行为规则认定的规则。

1. 阴阳合同的效力认定

还有的是，双方当事人签订了两个合同，去备案或者报批的合同并不是双方当事人的真实意思表示，他们自己手中持有的合同才是真正使他们受到约束的真实合同。这也形成了黑白合同的存在。

本条第 1 款确定了 3 种认定多份合同效力的规则。

（1）虚假合同的效力

《民法典》第 146 条第 1 款规定的是虚假行为，行为人与相对人以虚假意思表示实施的民事法律行为无效。本条第 1 款进一步规定，当事人之间就同一交易订立多份合同，法院应当认定其中以虚假意思表示订立的合同无效。也就是说，双方当事人订立了数份合同，如果其中有一份是虚假的意思表示，这个合同就是无效的。

不过，在虚假行为的场合，通常是一份合同，如果确认其为虚假，就可以宣布无效。

在多份合同的情况下，如果有的合同是真实意思表示，有的合同是当事人的虚假意思表示，那就直接确认虚假意思表示那份合同为无效，表达真实意思的合同具有法律效力。

（2）隐藏合同的效力

在订立合同中，当事人共同为规避法律、行政法规的强制性规定，以虚假的意思表示隐藏真实意思表示的，属于《民法典》第 146 条第 2 款规定的隐藏行为。这些被隐藏的合同如何适用法律，应当以《民法典》第 153 条的规定为判断标准，违反强制性规定或者违背公序良俗的，就构成无效。对隐藏行为应当依照被隐藏的法律行为的法律规定认定合同的效力，被隐藏的合同符合法律、行政法规的强制性规定、不违背公序良俗，就是有效的；违背法律、行政法规的强制性规定，违背公序良俗的，被隐藏的行为就是无效的。

（3）应当报批的被隐藏合同

应当报批的被隐藏合同，是典型的阴阳合同。当事人为了规避法律、行政法规关于合同应当办理批准等手续的规定，以虚假的意思表示隐藏真实意思表示的，要确认的也是被隐藏合同的效力。被隐藏的合同因为没有办理批准手续，会影响合同生效，但是不影响合同中履行报批等义务条款以及相关条款的效力。

应当办理申请报批等手续的当事人未履行义务的，对方可以请求其承担违反义务的责任。这种情况通常是报批的是那份假合同，双方当事人履行的合同才是真合同。这个真合同没有报批的，应当按照报批手续进行报批；如果应该报批没有报批的该方当事人，没有履行报批手续或者报批手续履行不及时的，还应当对对方承担赔偿责任。

2. 被隐藏合同无效或者确定不发生效力的法律依据

当事人在数份合同中，如果被隐藏的合同是无效或者确定不发生效力的。对此，法院应当将被隐藏合同作为事实基础，而不能以虚假合同作为基础。在适用法律上，应当适用《民法典》第157条的规定，对合同效力的后果进行补救。这里包括两种情况：一是被隐藏的合同是无效的；二是被隐藏的合同确定不发生效力，最后的结果都是不发生合同的效力，都应当依照《民法典》第157条的规定，处理双方的争议。

如果法律另有规定，如合同欠缺生效要件，可以依据关于补正生效要件使其生效的规定，不认定为无效。

3. 数份合同构成合同变更

当事人定有数份合同，不属于阴阳合同或者黑白合同，而是就同一交易订立的多份合同，都是当事人的真实意思表示，而且也没有存在其他影响合同效力的情形。在这种情况下，应当首先认定数份合同是否构成合同变更，在通常情况下，这种多份合同多数是发生合同变更。

这里要特别注意的是，应当考察数份合同成立的先后顺序，还应当考虑实际履行的情况。考察数份合同的成立先后顺序，特别有利于确定这些是否已经构成合同变更。而考虑实际履行的情况，可以确定双方当事人实际执行的是哪一份合同。

订立数份合同有先后顺序的，内容发生变化，是后合同变更了先合同的内容，构成合同变更。如果数份合同的内容基本相似，当事人实际履行是其中的一个合同，这个合同又没有无效和可撤销的理由，这个合同就是双方当事人确定表达真实意思的合同，对双方当事人产生拘束力。

当事人订立的数份合同构成合同变更，但是法律、行政法规禁止变更合同内容的，这种合同变更无效，应当按照原来的合同履行。

第十五条 名实不符与合同效力

人民法院认定当事人之间的权利义务关系，不应当拘泥于合同使用的名称，而应当根据合同约定的内容。当事人主张的权利义务关系与根据合同内容认定的权利义务关系不一致的，人民法院应当结合缔约背景、交易目的、交易结构、履行行为以及当事人是否存在虚构交易标的等事实认定当事人之间的实际民事法律关系。

【民法典条文】

　　第一百四十六条　行为人与相对人以虚假的意思表示实施的民事法律行为无效。

　　以虚假的意思表示隐藏的民事法律行为的效力，依照有关法律规定处理。

【相关司法解释】

　　《最高人民法院关于审理融资租赁合同纠纷案件适用法律问题的解释》（2020）

　　第一条　人民法院应当根据民法典第七百三十五条的规定，结合标的物的性质、价值、租金的构成以及当事人的合同权利和义务，对是否构成融资租赁法律关系作出认定。

　　对名为融资租赁合同，但实际不构成融资租赁法律关系的，人民法院应按照其实际构成的法律关系处理。

　　《最高人民法院关于审理融资租赁合同纠纷案件适用法律问题的解释》（2014）

　　第一条　人民法院应当根据合同法第二百三十七条的规定，结合标的物的性质、价值、租金的构成以及当事人的合同权利和义务，对是否构成融资租赁法律关系作出认定。

　　对名为融资租赁合同，但实际不构成融资租赁法律关系的，人民法院应按照其实际构成的法律关系处理。

　　《最高人民法院关于审理涉及国有土地使用权合同纠纷案件适用法律问题的解释》（2020）

　　第二十一条　合作开发房地产合同约定提供土地使用权的当事人不承担经营风险，只收取固定利益的，应当认定为土地使用权转让合同。

第二十二条 合作开发房地产合同约定提供资金的当事人不承担经营风险，只分配固定数量房屋的，应当认定为房屋买卖合同。

第二十三条 合作开发房地产合同约定提供资金的当事人不承担经营风险，只收取固定数额货币的，应当认定为借款合同。

第二十四条 合作开发房地产合同约定提供资金的当事人不承担经营风险，只以租赁或者其他形式使用房屋的，应当认定为房屋租赁合同。

《最高人民法院关于审理涉及国有土地使用权合同纠纷案件适用法律问题的解释》（2005）

第二十四条 合作开发房地产合同约定提供土地使用权的当事人不承担经营风险，只收取固定利益的，应当认定为土地使用权转让合同。

第二十五条 合作开发房地产合同约定提供资金的当事人不承担经营风险，只分配固定数量房屋的，应当认定为房屋买卖合同。

第二十六条 合作开发房地产合同约定提供资金的当事人不承担经营风险，只收取固定数额货币的，应当认定为借款合同。

第二十七条 合作开发房地产合同约定提供资金的当事人不承担经营风险，只以租赁或者其他形式使用房屋的，应当认定为房屋租赁合同。

【条文要义】

本条是对名实不符的合同效力的规定。

名实不符的合同，多数是隐藏行为。《民法通则》和《合同法》只规定了以合法形式掩盖非法目的的合同，当然也是隐藏行为，但是范围较窄，不能包括隐藏行为的各种情形。

不过，2005 年《最高人民法院关于审理涉及国有土地使用权合同纠纷案件适用法律问题的解释》规定了数种合作开发房地产合同隐藏土地使用权合同、房屋买卖合同、借款合同、房屋租赁合同的情形，应当依照实际履行的合同关系认定合同性质。2014 年《最高人民法院关于审理融资租赁合同纠纷案件适用法律问题的解释》第 1 条就规定，对名为融资租赁合同，但实际不构成融资租赁法律关系的，法院应按照其实际构成的法律关系处理。这些都是典型的隐藏行为及其适用法律规则，只是局限在具体合同关系领域而已。在其他方面，最高人民法院以往的司法解释也有规定，如 2015 年《最高人民法院关于审理民间借贷案件适用法律若干问题的规定》第 24 条就规定了以买卖合同隐藏为民间借贷提供担保的法律适用规则。

《民法典》规定了第 146 条第 2 款以后，对于隐藏行为的法律适用规则就有了一般认定方法。2022 年《最高人民法院关于审理融资租赁合同纠纷案件适用法律问题的解释》第 1 条再次重申了名为融资租赁合同，但实际不构成融资租赁法律关系的法律适用规则，完全符合《民法典》第 146 条第 2 款规定的要求。本条根据《民法典》第 146 条第 2 款的规定，对名实不符合同的效力规则作出了明确解释。

在司法实践中经常出现合同的名实不符情形，也就是合同的标题写的是一种合同的性质，但是当事人在合同内容中约定的却是另外一种合同内容，不属于合同标题规定的性质。这种情况很容易搞混，如有一个案件，双方约定的是委托贷款，但实际内容是通过委托贷款的方式向对方当事人支付预付款。这就是名实不符的合同。

对于名实不符的合同，应该追求当事人的真意，确定当事人真实的意思表示是合同的内容。所以，对名实不符的合同确定其真实的性质，主要是看合同的内容约定，而不是看合同的标题。

本条第 1 句明确规定，法院在认定当事人之间的权利义务关系时，对名实不符的合同效力，不应当拘泥于合同使用的名称，而应当根据当事人之间的权利义务关系约定的内容。这是认定名实不符合同的真实意思表示的根本方法。

当事人如果主张的权利义务关系与根据合同的内容认定的权利义务关系不一致，这是一种名实不符的情形。在这种情况下，法院应当结合缔约背景、交易目的、交易结构、履行行为以及当事人是否存在虚构交易标的等事实，认定真实的民事法律关系。这其实是对合同的整体解释，虽然当事人主张的权利义务关系与合同确定的权利义务关系不一致，根据上述这些因素，就能判定真实的法律关系。

合同的缔约背景、交易目的、交易结构、履行行为和当事人是否存在虚构交易等因素，概括的是一个合同的真实情况。把这些要素综合在一起，就能够准确地认定当事人之间的权利义务关系的实际情况。如果当事人主张的权利义务关系与根据合同内容认定的权利义务关系不一致，就构成名实不符的合同。法官审查这一争议焦点，应当根据合同的上述诸因素，进行综合判断，就能够认定当事人之间的实际民事法律关系，认定一方当事人主张的真假。

第十六条　违反强制性规定不导致合同无效的情形

合同违反法律、行政法规的强制性规定，有下列情形之一，由行为人承担行政责任或者刑事责任能够实现强制性规定的立法目的的，人民法院可以依据民法典第一百五十三条第一款关于"该强制性规定不导致该民事法律行为无效的除外"的规定认定该合同不因违反强制性规定无效：

（一）强制性规定虽然旨在维护社会公共秩序，但是合同的实际履行对社会公共秩序造成的影响显著轻微，认定合同无效将导致案件处理结果有失公平公正；

（二）强制性规定旨在维护政府的税收、土地出让金等国家利益或者其他民事主体的合法利益而非合同当事人的民事权益，认定合同有效不会影响该规范目的的实现；

（三）强制性规定旨在要求当事人一方加强风险控制、内部管理等，对方无能力或者无义务审查合同是否违反强制性规定，认定合同无效将使其承担不利后果；

（四）当事人一方虽然在订立合同时违反强制性规定，但是在合同订立后其已经具备补正违反强制性规定的条件却违背诚信原则不予补正；

（五）法律、司法解释规定的其他情形。

法律、行政法规的强制性规定旨在规制合同订立后的履行行为，当事人以合同违反强制性规定为由请求认定合同无效的，人民法院不予支持。但是，合同履行必然导致违反强制性规定或者法律、司法解释另有规定的除外。

依据前两款认定合同有效，但是当事人的违法行为未经处理的，人民法院应当向有关行政管理部门提出司法建议。当事人的行为涉嫌犯罪的，应当将案件线索移送刑事侦查机关；属于刑事自诉案件的，应当告知当事人可以向有管辖权的人民法院另行提起诉讼。

【民法典条文】

第一百五十三条 违反法律、行政法规的强制性规定的民事法律行为无效。但是，该强制性规定不导致该民事法律行为无效的除外。

违背公序良俗的民事法律行为无效。

【相关司法解释】

《全国法院民商事审判工作会议纪要》

30.【强制性规定的识别】合同法施行后，针对一些人民法院动辄以违反法律、行政法规的强制性规定为由认定合同无效，不当扩大无效合同范围的情形，合同法司法解释（二）第 14 条将《合同法》第 52 条第 5 项规定的"强制性规定"明确限于"效力性强制性规定"。此后，《最高人民法院关于当前形势下审理民商事合同纠纷案件若干问题的指导意见》进一步提出了"管理性强制性规定"的概念，指出违反管理性强制性规定的，人民法院应当根据具体情形认定合同效力。随着这一概念的提出，审判实践中又出现了另一种倾向，有的人民法院认为凡是行政管理性质的强制性规定都属于"管理性强制性规定"，不影响合同效力。这种望文生义的认定方法，应予纠正。

人民法院在审理合同纠纷案件时，要依据《民法总则》第 153 条第 1 款和合同法司法解释（二）第 14 条的规定慎重判断"强制性规定"的性质，特别是要在考量强制性规定所保护的法益类型、违法行为的法律后果以及交易安全保护等因素的基础上认定其性质，并在裁判文书中充分说明理由。下列强制性规定，应当认定为"效力性强制性规定"：强制性规定涉及金融安全、市场秩序、国家宏观政策等公序良俗的；交易标的禁止买卖的，如禁止人体器官、毒品、枪支等买卖；违反特许经营规定的，如场外配资合同；交易方式严重违法的，如违反招投标等竞争性缔约方式订立的合同；交易场所违法的，如在批准的交易场所之外进行期货交易。关于经营范围、交易时间、交易数量等行政管理性质的强制性规定，一般应当认定为"管理性强制性规定"。

《最高人民法院关于适用〈中华人民共和国合同法〉若干问题的解释（二）》

第十四条 合同法第五十二条第（五）项规定的"强制性规定"，是指效力性强制性规定。

【条文要义】

本条是对认定"违反强制性规定不导致合同无效"具体情形的解释。

关于违反法律规定的合同效力，在我国立法中是不断变化的。

原《民法通则》规定，凡是违反法律规定的合同都是无效的合同。《合同法》发生了变化，规定合同违反强制性法律规定的，才导致无效。后来，《最高人民法院关于适用〈中华人民共和国合同法〉若干问题的解释（二）》第 14 条作了明确的规定，即《合同法》第 52 条第 5 项规定的强制性规定，是指效力性强制性规定。这样就出现了对效力性强制性规定和管理性强制性规定应当如何区分的问题，在具体司法实践中执行得并不是很好。针对这种问题，《全国法院民商事审判工作会议纪要》对如何确认效力性强制性规定又进一步作出了新的说明。

《民法典》第 153 条第 1 款规定，违反法律、行政法规的强制性规定的民事法律行为无效。但是，该强制性规定不导致该民事法律行为无效的除外。这一规则在适用上确实有很大的难度，比较难掌握，可操作性不强。本条对于该条文中"违反法律、行政法规的强制性规定不导致合同无效"的情形作出了具体解释，是对适用《民法典》第153条第1款后段的具体解释。对违反法律、行政法规的强制性规定的合同无效的，直接适用该条款的前段规定即可。

1. 违反法律、行政法规的强制性规定不导致合同无效的具体情形

合同违反法律、行政法规强制性规定的，应当无效。但是，《民法典》第153条第1款后段又规定了但书，即"该强制性规定不导致该民事法律行为无效的除外"。但书规定的不导致合同无效的具体情形是什么，在实际操作中应当如何掌握，需要进行解释。本条第1款规定，合同违反法律、行政法规的强制性规定，有下列五种情形之一的，由行为人承担行政责任或者刑事责任能够实现强制性规定的立法目的的，人民法院可以依据《民法典》第153条第1款关于"该强制性规定不导致该民事法律行为无效的除外"的规定，适用该款的后段规定，认定该合同不因违反强制性规定无效。

（1）强制性规定虽然旨在维护社会公共秩序，但是合同的实际履行对社会公共秩序造成的影响显著轻微，认定合同无效将导致案件处理结果有失公平公正

合同是当事人设定权利义务的民事法律行为，属于意思自治的范围，是否生效应当由当事人的合意确定。但是，为了保障社会公共利益和交易秩序，合同当事人应当遵守法律或者行政法规的强制性规定，违反强制性规定的合同应当认定为无效。可见，合同无效制度就是通过对合同效力的强制调整，维护社会公共秩序。故该强制性规定虽然旨在维护社会公共秩序，但是合同的实际履行对社

公共秩序造成的影响轻微的，且认定合同无效将导致案件处理结果有失公平公正的，不能认定合同无效。

把握这个规则，应当具备以下三个要件：

第一，法律、行政法规的强制性规定的目的是维护社会公共秩序。这是构成这种违反强制性规定的合同有效的第一个要件。没有这个要件，不存在违反法律、行政法规的强制性规定又不导致该民事法律行为无效的前提。

第二，合同的实际履行对社会公共秩序造成的影响显著轻微。确定合同是否有效，考察的是合同的履行，而不是合同的订立。在考察合同效力时，着重考察合同约定的权利义务关系内容的实际履行是否影响社会公共秩序。如果合同的实际履行虽然也影响社会公共秩序，但是影响程度显著轻微，由于法律认定合同无效的目的是维护社会公共秩序，因此，合同的实际履行即使对社会公共秩序影响轻微，也是有影响，合同也是无效的。只有合同的履行对社会公共秩序影响显著轻微的，才不导致合同无效。显著轻微，就是虽然有影响，但是影响不大，可以忽略不计。

第三，认定合同无效将导致案件处理结果有失公平公正。认定合同有效还是无效，是否公平公正，是重要的标准。虽然强制性规定是为了维护社会公共秩序，但是给社会公共秩序造成的影响又显著轻微，同时认定合同无效会使案件的处理结果有失公平公正，当然就应当认定合同有效，不因违反法律、行政法规的强制性规定而无效。

（2）强制性规定旨在维护政府的税收、土地出让金等国家利益或者其他民事主体的合法利益而非合同当事人的民事权益，认定合同有效不会影响该规范目的的实现

法律或者行政法规的强制性规定都有自己的目的，大致可以分

成三大类，一是维护国家的利益，如维护政府的税收、土地出让金等；二是维护其他民事主体的合法利益；三是维护合同当事人的民事权益。

在强制性规定的这三种目的中，首先，如果是旨在维护政府的税收、土地出让金等国家利益，采取补交税收或者罚金、补交土地出让金就可以使国家利益得到实现，不必认定当事人之间的合同无效。其次，如果是旨在维护其他民事主体的合法利益，可以用其他的方法认定当事人之间的合同是否有效，如恶意串通损害第三人的合法权益，可以适用恶意串通的规定认定合同无效，而不适用违反法律、行政法规强制性规定的规定认定合同无效。最后，只有强制性规定的目的是旨在维护合同当事人的民事权益，才可能涉及当事人之间合同的效力问题。因此在前两种情形下，合同当事人尽管违反法律、行政法规的强制性规定，也不应当认定合同无效，或者不以违反法律、行政法规的强制性规定而认定合同无效。

（3）强制性规定旨在要求当事人一方加强风险控制、内部管理等，对方无能力或者无义务审查合同是否违反强制性规定，认定合同无效将使其承担不利后果

这种违反该强制性规定不导致无效的合同，在认定中也应当把握三个要件：

第一，强制性规定旨在要求当事人一方加强风险控制、内部管理等。在维护合同当事人合法权益的强制性规定中，如果强制要求的是当事人一方订立合同应当加强风险防控、内部管理等，虽然也是强制性规定，但是从原则上说，这种强制性规定并不涉及合同的效力问题，只是要求当事人一方在实施民事法律行为时应当加强风险防控，搞好内部管理，防止自己的权益受到损害。如果该方当事

人在订立合同时违反了这样的强制性规定，也仅仅是损害自己的合法权益，是对自己合法权益的保护不注意。既然法律已经提示了，自己不加强风险防控，搞好内部管理，应当自己负责。

第二，对方当事人无能力或者无义务审查合同是否违反强制性规定。正是由于这样的强制性规定目的在于要求当事人一方加强风险防控搞好内部管理，对方当事人无能力或者无义务就合同是否违反强制性规定进行审查，就是必然的。其逻辑基础在于，法律的强制性规定针对的是一方当事人，作为对方当事人，或者是无能力，或者是根本就无义务去考察对方当事人是否违反这一强制性规定，都不涉及合同的效力问题。所以，不能因一方当事人违反保护自己的强制性规定而认定双方当事人订立的合同无效。

第三，认定合同无效使对方当事人承担不利后果。也正是由于上述两个方面的原因，认定违反该强制性规定不导致合同无效就是正确的。如果认定这样的合同无效，将使对方当事人承担不利后果，显然也是违反公平原则的。

符合上述三个要件，即使合同违反强制性规定，也不导致该合同无效，应当认定该合同有效。

（4）当事人一方虽然在订立合同时违反强制性规定，但是在合同订立后其已经具备补正违反强制性规定的条件却违背诚信原则不予补正

这种合同虽然违反强制性规定但是却不导致该合同无效，也应当具备三个要件：

第一，当事人在订立合同时确实违反强制性规定。这一个要件是一个前提，就是当事人在订立合同时，已经确定该合同违反强制性规定。对此，原本是可以认定该合同无效的，由于该合同具备了

第二个要件，因此不能就此认定该合同有效。

第二，在合同订立后当事人已经具备补正违反强制性规定的条件。这个要件要求，当事人已经订立的合同尽管违反法律、行政法规的强制性规定，但是，这些违反强制性规定的情形是可以补正的，在具备了违反强制性规定的条件后，对违反强制性规定内容进行了补正，就能够消除合同的履行对社会公共秩序造成的影响，避免合同无效的后果。

第三，当事人违背诚信原则不予补正。当合同订立后，虽然违反强制性规定，但是已经具备了能够补正违反强制性规定的条件，只要补正就能够避免合同无效，但是，一方或者双方当事人违背诚信原则，不予补正，这是当事人故意引起合同无效的后果，存在恶意，因而应当对此认定合同有效。

具备上述三个条件，不导致合同无效，双方应当继续履行合同。

（5）法律、司法解释规定的其他情形

法律或者司法解释规定了违反强制性规定并不导致合同无效的其他情形，应当依据该规定，确认该合同并不导致无效。例如，《民法典》对合同当事人之间的利益显著不平衡的，设置显失公平的规则，一方当事人享有撤销权，可以主张撤销该合同。这就是公平正义对合同效力的影响。这也是法律规定的强制性规定。但是，违反这样的强制性规定的合同虽然显失公平，但是并不强制认定其无效，而是交给当事人自己选择撤销还是继续履行合同，并非强制地认定为无效。如果合同违反法律、行政法规的强制性规定，认定无效后，会导致明显不公平的后果，虽然没有达到显失公平的程度，但也违反民法的公平正义原则，不是民法希望看到的。因此，在这种情形下，虽然也属于违反强制性规定，但是不导致合同无效。

同样，法律规定合同当事人不得欺诈或者胁迫，但是，即使当事人通过欺诈或者胁迫手段订立合同，也并不直接导致合同无效，而是将撤销权交给受欺诈、受胁迫一方，由他决定是撤销使其归于消灭，还是不予撤销，承认其效力。

2. 合同违反法律、行政法规规制合同履行行为的强制性规定的效力

法律、行政法规的强制性规定，有的是规制合同的权利义务关系，有的是规制合同的履行行为，本条第 1 款规定的是规制合同权利义务关系的法律、行政法规强制性规定，不导致合同无效的情形。本条第 2 款规定的是违反规制合同履行行为的强制性规定不导致合同无效的情形。

法律、行政法规的强制性规定旨在规制合同订立后的履行行为，不是强制性规定不涉及合同订立行为，而是规制合同的履行行为，例如《民法典》第 509 条第 3 款规定的合同履行绿色原则，当事人订立合同后，一方当事人的履行行为不符合绿色原则的要求，据此，另一方当事人以合同违反强制性规定为由请求认定合同无效的，法院当然不予支持。

但是，对于法律、行政法规强制性规定规制的是合同订立后的履行行为，但是，合同的履行行为必然导致违反强制性规定，或者法律、司法解释另有规定，认为影响社会公共秩序的，则应当认定为无效。例如，当事人在合同中约定的合同订立后的履行行为违背公序良俗，会造成社会公共利益的损害，则应当认定合同无效。

3. 合同有效后对违法行为的处理

按照本条司法解释的第 1 款和第 2 款的规定，认定合同有效的，对其中的违法行为也是要依法处理的，不能放弃对违法犯罪行为的

处理。具体的处理方法是：

第一，当事人的行政违法行为未经处理的，法院应当向有关行政管理部门提出司法建议。行政管理部门接到司法建议的，应当依照行政法和行政法规的规定，依法予以处理。

第二，当事人的行为涉嫌犯罪的，应当依照程序法的规定，依照两种方法处理：首先，如果当事人的行为涉嫌犯罪，并且是公诉案件的，应当将案件线索移送刑事侦查机关，通过侦查、起诉的程序，由法院确定刑罚；其次，如果属于刑事自诉案件，应当告知当事人可以向有管辖权的人民法院另行提起刑事诉讼，由法院确定是否构成犯罪，如何予以刑罚。

第十七条　违背公序良俗的合同

合同虽然不违反法律、行政法规的强制性规定，但是有下列情形之一，人民法院应当依据民法典第一百五十三条第二款的规定认定合同无效：

（一）合同影响政治安全、经济安全、军事安全等国家安全的；

（二）合同影响社会稳定、公平竞争秩序或者损害社会公共利益等违背社会公共秩序的；

（三）合同背离社会公德、家庭伦理或者有损人格尊严等违背善良风俗的。

人民法院在认定合同是否违背公序良俗时，应当以社会主义核心价值观为导向，综合考虑当事人的主观动机和交易目的、政府部门的监管强度、一定期限内当事人从事类似交易的频次、行为的社会后果等因素,并在裁判文书中充分说理。当事人确因生活需要进行交易,未给社会公共秩序造成重大影响,且不影响国家安全,也不违背善良风俗的,人民法院不应当认定合同无效。

【民法典条文】

第一百五十三条 违反法律、行政法规的强制性规定的民事法律行为无效。但是,该强制性规定不导致该民事法律行为无效的除外。

违背公序良俗的民事法律行为无效。

【相关司法解释】

《全国法院民商事审判工作会议纪要》

31.【违反规章的合同效力】违反规章一般情况下不影响合同效力,但该规章的内容涉及金融安全、市场秩序、国家宏观政策等公序良俗的,应当认定合同无效。人民法院在认定规章是否涉及公序良俗时,要在考察规范对象基础上,兼顾监管强度、交易安全保护以及社会影响等方面进行慎重考量,并在裁判文书中进行充分说理。

【条文要义】

本条是对认定合同违背公序良俗无效的解释。

我国以往的民事法律并没有规定公序良俗原则,只是规定了社会公共利益和社会公共道德,在解释上认为这就是规定公序良俗。《民法典》不仅规定了公序良俗原则,而且第143条把不违反公序良俗作为合同生效的要件,第153条又规定违反公序良俗的合同是无效合同。这就存在合同违背公序良俗无效的具体解释和认定问题。

对这个问题，在《民法总则》规定了公序良俗原则后，最高人民法院在《全国法院民商事审判工作会议纪要》第 31 条对合同违背公序良俗提出一些具体要求。《民法典》第 143 条、第 153 条第 2 款规定了公序良俗是判断合同有效或者无效的基本条件之一。不过，公序良俗过于抽象，在司法实践中很难界定其准确含义，对公共秩序和善良风俗的界定缺少通说，司法实践在适用中存在诸多乱象，根治的关键在于清楚认识和妥当把握公序良俗概括条款适用的谦抑性，没有准确的解释，很难在实践中正确适用。

本条在这样的基础上，对合同违背公序良俗原则的具体认定方法作出了具体规定。

1. 违反公序良俗的合同的主要表现方式

按照本条的规定，合同虽然不违反法律、行政法规的强制性规定，但是有下列情形之一的，法院应当依据《民法典》第 153 条第 2 款的规定认定合同无效。

这里要特别强调的是，合同违反法律、行政法规的强制性规定与合同违背公序良俗是两个不同的概念，这也是合同无效的两种具体情形。尽管《民法典》第 8 条把合法原则和公序良俗原则规定在一个条文中，第 143 条规定合同生效的条件也把不违反法律强制性规定和不违背公序良俗规定在一起，但是它们确实不是一回事，特别是《民法典》第 153 条分为 2 款，第 1 款规定违反法律、行政法规强制性规定的行为无效，第 2 款规定违背公序良俗的民事法律行为无效，就清楚地说明了这一点。

本条第 1 款的上述规定，正是按照这样的理解进行解释的，即违背公共秩序，包括影响国家安全和违背社会公共秩序，违背善良风俗，包括背离社会公德、家庭伦理或者有损个人尊严。

（1）合同存在影响国家安全的

《民法典》第 153 条第 2 款只规定了违背公序良俗的民事法律行为无效，没有规定违背公序良俗的具体情形。本条第 1 款规定的第一种违背公序良俗的合同无效，就是存在影响政治安全、经济安全、军事安全等国家安全的合同无效。

这里说的是，合同虽然不违反法律、行政法规的强制性规定，但是存在影响国家的政治安全、经济安全、军事安全等，就是违背国家安全的合同，就是无效的合同。例如，订立的合同针对的是国家政治体制，或者是破坏国家经济制度和泄露经济秘密，或者是损害军事安全、出卖军事情报等，都是影响国家安全的行为。

公共秩序是一个弹性非常大的概念，很难界定公共秩序究竟应该包括什么，我国法律原来以社会公共利益替代公共秩序，基本上也是可以的。《民法典》规定了公共秩序原则，就可以作更广泛的解释。因此，政治安全、经济安全、军事安全都属于国家安全。如果双方当事人签订的合同影响国家这些方面的安全，可以认定为违背公共秩序而无效。

这一规定，实际上是把影响国家安全纳入公共秩序的范畴，当合同影响国家安全时，构成合同无效事由。

（2）合同存在违背社会公共秩序的

本条第 1 款规定的第二种违背公序良俗的合同，是合同存在影响社会稳定、破坏市场竞争秩序或者损害社会公共利益等违背社会公共秩序的情形。社会公共秩序与公共秩序不同，公共秩序是一个抽象的概念，范围广泛，而社会公共秩序只是指社会的公共秩序，不包括国家安全的公共秩序。按照对本条第 1 款的理解，公共秩序包括国家安全和社会公共秩序。这样解释是能够讲得通的。

《民法典》规定公共秩序原则，可以把影响社会稳定、破坏市场竞争秩序、损害社会公共利益的行为认定为违背社会公共秩序，使公共秩序的弹性更加鲜明。社会公共秩序包含的，主要是社会稳定、市场竞争秩序和社会公共利益。合同约定的内容影响到社会的稳定，或者破坏市场竞争秩序，当然是无效的合同。合同损害社会公共利益，也导致合同无效。除此之外，其他影响社会公共秩序的行为当然也导致合同无效，是一个弹性的规定。

对当事人之间签订的合同是否违背社会公共秩序，应当审查合同是否影响社会稳定、是否涉及社会公共利益等，符合这些方面之一的，应当认定为违背社会公共秩序。

（3）合同存在违背善良风俗的

本条第 1 款规定的第三种违背公序良俗的合同，是存在背离社会公德、家庭伦理或者有损人格尊严等违背善良风俗的合同，都因违背善良风俗而导致合同无效。

在《民法典》实施之前，我国法律把善良风俗规定为社会公德或者社会公共道德。规定了善良风俗原则，就能概括过去所称社会公德或者社会公共道德的内容。

违背善良风俗也称为背俗，到底应当包含哪些内容，没有具体解释。按照本条上述规定，违背善良风俗主要包括三个方面：一是背离社会公德；二是背离家庭伦理；三是有损人格尊严。这三种情形都可以认定为违背善良风俗，除此之外还包括其他违背善良风俗的。

背离社会公德，主要指的是社会公共道德方面，不涉及个人或者家庭伦理等方面的内容，如损害公共设施、不遵守公共场所的秩序、扰乱社会治安等。合同违背这些方面的要求，就构成背俗，应当认定无效。

背离家庭伦理，通常涉及的是家庭关系和亲属关系问题，如乱伦、不履行亲属之间的法定义务等，都是背离家庭伦理的行为。合同涉及这些方面的问题，也构成背俗，导致合同无效。

有损于人格尊严，是合同严重违反《民法典》规定的自然人的人格尊严，包含贬低人的地位、损害人的尊严等内容，构成违背善良风俗，导致合同无效。

在一个合同中，如果违背社会公德、背离家庭伦理、背离人格尊严，就是违反善良风俗。就像拐卖妇女进行结婚登记，既违反了家庭伦理，也损害了人格尊严，当然是违背善良风俗的。这样的合同一律无效。

综合起来，合同违背公序良俗包含影响国家安全、影响社会公共秩序和背离善良风俗三种情形。

2. 认定合同违背公序良俗的考量因素

本条第2款规定了法院认定合同是否违背公序良俗时应当考量的因素。这些要考量的因素是：

首先，应当以社会主义核心价值观为导向。合同虽然不违反法律、行政法规的强制性规定，但是违反社会主义核心价值观的，是无效的。

其次，应当综合考虑当事人的主观动机和交易目的、政府部门的监管强度、一定期限内当事人从事类似交易的频次、行为的社会后果等因素。这些因素对确定当事人订立的合同是否违背公序良俗具有重要价值。

法院在认定合同因违背公序良俗而无效的判决里，应当在裁判文书中，按照上述认定合同违背公序良俗的各种因素，应当在裁判文书中充分说理，使判决认定合同违背公序良俗有理有据。

当事人确因生活需要进行交易，未给社会公共秩序造成重大影响，且不影响国家安全，也不违背善良风俗的，不应当认定合同无效。例如，当事人进行交易的主观动机和交易目的不存在违背核心价值观的内容，相关行政部门也没有对这类行为进行严格监管，当事人偶尔从事这样的交易，行为也没有造成严重的社会后果，合同尽管有可能涉及公序良俗问题，但是也不能认定合同因违背公序良俗而无效。

存在的问题是，违反地方性法规或者规章的强制性规定的合同究竟是否有效，不无疑问。对此采取的方法是，地方性法规或者规章的强制性规定不在确认合同无效的范围内，当事人主张合同因违反地方性法规或者规章的强制性规定无效的，法院不予支持，但合同违反地方法规或者规章的强制性规定，同时又违背公序良俗的，当事人以地方性法规或者规章的强制性规定不应作为认定合同无效的依据为由，而主张合同有效的，法院不予支持，应当认定合同无效。这样规定其实是有道理的，地方性法规或者规章强制性规定的立法目的，是确认国家安全、社会公共秩序或者善良风俗，如果能够认定合同违反地方性法规、行政规章的强制性规定，同时也违背国家安全、社会公共秩序或者善良风俗的，就直接认定合同因违背公序良俗而无效。

不过，既然合同违背公序良俗，就具备了《民法典》第 153 条第 2 款规定的合同无效的理由，完全符合《民法典》第 153 条第 2 款的规定，因此，是不用规定的，故删除了这一规定。不过，这个规则仍然有参考价值，就是遇到这样的问题，直接适用《民法典》第 153 条规定认定合同无效即可。

第十八条　违反强制性规定但应适用具体规定的情形

法律、行政法规的规定虽然有"应当""必须"或者"不得"等表述，但是该规定旨在限制或者赋予民事权利，行为人违反该规定将构成无权处分、无权代理、越权代表等，或者导致合同相对人、第三人因此获得撤销权、解除权等民事权利的，人民法院应当依据法律、行政法规规定的关于违反该规定的民事法律后果认定合同效力。

【民法典条文】

第一百五十三条　违反法律、行政法规的强制性规定的民事法律行为无效。但是，该强制性规定不导致该民事法律行为无效的除外。

违背公序良俗的民事法律行为无效。

【相关司法解释】

《最高人民法院关于适用〈中华人民共和国合同法〉若干问题的解释（二）》

第十四条　合同法第五十二条第（五）项规定的"强制性规定"，是指效力性强制性规定。

【条文要义】

本条是对虽然违反强制性规定但是应当适用具体规定认定合同效力的解释。

对这个问题，以往的司法解释没有作出规定，本条是第一次规定这一规则。

《民法典》第 153 条第 1 款虽然规定了违反强制性规定的合同无效，但是如何识别并不明确，如法律如果规定"应当""必须"或者"不得"等表述的，看起来也是强制性规定。不过，这些强制性规定的意图是限制和赋予民事权利，行为人违反该强制性规定，能构成无权处分、无权代理、越权代表等，后果是当事人获得撤销权或者是解除权。对这种合同，不能仅因合同违反这样的规定而直接认定无效，而应当在依法认定合同效力时，适用相关法律的具体规定认定合同效力。

本条的规定是，法律和行政法规如果规定了"应当""必须"或者"不得"等表述，但是，这些规定目的在于限制或者赋予民事权利，其意义就不是在于规定违反这些强制性规定就必然导致合同无效。这些具体写明"应当""必须""不得"等表述的法律、行政法规，如果规定为违反者构成无权处分、无权代理、越权代表等，以及导致合同的相对人、第三人因此获得撤销权、解除权等民事权利的，即使合同看起来是违反法律、行政法规的强制性规定，但是，对其规范的行为还有其他特别规定的，就应该按照特别规定来认定合同的效力，而不能认定这些合同因违背法律、行政法规的强制性规定而无效。例如，《民法典》第 168 条规定了两个"不得"，其规范的目的是规范代理人与被代理人之间的关系，违反者构成越权代理，并非认定合同无效的规范。

这一解释适用的要点是，合同虽然违反了法律、行政法规关于"应当""必须""不得"等类似于强制性规定的表述的规定，而这些规定只是限制或者是赋予民事权利，这就要看合同是不是依照这些规定，符合无权处分、无权代理、越权代表等规定，或者导致相对人、第三人因此获得撤销权、解除权的规定。如果是这样，应当按照这些法律、行政法规的规定，确定它们的具体效力，而不是一律宣告无效。因为这些法律和行政法规的目的并不是判断行为无效，而是限制权利或者是赋予权利的规定，不具有判断合同无效的强制性效力。

第十九条 无权处分的合同效力

以转让或者设定财产权利为目的订立的合同，当事人或者真正权利人仅以让与人在订立合同时对标的物没有所有权或者处分权为由主张合同无效的，人民法院不予支持；因未取得真正权利人事后同意或者让与人事后未取得处分权导致合同不能履行，受让人主张解除合同并请求让与人承担违反合同的赔偿责任的，人民法院依法予以支持。

前款规定的合同被认定有效，且让与人已经将财产交付或者移转登记至受让人，真正权利人请求认定财产权利未发生变动或者请求返还财产的，人民法院应予支持。但是，受让人依据民法典第三百一十一条等规定善意取得财产权利的除外。

【民法典条文】

第三百一十一条 无处分权人将不动产或者动产转让给受让人的，所有权人有权追回；除法律另有规定外，符合下列情形的，受让人取得该不动产或者动产的所有权：

（一）受让人受让该不动产或者动产时是善意；

（二）以合理的价格转让；

（三）转让的不动产或者动产依照法律规定应当登记的已经登记，不需要登记的已经交付给受让人。

受让人依据前款规定取得不动产或者动产的所有权的，原所有权人有权向无处分权人请求损害赔偿。

当事人善意取得其他物权的，参照适用前两款规定。

第三百一十二条　所有权人或者其他权利人有权追回遗失物。该遗失物通过转让被他人占有的，权利人有权向无处分权人请求损害赔偿，或者自知道或者应当知道受让人之日起二年内向受让人请求返还原物；但是，受让人通过拍卖或者向具有经营资格的经营者购得该遗失物的，权利人请求返还原物时应当支付受让人所付的费用。权利人向受让人支付所付费用后，有权向无处分权人追偿。

第三百一十三条　善意受让人取得动产后，该动产上的原有权利消灭。但是，善意受让人在受让时知道或者应当知道该权利的除外。

第五百九十七条　因出卖人未取得处分权致使标的物所有权不能转移的，买受人可以解除合同并请求出卖人承担违约责任。

法律、行政法规禁止或者限制转让的标的物，依照其规定。

【相关司法解释】

《最高人民法院关于适用〈中华人民共和国合同法〉若干问题的解释（二）》

第十五条　出卖人就同一标的物订立多重买卖合同，合同均不具有合同法第五十二条规定的无效情形，买受人因不能按照合同约定取得标的物所有权，请求追究出卖人违约责任的，人民法院应予支持。

《最高人民法院关于审理买卖合同纠纷案件适用法律问题的解释》（2012）

第三条 当事人一方以出卖人在缔约时对标的物没有所有权或者处分权为由主张合同无效的，人民法院不予支持。

出卖人因未取得所有权或者处分权致使标的物所有权不能转移，买受人要求出卖人承担违约责任或者要求解除合同并主张损害赔偿的，人民法院应予支持。

【条文要义】

本条是对认定无权处分合同效力规则的解释。

对无权处分，《民法典》物权编作了具体规定；对无权处分订立的合同的效力，《民法典》第597条第1款规定，因出卖人未取得处分权致使标的物所有权不能转移的，买受人可以解除合同并请求出卖人承担违约责任。

在以往的合同法司法解释中，《最高人民法院关于适用〈中华人民共和国合同法〉若干问题的解释（二）》第15条就多重买卖合同买受人不能按照约定取得标的物所有权，作出了可以追究出卖人违约责任的规定。2012年《最高人民法院关于审理买卖合同纠纷案件适用法律问题的解释》第3条对买卖合同出卖人在缔约时以对标的物没有所有权或者处分权为由主张合同无效的，规定法院不予支持。

这些规定，虽然都是就买卖合同作出的解释，但是，贯彻的原则却是无权处分并不影响所订立合同的效力，合同照样成立，但是由于无权处分的合同标的物无法转移权利，因此涉及承担违约责任的问题。

正是在这样的基础上，本条确认，无权处分是交易领域中经常出现的一个重要现象，一方面涉及合同本身的效力，另一方面涉及善意取得的适用。对无权处分合同的效力问题，《民法典》没有作出明确规定，需要司法解释统一法院的裁判规则。所以，规定了对无权处分合同的效力应当如何认定以及具体适用范围的规则。

1. 对无权处分合同效力的认定

在以往的审判实践中，对无权处分合同通常认定为无效。不过，按照合同成立的一般方式，以及《民法典》关于民事法律行为效力和合同效力的规定，认定无权处分订立的合同发生效力，是没有问题的，因为无权处分合同也是双方当事人的真实意思表示，不违反法律、行政法规的强制性规定，不违背公序良俗，因而不能认定无权处分订立的合同是无效合同。这里其实有一个观念变化的问题，在以往的合同法领域，无权处分的后果是效力待定。在近些年的合同法实践中，逐渐改变了这个观念，因为无权处分并不导致当事人的真实意思无效，这才符合意思自治原则。如果无权处分合同在履行中出现履行不能，那就按照违约责任处理。

根据《民法典》关于民事法律行为效力和合同效力的规定，本条第1款前段确定，无论是转让他人的不动产或者转让他人的动产，只要以转让或者设定财产权利为目的而订立，合同的效力就没有问题，应当认定合同有效。问题是，在无权处分合同发生法律效力以后，如果当事人或者真正权利人仅以让与人在订立合同时对标的物没有所有权或者处分权为由，而主张无权处分合同无效的应当如何适用法律，态度也是明确的，就是不予支持。这样，就统一了对无权处分订立合同的效力的法律适用标准。

其实，这里也预留了一个空间，即虽然是订立了无权处分合同，但是在订立合同后，无权处分的当事人取得了相应的权利，合同的效力也就没有问题了。

2. 对无权处分合同有效的司法救济

本条第 1 款前段规定，认定无权处分合同是有效合同，这是对无权处分合同的基本态度。但存在的问题是，由于合同的一方当事人是无权处分，尽管让与人在无权处分的合同中让与交易标的物所有权的合同有效，但是，在合同履行过程中，不一定能做到实际履行，会出现履行障碍。

对无权处分合同认定为有效后，由于未取得真正权利人的事后同意，或者让与人事后未取得处分权，因而导致合同不能履行的，是无权处分合同客观存在的后果。既然合同不能履行，那就从违约责任的角度，追究不能履行一方当事人的违约责任。本条第 1 款后段确定对此采用两种方法解决：一是受让人一方主张解除合同。既然解除了合同，无权处分合同尽管是有效的，但通过解除让它不复存在。二是请求让与人承担违反合同的赔偿责任。这是完全有道理的，无所有权和无处分权的让与人，以自己没有所有权和处分权的交易标的物与对方当事人进行交易订立合同，导致合同被解除，对造成的损失应当承担违约责任，该承担赔偿责任的应当承担赔偿责任。

3. 对财产已经交付或者权利转让登记的无权处分合同的处理

在无权处分合同被认定为有效后，如果让与人已经根据合同约定将财产交付给受让人，或者将财产权利转移登记给受让人，就完成了合同约定的履行义务，等于已经把交易标的物的权利转让给了受让人，合同已经履行完毕，这就是动产已经交付，不动产已经过户登记，权利当然已经转移。但问题是，如果真正的权利人出现，请求认定财产权利未发生变动或者请求返还财产的，就存在两个问题：一是请求认定权利未发生变动，即权利已经变动，但是没有发生变动的效力，理由是无权处分；二是请求返还财产，权利人行使的是物权请求权，要实现物权的追及效力。在这两种情况下，真正权利人行使的权利都是有法律依据的，都应当得到法院的支持。

但是有一点，如果无权处分的合同在财产交付或者权利转让登记后，符合《民法典》第311条等关于善意取得的规定，构成善意取得的，真正的权利人就不得请求返还原物或者确认物权没有发生变动。此时，受让人已经通过善意取得，取得了交易标的物的权利或者设置了物权。对真正权利人的救济方法，就只能是按照《民法典》第311条等规定，请求无权处分人承担损失赔偿责任。

4. 无权处分合同效力规则的适用范围

应当注意的是，本条第1款规定的规制行为是转让或者设定财产权利的合同行为。因此，就不仅仅是无权处分的一般交易合同有效，不能履行应当承担的责任，而且也包括设定其他财产权利的行为。换言之，无权处分合同效力规则的适用，不仅适用于所有权即自物权的转让合同，还包括设定他物权的情形。

一是尽管上述规则适用于对所有权转移的无权处分合同效力的认定，但是用益物权、担保物权同样也是物权，具有同样的物权属性。因此，规定在他人的不动产或者动产上设定用益物权、担保物权的合同，也适用上述无权处分的两种规则，即无权处分合同有效，无权处分合同不能履行的，可以解除合同，承担违约责任；真正的权利人要求返还财产、确认财产权利未发生变动的，都应当支持；但是构成善意取得的，不在适用的范围之内。

二是转让他人的其他财产权利，或者在他人的其他财产权利上设定担保物权，当事人订立的合同同样也适用本条规定的上述规则。这样，转让他人的知识产权、股权和其他投资性权利，或者在他人的知识产权、股权和其他投资性权利上设置担保物权等，也同样适用上述规则。

第二十条　越权代表的合同效力

法律、行政法规为限制法人的法定代表人或者非法人组织的负责人的代表权，规定合同所涉事项应当由法人、非法人组织的权力机构或者决策机构决议，或者应当由法人、非法人组织的执行机构决定，法定代表人、负责人未取得授权而以法人、非法人组织的名义订立合同，未尽到合理审查义务的相对人主张该合同对法人、非法人组织发生效力并由其承担违约责任的，人民法院不予支持，但是法人、非法人组织有过错的，可以参照民法典第一百五十七条的规定判决其承担相应的赔偿责任。相对人已尽到合理审查义务，构成表见代表的，人民法院应当依据民法典第五百零四条的规定处理。

合同所涉事项未超越法律、行政法规规定的法定代表人或者负责人的代表权限，但是超越法人、非法人组织的章程或者权力机构等对代表权的限制，相对人主张该合同对法人、非法人组织发生效力并由其承担违约责任的，人民法院依法予以支持。但是，法人、非法人组织举证证明相对人知道或者应当知道该限制的除外。

法人、非法人组织承担民事责任后，向有过错的法定代表人、负责人追偿因越权代表行为造成的损失的，人民法院依法予以支持。法律、司法解释对法定代表人、负责人的民事责任另有规定的，依照其规定。

【民法典条文】

第六十一条 依照法律或者法人章程的规定，代表法人从事民事活动的负责人，为法人的法定代表人。

法定代表人以法人名义从事的民事活动，其法律后果由法人承受。

法人章程或者法人权力机构对法定代表人代表权的限制，不得对抗善意相对人。

第六十二条 法定代表人因执行职务造成他人损害的，由法人承担民事责任。

法人承担民事责任后，依照法律或者法人章程的规定，可以向有过错的法定代表人追偿。

第五百零四条 法人的法定代表人或者非法人组织的负责人超越权限订立的合同，除相对人知道或者应当知道其超越权限外，该代表行为有效，订立的合同对法人或者非法人组织发生效力。

【相关司法解释】

《最高人民法院关于适用〈中华人民共和国民法典〉有关担保制度的解释》

第七条 公司的法定代表人违反公司法关于公司对外担保决议程序的规定，超越权限代表公司与相对人订立担保合同，人民法院应当依照民法典第六十一条和第五百零四条等规定处理：

（一）相对人善意的，担保合同对公司发生效力；相对人请求公司承担担保责任的，人民法院应予支持。

（二）相对人非善意的，担保合同对公司不发生效力；相对人请求公司承担赔偿责任的，参照适用本解释第十七条的有关规定。

法定代表人超越权限提供担保造成公司损失，公司请求法定代表人承担赔偿责任的，人民法院应予支持。

第一款所称善意，是指相对人在订立担保合同时不知道且不应当知道法定代表人超越权限。相对人有证据证明已对公司决议进行了合理审查，人民法院应当认定其构成善意，但是公司有证据证明相对人知道或者应当知道决议系伪造、变造的除外。

《全国法院民商事审判工作会议纪要》

17.【违反《公司法》第16条构成越权代表】为防止法定代表人随意代表公司为他人提供担保给公司造成损失，损害中小股东利益，《公司法》第16条对法定代表人的代表权进行了限制。根据该条规定，担保行为不是法定代表人所能单独决定的事项，而必须以公司股东（大）会、董事会等公司机关的决议作为授权的基础和来源。法定代表人未经授权擅自为他人提供担保的，构成越权代表，人民法院应当根据《合同法》第50条关于法定代表人越权代表的规定，区分订立合同时债权人是否善意分别认定合同效力：债权人善意的，合同有效；反之，合同无效。

18.【善意的认定】前条所称的善意，是指债权人不知道或者不应当知道法定代表人超越权限订立担保合同。《公司法》第16条对关联担保和非关联担保的决议机关作出了区别规定，相应地，在善意的判断标准上也应当有所区别。一种情形是，为公司股东或者实际控制人提供关联担保，《公司法》第16条明确规定必须由股东（大）会决议，未经股东（大）会决议，构成越权代表。在此情况下，债权人主张担保合同有效，应当提供证据证明其在订立合同时对股东（大）会决议进行了审查，决议的表决程序符合《公司法》第16条的规定，即在排除被担保股东表决权的情况下，该项表决由出席会议的其他股东所持表决权的过半数通过，签字人员也符合公司章程的规定。另一种情形是，公司为公司股东或者实际控制人以外的人提供非关联担保，根据《公司法》第16条的规定，此时由公司章程规定是由董事会决议还是股东（大）会决议。无论章程是否对决议机关作出规定，也无论章程规定决议机关为董事会还是股东（大）会，根据《民法总则》第61条第3款关于"法人章程或者法人权力机构对法定代表人代表权的限制，不得对抗善意相对人"的规定，只要债权人能够证明其在订立担保合同时对董事会决议或者股东（大）会决议进行了审查，同意决议的人数及签字人员符合公司章程的规定，就应当认定其构成善意，但公司能够证明债权人明知公司章程对决议机关有明确规定的除外。

债权人对公司机关决议内容的审查一般限于形式审查，只要求尽到必要的注意义务即可，标准不宜太过严苛。公司以机关决议系法定代表人伪造或者变造、决议程序违法、签章（名）不实、担保金额超过法定限额等事由抗辩债权人非善意的，人民法院一般不予支持。但是，公司有证据证明债权人明知决议系伪造或者变造的除外。

19.【无须机关决议的例外情况】存在下列情形的，即便债权人知道或者应当知道没有公司机关决议，也应当认定担保合同符合公司的真实意思表示，合同有效：

（1）公司是以为他人提供担保为主营业务的担保公司，或者是开展保函业务的银行或者非银行金融机构；

（2）公司为其直接或者间接控制的公司开展经营活动向债权人提供担保；

（3）公司与主债务人之间存在相互担保等商业合作关系；

（4）担保合同系由单独或者共同持有公司三分之二以上有表决权的股东签字同意。

20.【越权担保的民事责任】依据前述 3 条规定，担保合同有效，债权人请求公司承担担保责任的，人民法院依法予以支持；担保合同无效，债权人请求公司承担担保责任的，人民法院不予支持，但可以按照担保法及有关司法解释关于担保无效的规定处理。公司举证证明债权人明知法定代表人超越权限或者机关决议系伪造或者变造，债权人请求公司承担合同无效后的民事责任的，人民法院不予支持。

21.【权利救济】法定代表人的越权担保行为给公司造成损失，公司请求法定代表人承担赔偿责任的，人民法院依法予以支持。公司没有提起诉讼，股东依据《公司法》第 151 条的规定请求法定代表人承担赔偿责任的，人民法院依法予以支持。

【条文要义】

本条是对法人的法定代表人或者非法人组织的负责人越权代表订立合同效力的解释。

本条涉及《民法典》第 61 条第 2 款和第 3 款以及第 504 条规定的具体适用问题。对此，以往关于《合同法》的司法解释没有规定。《全国法院民商事审判工作会议纪要》第 17 条至第 21 条的四条规定都对有关越权代表的问题作了解释，其中最主要的是越权代表订立合同的公司担保责任的规则。《最高人民法院关于适用〈中华人民共和国民法典〉有关担保制度的解释》第 7 条，就公司的法定代表人违反《公司法》关于公司对外担保决议程序的规定，超越权限代表公司与相对人订立担保合同的效力作了明确规定。在此基础上，本条对一般的越权代表订立合同的效力规则作了规定。

《民法典》第 61 条第 2 款和第 3 款和第 504 条对法定代表人或者负责人越权代表行为应当承担的责任都作了规定，本条是在这些规定的基础上，继续补充规定越权代表订立合同的效力在司法实践中具体认定的规则。所以，本条解决的最重要问题，是规定了法定代表人或者负责人越权代表的两种行为形态：一是法定代表人或者负责人违反法律的越权代表行为；二是法定代表人或者负责人违反章程等内部限制的越权代表行为。这两种不同的越权代表行为在构成上有不同的要求。

1. 违反法律、行政法规的越权代表行为

违反法律、行政法规的越权代表行为，可以称为违法越权代表，是指法人的法定代表人或者非法人组织的负责人越权代表法人或者非法人组织实施的民事法律行为，违反了法律或者行政法规为限制法人的法定代表人或者非法人组织的负责人的代表权，把这些事项规定为由法人、非法人组织的权力机构和决策机构决议，或者由法人、非法人组织的执行机构作出决策；法人的法定代表人或者非法人组织的负责人，没有经过权力机构、决策机构或者执行机构作出决定，自己未取得授权而擅自代表法人或者非法人组织订立了合同。

对这种法定代表人或者负责人违反法律的越权代表行为，由于越权代表的行为违反的是法律、行政法规关于法定代表人或者负责人的权限的强制性规定，对方当事人是应当知道的。因此，依照《民法典》第 61 条第 3 款和第 504 条的规定，是无效的民事法律行为，未尽到合理审查义务的对方当事人主张自己是善意相对人，是不成立的。因此，后果是：第一，对这种越权代表行为订立的合同，相对人主张该合同对法人、非法人组织发生效力或者请求其承担违约责任的，法院不予支持。第二，由于合同对法人、非法人组织不发生效力，因此要依据《民法典》第 157 条的规定，认定有过错的法人、非法人组织承担相应的赔偿责任。第三，如果相对人已经尽到合理审查义务，构成善意的，应当判断是否构成表见代表，如果构成表见代表的，应当依据《民法典》第 504 条的规定确认合同效力，对法人或者非法人组织发生拘束力。

这里没有对举证责任作出规定。规则应当是，相对人主张自己为善意，应当自己承担举证责任，由相对人来证明自己的善意。这样确定举证责任，是因为法律已经对法人的法定代表人和非法人组织的负责人的职权范围作了规定，相对人完全可以知道判断法定代表人或者负责人的行为是否越权。因此，让相对人证明自己已尽合理审查义务，是完全正确的。只要相对人不能证明自己已经尽到合理的审查义务，就不构成善意，主张法人、非法人合同对自己不发生法律效力，没有法律依据，法院不应该支持。

2. 违反章程或者权力机构限制的越权代表行为

法人的法定代表人或者非法人组织的负责人的第二种越权代表行为，是违反其章程或者权力机构等对代表权限制的越权代表，也可以称为违章越权代表。

法定代表人或者负责人的代表行为，虽然未超越法律、行政法规规定的法定代表人或者负责人的代表权限，但是，法定代表人或者负责人的代表行为却超越了法人、非法人组织的章程，或者权力机构等对法定代表人、负责人的代表权进行限制的范围，就构成违反章程的越权代表行为。

违章越权代表行为订立的合同，相对人知道或者应当知道其超越权限的，对法人、非法人组织不发生效力，除相对人知道或者应当知道其超越权限外，相对人为善意的，该代表行为有效，订立的合同对法人、非法人组织发生效力。

该规定着重强调的，也是越权代表行为相对人善意的举证责任。当法定代表人或者负责人违反章程实施代表行为时，对相对人的善意，举证责任不是由相对人承担，而是"法人、非法人组织不能证明相对人知道或者应当知道该限制"，所以举证责任由法人或者非法人组织承担，要证明法定代表人或者负责人实施的越权代表行为的相对人不具有善意，证明的标准就是相对人知道或者应当知道法人或者非法人组织的章程对代表权限的限制，能够证明的，相对人为非善意，越权代表行为对法人或非法人组织不发生法律效力；不能证明的，越权代表行为对法人或者非法人组织发生法律效力。

这样确定违反章程的越权代表行为订立合同的举证责任，也是完全有道理的，因为相对人可以审查法人、非法人组织的章程对法定代表人权限的限制，但是由于其他原因也可能无法查明，把这个举证责任交给法人、非法人组织负担，由其自己来证明相对人知道或者应当知道，是有能力、也有可能提供证据证明的，因而对于保护相对人的合法权益是有利的。

法人、非法人组织能够证明相对人知道或者应当知道法定代表人或者负责人违反章程规定，是越权代表行为，所订立的合同对法人或者非法人组织就不发生效力。法人、非法人组织不能证明相对人知道或者应当知道该限制，法人、非法人组织没有完成举证责任，相对人就成立善意，主张该合同对法人、非法人组织发生效力并由其承担违约责任的，就符合《民法典》的规定，法院应当支持。

3. 对越权代表行为订立合同造成损失的追偿和损失赔偿

对上述两种法定代表人或者负责人的越权代表行为，能够确定相对人是善意的，法人、非法人组织就必须承认这些越权代表行为的法律效力，履行所订合同设定的义务，承担相应的责任。对于法人、非法人组织因履行这些合同造成的损失，《民法典》第 62 条对有过错的法定代表人或者负责人已经规定了追偿权。

本条第 3 款规定的主要规则是：

第一，是重申了法人、非法人组织的追偿权，即法人、非法人组织承担民事责任后，向有过错的法定代表人、负责人追偿因越权代表行为造成的损失的，人民法院依法予以支持。这里应当注意的是，根据《民法典》第 62 条第 2 款的规定，向法定代表人或者负责人行使追偿权时，法定代表人或者负责人的主观心理状态是过错，既包括故意，也包括重大过失和一般过失。这与前一款规定的越权职务代理行为的法人或者非法人组织行使追偿权的要件，是越权职务代理人有故意或者重大过失，是不同的。根据《民法典》第 1191 条的规定，法人、非法人组织的工作人员执行职务造成损害，其承担责任的主观要件是故意或者重大过失，与《民法典》第 62 条第 2 款规定的主观要件为过错有所不同。在适用法律时，应当区分这两种追偿权的主观构成要件的不同。

第二，法律、司法解释对法定代表人、负责人的责任另有规定的，不适用本条第 1 款和第 2 款规定的责任，应当依照另有的规定确定责任。例如，《民法典》第 84 条规定，营利法人的控股出资人、实际控制人、董事、监事、高级管理人员不得利用其关联关系损害法人的利益；利用关联关系造成法人损失的，应当承担赔偿责任。法人的法定代表人以及非法人组织的负责人进行关联交易，并非都损害法人或者非法人组织的合法权益。因此，即使违法越权代表或者违章越权代表损害法人或者非法人组织权益的，是承担责任，也并非合同无效。

第二十一条　职务代理与合同效力

法人、非法人组织的工作人员就超越其职权范围的事项以法人、非法人组织的名义订立合同，相对人主张该合同对法人、非法人组织发生效力并由其承担违约责任的，人民法院不予支持。但是，法人、非法人组织有过错的，人民法院可以参照民法典第一百五十七条的规定判决其承担相应的赔偿责任。前述情形，构成表见代理的，人民法院应当依据民法典第一百七十二条的规定处理。

合同所涉事项有下列情形之一的，人民法院应当认定法人、非法人组织的工作人员在订立合同时超越其职权范围：

（一）依法应当由法人、非法人组织的权力机构或者决策机构决议的事项；

（二）依法应当由法人、非法人组织的执行机构决定的事项；

（三）依法应当由法定代表人、负责人代表法人、非法人组织实施的事项；

（四）不属于通常情形下依其职权可以处理的事项。

合同所涉事项未超越依据前款确定的职权范围，但是超越法人、非法人组织对工作人员职权范围的限制，相对人主张该合同对法人、非法人组织发生效力并由其承担违约责任的，人民法院应予支持。但是，法人、非法人组织举证证明相对人知道或者应当知道该限制的除外。

法人、非法人组织承担民事责任后，向故意或者有重大过失的工作人员追偿的，人民法院依法予以支持。

【民法典条文】

第一百七十条　执行法人或者非法人组织工作任务的人员，就其职权范围内的事项，以法人或者非法人组织的名义实施的民事法律行为，对法人或者非法人组织发生效力。

法人或者非法人组织对执行其工作任务的人员职权范围的限制，不得对抗善意相对人。

第一百七十二条　行为人没有代理权、超越代理权或者代理权终止后，仍然实施代理行为，相对人有理由相信行为人有代理权的，代理行为有效。

第一千一百九十一条　用人单位的工作人员因执行工作任务造成他人损害的，由用人单位承担侵权责任。用人单位承担侵权责任后，可以向有故意或者重大过失的工作人员追偿。

劳务派遣期间，被派遣的工作人员因执行工作任务造成他人损害的，由接受劳务派遣的用工单位承担侵权责任；劳务派遣单位有过错的，承担相应的责任。

【条文要义】

本条是对认定越权职务代理订立的合同效力规则的解释。

本条规定与《民法典》第 170 条规定的职务代理和第 172 条规定的表见代理规则密切相关。同时，对职务代理人的追偿权，可以参照适用《民法典》第 1191 条第 1 款的规定。对此，以往合同法的司法解释没有作过规定。

首先，《民法典》第 170 条规定了职务代理，但是没有规定对职务代理超越职权范围进行的交易行为应当如何认定其效力，这是应当在司法实践中解决的问题。

其次，法人或者非法人组织的工作人员在执行职务代理过程中超越职权与他人进行交易，订立的合同不成立、无效、被撤销或者不发生法律效力的，应当依照《民法典》第157条的规定确定法人、非法人组织的民事责任。

再次，职务代理行为超越职权范围，如果法人或者非法人组织对其工作人员订立的合同否认其效力，涉及对善意相对人的保护问题，因此又有适用《民法典》第172条表见代理规则的可能。

最后，职务代理人越权代理，法人、非法人组织承担赔偿责任后，有权向有重大过失或者故意的工作人员追偿。

所以，本条对上述问题作出了以下四个方面的规定。

1. 超越职权范围的越权职务代理订立合同的效力

执行法人、非法人组织工作任务的人员超越其职权范围，以法人、非法人组织的名义与相对人订立合同，就是职务代理中的越权代理，与无权代理的规则是一样的，只是其代理的是法人或者非法人组织，而不是普通的被代理人。

执行法人、非法人组织工作任务的工作人员，是职务代理人。职务代理人在执行职务代理时，应当依照法人、非法人组织关于其执行工作任务的要求，实施民事法律行为，也就是职务代理行为应当在授权的职权范围内进行。工作人员超越授权的职务范围与相对人实施民事法律行为，就构成职务行为的无权代理。具体规则如下。

（1）法人、非法人组织对越权职务代理订立的合同不承担责任

依照无权代理的一般规则，职务代理人在执行职务时超越职权范围的事项，与相对人实施民事法律行为，以法人、非法人组织的名义订立合同，法人、非法人组织主张该合同对其不发生效力，是

有法律依据的，法院应予支持。如果合同的相对人请求该合同对法人、非法人组织发生效力，并由该法人、非法人组织承担违约责任，其主张没有法律根据，所以法院不予支持。

（2）法人、非法人组织不追认越权职务代理订立的合同效力的后果

对越权职务代理行为订立的合同，确定被代理的法人、非法人组织的责任，应当适用《民法典》第171条关于无权代理法律后果的规定。首先，越权职务代理行为人与相对人订立合同，未经法人、非法人组织追认的，对法人、非法人组织不发生效力。其次，相对人可以催告被代理人自收到通知之日起30日内予以追认，被代理人未作表示的，视为拒绝追认。再次，行为人实施的行为被追认前，善意相对人有撤销的权利。最后，越权职务代理行为人订立的合同未被追认，善意相对人有权要求行为人履行债务或者就其受到的损害请求行为人赔偿，相对人知道或者应当知道行为人越权职务代理的，相对人和行为人按照各自的过错承担责任。

按照上述规则，越权职务代理订立的合同，未被法人、非法人组织追认的，该合同不发生效力。因此，法院不支持相对人主张法人、非法人组织承担违约责任的请求，但是，法人或者非法人组织对此有过错的，法院可以依据《民法典》第157条的规定确定合同未成立、无效、被撤销或者确定不发生效力的民事责任，即承担相应的赔偿责任。

（3）可以适用表见代理

不过，如果职务代理人在执行职务代理行为时超越职权范围，与相对人订立合同，符合代理权的外观授权，对方当事人不知道或者不应当知道其为无权代理的，构成表见代理，应当依据《民法典》

第 172 条的规定，确认表见代理行为有效，法人、非法人组织应当承担表见代理的后果，对该合同对法人、非法人组织不发生效力的主张不予支持。

2. 法人、非法人组织工作人员超越职权范围的具体表现

在具体实践中，究竟什么样的行为属于职务代理行为超越其职权范围，也就是越权职务代理，本条规定，合同所涉事项有以下四种情形之一的，应当认定法人、非法人组织的工作人员在订立合同时超越其职权范围。

（1）依法应当由法人、非法人组织的权力机构或者决策机构决议的事项

营利法人的权力机构是股东会或者股东大会，非法人组织的权力机构是决策机构，如合伙人会议。按照法律规定或者是法人、非法人组织的章程规定，重大事项应当由法人、非法人组织的权力机构或者决策机构作出决议，其他人无权决定。这样的事项，如果职务代理人没有经过法人、非法人组织的权力机构或者决策机构决议，擅自实施职务代理行为，就是超越职权范围的越权职务代理行为。

（2）依法应当由法人、非法人组织的执行机构决定的事项

法人的执行机构是董事会或者执行董事，非法人组织的执行机构是管理委员会等。当依照法律规定或者章程规定，法人、非法人组织的重大事项应当由法人、非法人组织的执行机构决定的事项，没有经过执行机构的决定，职务代理人擅自作出决定实施职务代理行为订立合同，也是超越职权范围的越权职务代理行为。

（3）依法应当由法定代表人、负责人代表法人或者非法人组织实施的事项

法人的法定代表人或者非法人组织的负责人，是法人或者非法

人组织的代表，其行使权利的范围由法律规定和章程决定。如果属于法人的法定代表人或者非法人组织的负责人才有权决定的事项，职务代理人未经法定代表人或者负责人决定和授权，就实施职务代理行为与他人订立合同，属于超越职权行为，构成越权职务代理行为。

（4）不属于通常情形下依其职权可以处理的事项

这是无权代理行为订立合同的兜底条款。上述所列的三项超越职权的职务代理行为，是根据法人、非法人组织决策权力的范围确定的，没有经过权力机构决策机构，或者没有经过执行机构，或者没有经过法定代表人、负责人的决定，在他们的职权范围内实施的职务代理行为，都是超越职权范围的越权职务代理行为。

对其他方面，不属于通常情况下依其职权可以处理的事项，其实就是在职务代理行为中，没有代理权或者代理权终止后仍然实施的职务代理行为，都是超越职权的越权职务代理行为。例如，持伪造的授权委托书订立合同。

3. 合同所涉事项越权职务代理的效力

职务代理人超越职权与相对人订立合同，符合上述四种情形之一的，原则上其代理行为无效，法人、非法人组织主张职务代理行为人超越其职权范围的事项以法人、非法人组织的名义订立合同对其不发生效力，都是符合法律规定的，法院应当支持。

但是，合同所涉事项未超越依据上述四种确定的职权范围，但是超越法人、非法人组织对工作人员职权范围限制的，而不是违反职务代理权限订立合同，这与法人、非法人组织超越经营范围相似，因此，相对人可以主张该合同对法人、非法人组织发生效力并请求法人、非法人组织承担违约责任。相对人提出这样请求的，法院应当支持。除外的情形是，如果法人、非法人组织能够举证证明相对人知道或者应当知道职务代理人的职权范围限制的，相对人就不具有善意。因此，法人、非法人组织可以主张该合同对其不发生效力。

这个规定从表面上看，好像说的是举证责任，但实质上规定的是越权职务代理行为的相对人在交易中善意的认定。职务代理人超越授权范围，与相对人实施民事法律行为，如果相对人已经知道或者应当知道法人、非法人组织对职务代理人的授权范围已经超越职权，仍然与其进行交易订立合同，法人、非法人组织当然有权主张职务代理行为对自己不发生效力。但是，如果相对人是善意的，对职务代理人超越职权行为不知道或者不应当知道，就应当保护善意相对人，认定该超越职权的职务代理行为有效。

这一款着重强调的是，对相对人非善意的举证责任，要由法人、非法人组织证明相对人已经知道或者应当知道法人、非法人组织对职务代理人的授权范围已经超越职权，而不用相对人自己证明。法人、非法人组织不能证明相对人已经知道或者应当知道越权职务代理，法院就应当认定越权职务代理行为有效，所订立的合同对法人、非法人组织发生效力。

4. 越权职务代理订立合同有效的损失赔偿责任

在越权职务代理行为中，为了保护交易善意相对人的合法权益，在符合表见代理，以及保护善意相对人的规则要求时，认可越权职务代理行为对法人、非法人组织发生效力。在这两种情况下，会出现损害法人、非法人组织合法权益的后果，应当予以救济。这主要表现在两个方面。

第一，对越权职务代理行为只要符合表见代理以及保护善意相对人规则的要求，被代理的法人、非法人组织就必须认可越权职务代理行为有效，并且履行合同约定的义务，承担应当承担的责任。

第二，法人、非法人组织依照上述规定承担民事责任后，对越权职务代理人享有追偿权，行使追偿权的条件是，越权职务代理人在主观上具有故意或者有重大过失。这里对法人、非法人组织对越权职务代理人追偿权的主观要件要求比较高，一般过失不能行使追偿权，只有故意或者重大过失才可以行使追偿权。这是适用《民法典》第1191条第1款规定的侵权责任规则。这里存在的问题：一是追偿权行使的范围，究竟是全额追偿还是部分追偿，如果越权职务代理人给法人、非法人组织造成的损失巨大，全额追偿可能无法实现；如果部分追偿，则没有具体规则。这个问题的解决办法，应当全额追偿，但是全额追偿会给越权职务代理人的生活造成极大影响，应当为其保留适当的生活费用。二是越权职务代理人有故意或者重大过失，法人、非法人组织对其行使损害赔偿追偿权，自然没有问题；对越权职务代理人的一般过失，也应该承担适当的责任，否则会纵容职务代理人疏忽。对此，如果职务代理人越权代理只具有一般过失的，应当承担适当比例的损失赔偿责任，法人和非法人组织有适当比例的追偿权。当然，这是学理解释，而不是《民法典》和司法解释的具体规定，只有参考价值。

第二十二条 印章与合同效力

法定代表人、负责人或者工作人员以法人、非法人组织的名义订立合同且未超越权限，法人、非法人组织仅以合同加盖的印章不是备案印章或者系伪造的印章为由主张该合同对其不发生效力的，人民法院不予支持。

合同系以法人、非法人组织的名义订立，但是仅有法定代表人、负责人或者工作人员签名或者按指印而未加盖法人、非法人组织的印章，相对人能够证明法定代表人、负责人或者工作人员在订立合同时未超越权限的，人民法院应当认定合同对法人、非法人组织发生效力。但是，当事人约定以加盖印章作为合同成立条件的除外。

合同仅加盖法人、非法人组织的印章而无人员签名或者按指印，相对人能够证明合同系法定代表人、负责人或者工作人员在其权限范围内订立的，人民法院应当认定该合同对法人、非法人组织发生效力。

在前三款规定的情形下，法定代表人、负责人或者工作人员在订立合同时虽然超越代表或者代理权限，但是依据民法典第五百零四条的规定构成表见代表，或者依据民法典第一百七十二条的规定构成表见代理的，人民法院应当认定合同对法人、非法人组织发生效力。

【民法典条文】

第一百七十二条 行为人没有代理权、超越代理权或者代理权终止后，仍然实施代理行为，相对人有理由相信行为人有代理权的，代理行为有效。

第四百九十条 当事人采用合同书形式订立合同的，自当事人均签名、盖章或者按指印时合同成立。在签名、盖章或者按指印之前，当事人一方已经履行主要义务，对方接受时，该合同成立。

法律、行政法规规定或者当事人约定合同应当采用书面形式订立，当事人未采用书面形式但是一方已经履行主要义务，对方接受时，该合同成立。

第五百零四条　法人的法定代表人或者非法人组织的负责人超越权限订立的合同，除相对人知道或者应当知道其超越权限外，该代表行为有效，订立的合同对法人或者非法人组织发生效力。

【相关司法解释】

《全国法院民商事审判工作会议纪要》

41. 【盖章行为的法律效力】司法实践中，有些公司有意刻制两套甚至多套公章，有的法定代表人或者代理人甚至私刻公章，订立合同时恶意加盖非备案的公章或者假公章，发生纠纷后法人以加盖的是假公章为由否定合同效力的情形并不鲜见。人民法院在审理案件时，应当主要审查签约人于盖章之时有无代表权或者代理权，从而根据代表或者代理的相关规则来确定合同的效力。

法定代表人或者其授权之人在合同上加盖法人公章的行为，表明其是以法人名义签订合同，除《公司法》第16条等法律对其职权有特别规定的情形外，应当由法人承担相应的法律后果。法人以法定代表人事后已无代表权、加盖的是假章、所盖之章与备案公章不一致等为由否定合同效力的，人民法院不予支持。

代理人以被代理人名义签订合同，要取得合法授权。代理人取得合法授权后，以被代理人名义签订的合同，应当由被代理人承担责任。被代理人以代理人事后已无代理权、加盖的是假章、所盖之章与备案公章不一致等为由否定合同效力的，人民法院不予支持。

《最高人民法院关于适用〈中华人民共和国合同法〉若干问题的解释（二）》

第五条 当事人采用合同书形式订立合同的，应当签字或者盖章。当事人在合同书上摁手印的，人民法院应当认定其具有与签字或者盖章同等的法律效力。

第十三条 被代理人依照合同法第四十九条的规定承担有效代理行为所产生的责任后，可以向无权代理人追偿因代理行为而遭受的损失。

【条文要义】

本条是对合同书有无加盖印章对合同效力影响的解释。

《民法典》对合同书的签章作出了新的规定，即合同书制作后，可以签名，可以盖章，也可以按指印。在法人、非法人组织签订合同时，涉及法人、非法人组织加盖印章，与法定代表人、负责人或者其工作人员签名、按指印对合同效力的影响问题，《民法典》没有具体规定，但在司法实践中却是一个常见的问题，情况非常复杂，应当有针对性地规定具体的解决办法，统一裁判规则。例如，对什么情况下的盖章行为能使第三人产生合理信赖此行为的法律效力等，没有更明确的规定，需要司法解释进一步明确。本条要解决的就是这样的问题。

此前，《合同法》也对采用合同书订立合同的成立规定了签名或者盖章的规则，但是，对签名或者盖章的一些具体情形是否影响合同的效力，没有具体的规定。《最高人民法院关于适用〈中华人民共和国合同法〉若干问题的解释（二）》第5条对采用合同书形式订立合同签字或者盖章以及摁手印的问题作了规定。《全国法院民商事审判工作会议纪要》第 41 条专门对盖章行为的法律效力也作了规定。

在总结这些经验的基础上，本条对这种问题的具体解决办法规定了三种情形，最后还对三种情形如果构成表见代理时的解决办法进行了规定。

1. 法定代表人、负责人或者工作人员未超越职权但加盖印章不规范

法定代表人、负责人或者工作人员代表法人或者非法人组织订立合同且没有超越权限，法人、非法人组织仅以合同书上加盖的印章不是法人或者非法人组织备案的印章，或者该印章系伪造，而主张合同对自己不发生法律效力的，是经常出现的情形。

对此，本条第 1 款规定，法定代表人、负责人或者工作人员在以法人、非法人组织的名义订立合同且未超越权限，法人、非法人组织仅以合同加盖的印章不是备案印章或者系伪造的印章为由，主张合同对其不发生效力的，法院不予支持。该合同对法人、非法人组织发生法律效力，法人、非法人组织应当履行合同。

应当注意的是两个问题：

第一，这里没有说到的是，合同书应当有法人的法定代表人、非法人组织的负责人或者工作人员的真实签名或者按指印，如果没有签名也没有按指印，合同书上加盖的又不是备案印章，或者是伪造的公章，不能认为合同已经成立并生效。

第二，既然法人的法定代表人、非法人组织的负责人或者工作人员代表法人、非法人组织与相对人签订合同，应当有权使用公司的备案印章，在合同书上加盖。但是，他们用非备案的印章，或者是伪造的印章在合同书上加盖，其实不能说没有问题。但是，为了

保护善意相对人的合法权益，只要是法人的法定代表人、非法人组织的负责人或者工作人员是在职权范围内实施的民事法律行为，就不应该否认其所签订的合同的效力。即使出现问题，按照本司法解释的第 20 条和第 21 条的规定，当法人或者非法人组织向善意相对人承担民事责任后，也可以向法人的法定代表人或者非法人组织的负责人、工作人员进行追偿，挽回自己的损失。

2. 法定代表人、负责人或者工作人员签名或按指印但未加盖印章

有关签名、盖章的另一个问题是，法定代表人、负责人或者工作人员在合同书上签字或者按指印，但法人或者非法人组织没有在合同书上加盖印章，这种情况也是经常发生的。这里存在两种情形：一是合同没有约定在合同书上必须由法人或者非法人组织加盖印章；二是合同书明确载明，合同生效必须以法人或者非法人组织加盖印章为条件。对这两种情况的处置方法如下。

首先，合同系以法人、非法人组织的名义订立，但是仅有法定代表人或者负责人、工作人员签名或者按指印，未加盖法人、非法人组织的印章，确认该合同是否发生法律效力要有一个必要条件，就是相对人能够证明法定代表人、负责人或者工作人员在订立合同时未超越权限。这个要件的证明责任在相对人，相对人应当举证证明这个要件成立。证明成立的，法院应当认定合同对法人、非法人组织发生效力。

其次，合同虽然是以法人、非法人组织的名义签订，仅有法定代表人、负责人或者工作人员签名或者按指印，没有加盖法人、非法人组织的印章，但是当事人如果在合同中约定以加盖印章作为合同成立条件的，就不能适用前述规则，因为即使法定代表人、负责

人或者工作人员在合同书上签字或者按指印，但由于合同约定的生效条件是法人或者非法人组织加盖印章，没有加盖印章就不符合这一约定的合同生效条件，也就是约定的生效条件未成就，因此这一合同不发生法律效力。

按照这一规定，对这种情况主张合同不发生法律效力的，应该是法人或者非法人组织以及法人的法定代表人、非法人组织的负责人或者工作人员。由于法人或者非法人组织没有加盖印章，因而主张合同不发生法律效力的事实依据已经成立。主张合同发生法律效力的应该是相对人。因此，相对人认为合同发生法律效力，相对人就应当举证证明法定代表人、负责人或者工作人员在订立合同时未超越权限。只要这一证明成立，法院就可以认定该合同发生法律效力。

3. 合同加盖法人、非法人组织的印章而无人员签名或按指印

有关合同盖章与效力关系的第三种情形是，在合同书上加盖了法人或者非法人组织的印章，但是没有法定代表人、负责人或者工作人员签名或者按指印。对这种情况，本条第 3 款确认，合同仅加盖法人、非法人组织的印章而无人员签名或者按指印，相对人能够证明合同系法定代表人、负责人或者工作人员在其权限范围内签订的，法院应当认定该合同对法人、非法人组织发生效力。

这一司法解释的依据是，《民法典》规定合同签署可以签名、盖章或者按指印，符合任何一个要求的签署方式都表示确认合同。在实务中，如果合同仅有法人、非法人组织的印章，没有法定代表人、负责人或者工作人员的签名或者按指印，是符合法律规定的，只要合同没有特别约定法人的法定代表人、负责人或者工作人员签字或者按指印方生效的，该法人或者非法人组织主张该合同不发生法律

效力的，就没有法律依据。本条第 3 款确认这种情形合同有效的要件是，法人的法定代表人或者非法人组织的负责人以及工作人员是在其权限范围内签订合同的。符合这一要件的要求，法院就应当认定该合同对法人、非法人组织发生效力，对法人、非法人组织提出否认合同效力的主张应当予以驳回，承担合同约定的义务和责任。

这个要件的举证责任也是由相对人负担，须举证证明法人的法定代表人或者非法人组织的负责人以及工作人员签订合同时是在其权限范围内，是有权代表法人或者非法人组织实施这种民事法律行为订立合同的。相对人证明这个要件成立，法人、非法人组织主张合同仅加盖法人、非法人组织的印章而无人员签名或者按指印而合同不发生法律效力，是没有根据的。

4. 上述三种情形构成表见代表、表见代理的处理方法

上述三种情形，是在合同司法实践中最常见的印章、签名与按指印对合同效力影响的主要表现。这三种情形的共同特点，都是具备签署合同的法定代表人、负责人或者工作人员是在职权范围内订立的合同，符合上述要求的，合同都发生法律效力。法定代表人、负责人或者工作人员在订立合同时超越权限，不构成越权代表或者越权代理的，会导致合同对法人、非法人组织不发生法律效力。

本条第 4 款强调的是，在前三款规定的情形下，非法人组织的法定代表人、负责人或者工作人员在订立合同时虽然超越权限，但是，依据《民法典》第 504 条的规定构成表见代表，或者依据《民法典》第 172 条的规定构成表见代理的，当然就不是越权代表或者越权代理，而构成表见代表或者表见代理，应该按照《民法典》第504 条规定的表见代表或者第 172 条规定的表见代理的规则，认定合同对法人、非法人组织发生效力。

第二十三条 代表人、负责人或者代理人与相对人恶意串通

法定代表人、负责人或者代理人与相对人恶意串通，以法人、非法人组织的名义订立合同，损害法人、非法人组织的合法权益，法人、非法人组织主张不承担民事责任的，人民法院应予支持。法人、非法人组织请求法定代表人、负责人或者代理人与相对人对因此受到的损失承担连带赔偿责任的，人民法院应予支持。

根据法人、非法人组织的举证，综合考虑当事人之间的交易习惯、合同在订立时是否显失公平、相关人员是否获取了不正当利益、合同的履行情况等因素，人民法院能够认定法定代表人、负责人或者代理人与相对人存在恶意串通的高度可能性的，可以要求前述人员就合同订立、履行的过程等相关事实作出陈述或者提供相应的证据。其无正当理由拒绝作出陈述，或者所作陈述不具合理性又不能提供相应证据的，人民法院可以认定恶意串通的事实成立。

【民法典条文】

第一百六十四条 代理人不履行或者不完全履行职责，造成被代理人损害的，应当承担民事责任。

代理人和相对人恶意串通，损害被代理人合法权益的，代理人和相对人应当承担连带责任。

第一千一百六十五条 行为人因过错侵害他人民事权益造成损害的，应当承担侵权责任。

依照法律规定推定行为人有过错，其不能证明自己没有过错的，应当承担侵权责任。

第一千一百六十八条 二人以上共同实施侵权行为，造成他人损害的，应当承担连带责任。

【条文要义】

本条是对法定代表人、负责人或者代理人与相对人恶意串通的法律后果及举证责任的解释。

对此，以往的司法解释没有作出规定，本条是对此规定的新规则。

恶意串通，是《民法典》第 154 条规定的规则，行为人与相对人恶意串通，损害他人合法权益的民事法律行为无效。在通常情况下，认定恶意串通的主体，是实施民事法律行为的双方当事人，受到损害的是双方当事人之外的他人，也就是第三人。

《民法典》第 164 条第 2 款还规定："代理人和相对人恶意串通，损害被代理人合法权益的，代理人和相对人应当承担连带责任。"本条第 1 款规定的法定代表人、负责人或者代理人与相对人之间的恶意串通，依照《民法典》第 164 条第 2 款的规定，对法人的法定代表人、非法人组织的负责人或者代理人与相对人恶意串通的法律后果，作出了所订立合同无效的解释。其中的代理人是职务代理人，即负有特定职责的法人、非法人组织的工作人员。

1. 法定代表人、负责人或代理人与相对人恶意串通的法律后果

本条第 1 款确认的，是法定代表人、负责人或者代理人与相对人之间进行恶意串通，损害法人或者非法人组织合法权益的法律后果。

法定代表人、负责人或者代理人与相对人恶意串通，是指在法定代表人、负责人或者代理人代表或者代理法人、非法人组织与相对人订立合同时，双方进行恶意串通，损害所代表、代理的法人或者非法人组织的合法权益。这种恶意串通订立的合同，对法人、非

法人组织不发生法律效力。其构成要件如下：

第一，主体是法人的法定代表人、非法人组织的负责人或者法人、非法人组织的代理人，对方当事人是相对人。相对人可以是法人、非法人组织或者自然人，并没有特别要求。法定代表人、负责人或者代理人应当是法人的法定代表人、非法人组织的负责人或者被授权代表法人或者非法人组织的工作人员。

第二，法定代表人、负责人或者代理人，在代表或者代理法人或者非法人组织与相对人进行交易时，相互串通，恶意通谋。要求是，双方当事人都具有主观恶意，彼此勾结，进行通谋，明知双方的行为会损害所代表或者代理的法人或者非法人组织的利益，仍然实施该种行为。

第三，法定代表人、负责人以及代理人在与相对人进行恶意串通中，是以法人、非法人组织的名义订立合同，实施民事法律行为，代表或者代理的是法人、非法人组织，而不是自己。

第四，法定代表人、负责人或者代理人与相对人恶意串通订立的合同，损害法人、非法人组织的合法权益，而不是损害当事人以外的第三人的合法权益。

具备以上四个要件，构成法定代表人、负责人或者代理人与相对人的恶意串通行为。该行为产生的两个法律效果是：

一是否定恶意串通行为对法人、非法人组织的效力。法人、非法人组织主张该恶意串通订立的合同对自己不发生法律效力，因而不承担民事责任的，法院应予支持，认定构成恶意串通，损害法人或者非法人组织的合法权益，法人或者非法人组织不承担民事责任。

二是认定法人、非法人组织享有损害赔偿请求权。本条确认，"法人、非法人组织请求法定代表人、负责人或者代理人与相对人对因此受到的损失承担连带赔偿责任的，人民法院应予支持"。确定这种损害赔偿请求权的依据，可以从合同无效的损害赔偿责任解释，也可以从共同侵权行为的角度作出解释。后一种解释更有充分依据，这就是，法定代表人、负责人或者代理人与相对人进行恶意串通，目的在于损害法人或者非法人组织的合法权益，符合《民法典》第1165条第1款关于过错侵权责任的规定，也符合第1168条关于共同侵权行为的规定。因此，确认法定代表人、负责人以及代理人承担连带赔偿责任。尽管这种行为发生在合同领域，但是认定构成共同侵权责任确有法律依据，更有把握。

2. 主张法定代表人、负责人或代理人与相对人恶意串通的举证责任

在司法实践中，认定恶意串通是非常困难的，关键在于双方当事人如何进行恶意串通的证据很难获得。本条第2款对法定代表人、负责人和代理人与相对人恶意串通的举证责任，提出了分配举证责任的具体规则，对于证明标准和内容也作了明确规定。

（1）恶意串通的举证责任在法人、非法人组织

在诉讼中，法人、非法人组织主张法定代表人、负责人或者代理人与相对人恶意串通的，应当承担举证责任，由自己举证证明恶意串通事实的成立。对此，不能要求法定代表人、负责人或者代理人承担举证责任。

法人、非法人组织证明恶意串通，应当综合考虑的因素有：一是当事人之间的交易习惯；二是合同在订立时是否显失公平；三是相关人员是否获取了不正当利益；四是合同的履行情况等。这里要注意的是，并不要求法人、非法人组织证明恶意串通的事实，而是从上述四个方面的证明，判断是否构成恶意串通。

（2）证明标准

法院确认构成恶意串通的证明标准，是能够认定法人、非法人组织的法定代表人、负责人或者代理人与相对人存在恶意串通的高度可能性。这种证明标准是高度盖然性标准，低于排除合理怀疑的证明标准，高于一般盖然性即较大可能性的证明标准。在司法实践中，法官应当掌握这个标准，不能高于这个标准而适用排除合理怀疑标准，也不能低于这个标准适用一般盖然性标准即较大可能性标准。法人、非法人组织的证明达到了存在恶意串通的高度盖然性的，就可以认定法定代表人、负责人或者代理人与相对人构成恶意串通。

（3）法人、非法人组织要求前述人员证明的举证责任转换

如果法人、非法人组织证明法定代表人、负责人或者代表人与相对人构成恶意串通，由于证明标准是高度盖然性，而不是排除合理怀疑，因而存在法定代表人、负责人或者代理人与相对人否认恶意串通事实的证明空间。这时，适用举证责任转换规则，由前述人员承担举证责任，证明自己没有恶意串通。所以，本条第 2 款规定，法人、非法人组织可以要求前述人员就合同订立、履行的过程等相关事实作出陈述或者提供相应的证据，证明法定代表人、负责人或者代理人与相对人没有进行恶意串通。举证责任转换的责任人，应当是前述人员，包括法定代表人、负责人和代理人以及相对人认为没有恶意串通的，也可以举证证明。这是因为，他们是利益共同体，否认恶意串通的，就负有共同证明，推翻法人、非法人组织提供的高度盖然性证明的举证责任。能够推翻恶意串通的高度盖然性证明的，不成立恶意串通，双方订立的合同对法人或者非法人组织发生法律效力。

（4）举证责任转换的证明不成立的后果

当法人、非法人组织的举证责任完成，前述人员承担转换的举证责任时，如果他们不承担举证责任，无正当理由拒绝作出陈述，或者虽然承担举证责任，但是所作陈述不具合理性，又不能提供相应证据的，也没有完成举证责任。在这两种情况下，前述人员对应负有的举证责任没有完成，依照《民事诉讼法》关于举证责任的规定，应当承担不利的法律后果。所以，法院可以认定恶意串通的事实成立。其后果是，所订立的合同对法人、非法人组织不发生法律效力，法人、非法人组织可以共同侵权为由，诉请法定代表人、负责人或代理人与相对人承担连带赔偿责任。

第二十四条　合同不成立、无效、被撤销或者确定不发生效力的法律后果

合同不成立、无效、被撤销或者确定不发生效力，当事人请求返还财产，经审查财产能够返还的，人民法院应当根据案件具体情况，单独或者合并适用返还占有的标的物、更正登记簿册记载等方式；经审查财产不能返还或者没有必要返还的，人民法院应当以认定合同不成立、无效、被撤销或者确定不发生效力之日该财产的市场价值或者以其他合理方式计算的价值为基准判决折价补偿。

除前款规定的情形外，当事人还请求赔偿损失的，人民法院应当结合财产返还或者折价补偿的情况，综合考虑财产增值收益和贬值损失、交易成本的支出等事实，按照双方当事人的过错程度及原因力大小，根据诚信原则和公平原则，合理确定损失赔偿额。

合同不成立、无效、被撤销或者确定不发生效力，当事人的行为涉嫌违法且未经处理，可能导致一方或者双方通过违法行为获得不当利益的，人民法院应当向有关行政管理部门提出司法建议。当事人的行为涉嫌犯罪的，应当将案件线索移送刑事侦查机关；属于刑事自诉案件的，应当告知当事人可以向有管辖权的人民法院另行提起诉讼。

【民法典条文】

第一百五十七条 民事法律行为无效、被撤销或者确定不发生效力后，行为人因该行为取得的财产，应当予以返还；不能返还或者没有必要返还的，应当折价补偿。有过错的一方应当赔偿对方由此所受到的损失；各方都有过错的，应当各自承担相应的责任。法律另有规定的，依照其规定。

第五百零七条 合同不生效、无效、被撤销或者终止的，不影响合同中有关解决争议方法的条款的效力。

【相关司法解释】

《全国法院民商事审判工作会议纪要》

32.【合同不成立、无效或者被撤销的法律后果】《合同法》第58 条就合同无效或者被撤销时的财产返还责任和损害赔偿责任作了规定，但未规定合同不成立的法律后果。考虑到合同不成立时也可能发生财产返还和损害赔偿责任问题，故应当参照适用该条的规定。

在确定合同不成立、无效或者被撤销后财产返还或者折价补偿范围时，要根据诚实信用原则的要求，在当事人之间合理分配，不能使不诚信的当事人因合同不成立、无效或者被撤销而获益。合同不成立、无效或者被撤销情况下，当事人所承担的缔约过失责任不应超过合同履行利益。比如，依据《最高人民法院关于审理建设工程施工合同纠纷案件适用法律问题的解释》第2条规定，建设工程施工合同无效，在建设工程经竣工验收合格情况下，可以参照合同约定支付工程款，但除非增加了合同约定之外新的工程项目，一般不应超出合同约定支付工程款。

33.【财产返还与折价补偿】合同不成立、无效或者被撤销后，在确定财产返还时，要充分考虑财产增值或者贬值的因素。双务合同不成立、无效或者被撤销后，双方因该合同取得财产的，应当相互返还。应予返还的股权、房屋等财产相对于合同约定价款出现增值或者贬值的，人民法院要综合考虑市场因素、受让人的经营或者添附等行为与财产增值或者贬值之间的关联性，在当事人之间合理分配或者分担，避免一方因合同不成立、无效或者被撤销而获益。在标的物已经灭失、转售他人或者其他无法返还的情况下，当事人主张返还原物的，人民法院不予支持，但其主张折价补偿的，人民法院依法予以支持。折价时，应当以当事人交易时约定的价款为基础，同时考虑当事人在标的物灭失或者转售时的获益情况综合确定补偿标准。标的物灭失时当事人获得的保险金或者其他赔偿金，转售时取得的对价，均属于当事人因标的物而获得的利益。对获益高于或者低于价款的部分，也应当在当事人之间合理分配或者分担。

35.【损害赔偿】合同不成立、无效或者被撤销时，仅返还财产或者折价补偿不足以弥补损失，一方还可以向有过错的另一方请求损害赔偿。在确定损害赔偿范围时，既要根据当事人的过错程度合理确定责任，又要考虑在确定财产返还范围时已经考虑过的财产增值或者贬值因素，避免双重获利或者双重受损的现象发生。

36.【合同无效时的释明问题】在双务合同中，原告起诉请求确认合同有效并请求继续履行合同，被告主张合同无效的，或者原告起诉请求确认合同无效并返还财产，而被告主张合同有效的，都要防止机械适用"不告不理"原则，仅就当事人的诉讼请求进行审理，而应向原告释明变更或者增加诉讼请求，或者向被告释明提出同时履行抗辩，尽可能一次性解决纠纷。例如，基于合同有给付行为的原告请求确认合同无效，但并未提出返还原物或者折价补偿、赔偿损失等请求的，人民法院应当向其释明，告知其一并提出相应诉讼请求；原告请求确认合同无效并要求被告返还原物或者赔偿损失，被告基于合同也有给付行为的，人民法院同样应当向被告释明，告知其也可以提出返还请求；人民法院经审理认定合同无效的，除了要在判决书"本院认为"部分对同时返还作出认定外，还应当在判项中作出明确表述，避免因判令单方返还而出现不公平的结果。

第一审人民法院未予释明，第二审人民法院认为应当对合同不成立、无效或者被撤销的法律后果作出判决的，可以直接释明并改判。当然，如果返还财产或者赔偿损失的范围确实难以确定或者双方争议较大的，也可以告知当事人通过另行起诉等方式解决，并在裁判文书中予以明确。

当事人按照释明变更诉讼请求或者提出抗辩的，人民法院应当将其归纳为案件争议焦点，组织当事人充分举证、质证、辩论。

128.【分别审理】同一当事人因不同事实分别发生民商事纠纷和涉嫌刑事犯罪，民商事案件与刑事案件应当分别审理，主要有下列情形：

（1）主合同的债务人涉嫌刑事犯罪或者刑事裁判认定其构成犯

罪，债权人请求担保人承担民事责任的；

（2）行为人以法人、非法人组织或者他人名义订立合同的行为涉嫌刑事犯罪或者刑事裁判认定其构成犯罪，合同相对人请求该法人、非法人组织或者他人承担民事责任的；

（3）法人或者非法人组织的法定代表人、负责人或者其他工作人员的职务行为涉嫌刑事犯罪或者刑事裁判认定其构成犯罪，受害人请求该法人或者非法人组织承担民事责任的；

（4）侵权行为人涉嫌刑事犯罪或者刑事裁判认定其构成犯罪，被保险人、受益人或者其他赔偿权利人请求保险人支付保险金的；

（5）受害人请求涉嫌刑事犯罪的行为人之外的其他主体承担民事责任的。

审判实践中出现的问题是，在上述情形下，有的人民法院仍然以民商事案件涉嫌刑事犯罪为由不予受理，已经受理的，裁定驳回起诉。对此，应予纠正。

129.【涉众型经济犯罪与民商事案件的程序处理】2014 年颁布实施的《最高人民法院最高人民检察院公安部关于办理非法集资刑事案件适用法律若干问题的意见》和 2019 年 1 月颁布实施的《最高人民法院最高人民检察院公安部关于办理非法集资刑事案件若干问题的意见》规定的涉嫌集资诈骗、非法吸收公众存款等涉众型经济犯罪，所涉人数众多、当事人分布地域广、标的额特别巨大、影响范围广，严重影响社会稳定，对于受害人就同一事实提起的以犯罪嫌疑人或者刑事被告人为被告的民事诉讼，人民法院应当裁定不予受理，并将有关材料移送侦查机关、检察机关或者正在审理该刑事案件的人民法院。受害人的民事权利保护应当通过刑事追赃、退赔的方式解决。正在审理民商事案件的人民法院发现有上述涉众型经济犯罪线索的，应当及时将犯罪线索和有关材料移送侦查机关。侦查机关作出立案决定前，人民法院应当中止审理；作出立案决定后，应当裁定驳回起诉；侦查机关未及时立案的，人民法院必要时可以将案件报请党委政法委协调处理。除上述情形人民法院不予受理外，要防止通过刑事手段干预民商事审判，搞地方保护，影响营商环境。

当事人因租赁、买卖、金融借款等与上述涉众型经济犯罪无关的民事纠纷，请求上述主体承担民事责任的，人民法院应予受理。

130.【民刑交叉案件中民商事案件中止审理的条件】人民法院在审理民商事案件时，如果民商事案件必须以相关刑事案件的审理结果为依据，而刑事案件尚未审结的，应当根据《民事诉讼法》第150条第5项的规定裁定中止诉讼。待刑事案件审结后，再恢复民商事案件的审理。如果民商事案件不是必须以相关的刑事案件的审理结果为依据，则民商事案件应当继续审理。

【条文要义】

本条是对合同不成立、无效、被撤销或者确定不发生效力的法律后果的解释。

合同不成立、无效、被撤销或者确定不发生法律效力的法律后果，应当适用《民法典》第157条规定的规则。在原《合同法》的适用中，有关司法解释对此没有作过规定，《全国法院民商事审判工作会议纪要》第31条、第32条、第33条、第35条、第36条、第128条、第129条、第130条都对此作过详细规定。在此基础上，本条作出了具体规定。

应该注意的是，《民法典》第157条规定的是民事法律行为无效、被撤销或确定不发生效力，没有规定民事法律行为不成立。本条司法解释增加规定合同不成立，也同样发生合同无效、被撤销或者确定不发生法律效力的法律效果。由于《民法典》合同编没有规定合同不成立、无效、被撤销或者确定不发生法律效力的法律后果，应当适用的是《民法典》第157条。对此，本条司法解释作了更具体的规定，使规则更加细致、具有针对性。

1. 返还原物和折价补偿

合同不成立、无效、被撤销或者确定不发生法律效力，依照《民法典》第157条的规定，首先发生的法律后果是返还财产和折价补偿。在具体操作中，应当按照本条第1款的规定进行。

（1）返还财产

合同不成立、无效、被撤销或者确定不发生效力，当事人请求返还财产，经审查能够返还的，法院应当根据案件的具体情况，单独或者合并适用返还占有的标的物、更正登记簿册记载等方式。

返还财产的前提条件是原财产尚在，存在返还财产的可能。所以，法官对当事人请求返还财产的，必须进行审查，确定财产是否能够返还。能够返还，按照下述方法进行返还。首先，对于动产，按照规定把动产返还给对方当事人即可。

其次，对于不动产，仅返还财产还不足以完成这一义务，还应当更正登记簿册记载。例如，已经交付给对方当事人的不动产，如果已经作了过户登记，不仅要把不动产返还给对方当事人，而且要对不动产登记的登记簿册进行更正登记，把不动产的权属返还给对方当事人。这里所说的根据案件的具体情况单独或者合并适用，主要是针对不动产的返还，因为普通的动产返还，转移占有即完成所有权的变动，不存在更正登记簿册记载的问题。

不过，如果返还的是准不动产，如机动车、船舶、航空器等，也存在返还财产时的过户登记簿册的问题。因此，也要更正登记簿册的记载。

（2）折价补偿

合同不成立、无效、被撤销或者确定不发生效力，应当返还财产；但是，经审查，财产不能返还或者没有必要返还的，依照《民法典》第157条的规定，可以折价补偿。

如何进行折价补偿，本条规定，法院应当以认定合同不成立、无效、被撤销或者确定不发生效力之日为基准日。确定在该基准日，该财产的市场价值计算，也可以以其他合理方式计算返还原物的价值。按照这两种方法作为基准，判决折价补偿的具体数额。

2. 损失赔偿

《民法典》第157条规定，有过错的一方应当赔偿对方由此所受到的损失；各方都有过错的，应当各自承担相应的责任。按照这一规定，对于合同不成立、无效、被撤销或者不发生法律效力造成的损失，受损害一方有权请求损失赔偿。这种损失赔偿实行过错责任原则，一方有过错，赔偿对方的损失，各方有过错，应当各自承担赔偿责任。

对此，本条规定，除前款规定返还原物和折价补偿的情形外，当事人还请求赔偿损失的，法院应当结合财产返还或者折价补偿的情况，综合考虑财产增值收益和贬值损失、交易成本的支出等事实，按照双方当事人的过错程度及原因力大小，根据诚信原则和公平原则，合理确定损失赔偿额。

按照这一规定，在确定损失赔偿时应当特别强调的，一是要看财产返还或者折价补偿的情况，除此之外造成的损失才是应当赔偿的标的。二是确定损失赔偿数额，要综合考虑财产增值收益和贬值损失，同时也要考虑交易成本的支出，根据这些情况，确定具体的损失赔偿责任的范围。三是要按照双方当事人的过错程度及原因力大小，确定具体的损失赔偿数额。目前，确认过错程度以及原因力大小，在司法实践中已经不是难题，综合确定即可。四是在确定赔偿数额时，还要考虑诚信原则和公平原则，使确定的损失数额公平合理，不能形成显失公平的赔偿结果。

3. 构成违法的司法建议、刑事移送或者自诉

在合同不成立、无效、被撤销或者确定不发生法律效力时，可能会存在一方当事人的违法行为，包括违反行政法规或者触犯刑律。对此，本条规定可以采用以下方法解决存在的违法行为：

一是合同不成立、无效、被撤销或者确定不发生效力，当事人的行为涉嫌违法且未经处理，可能导致一方或者双方通过违法行为获得不当利益的，法院应当向有关行政管理部门提出司法建议，由有关行政管理部门依法处理。

二是当事人的行为涉嫌犯罪的，应当将案件线索移送刑事侦查机关，由侦查机关依法处理。

三是如果当事人的行为涉嫌的犯罪属于刑事自诉案件，应当告知当事人可以向有管辖权的法院另行提起刑事诉讼。

第二十五条 价款返还及其利息计算

合同不成立、无效、被撤销或者确定不发生效力，有权请求返还价款或者报酬的当事人一方请求对方支付资金占用费的，人民法院应当在当事人请求的范围内按照中国人民银行授权全国银

行间同业拆借中心公布的一年期贷款市场报价利率（LPR）计算。但是，占用资金的当事人对于合同不成立、无效、被撤销或者确定不发生效力没有过错的，应当以中国人民银行公布的同期同类存款基准利率计算。

双方互负返还义务，当事人主张同时履行的，人民法院应予支持；占有标的物的一方对标的物存在使用或者依法可以使用的情形，对方请求将其应支付的资金占用费与应收取的标的物使用费相互抵销的，人民法院应予支持，但是法律另有规定的除外。

【民法典条文】

第一百五十七条 民事法律行为无效、被撤销或者确定不发生效力后，行为人因该行为取得的财产，应当予以返还；不能返还或者没有必要返还的，应当折价补偿。有过错的一方应当赔偿对方由此所受到的损失；各方都有过错的，应当各自承担相应的责任。法律另有规定的，依照其规定。

【相关司法解释】

《最高人民法院关于审理城镇房屋租赁合同纠纷案件具体应用法律若干问题的解释》（2020）

第四条 房屋租赁合同无效，当事人请求参照合同约定的租金标准支付房屋占有使用费的，人民法院一般应予支持。

当事人请求赔偿因合同无效受到的损失，人民法院依照民法典第一百五十七条和本解释第七条、第十一条、第十二条的规定处理。

《全国法院民商事审判工作会议纪要》

34. 【价款返还】双务合同不成立、无效或者被撤销时，标的物返还与价款返还互为对待给付，双方应当同时返还。关于应否支付利息问题，只要一方对标的物有使用情形的，一般应当支付使用费，该费用可与占有价款一方应当支付的资金占用费相互抵销，故在一方返还原物前，另一方仅须支付本金，而无须支付利息。

《最高人民法院关于审理城镇房屋租赁合同纠纷案件具体应用法律若干问题的解释》（2009）

第五条 房屋租赁合同无效，当事人请求参照合同约定的租金标准支付房屋占有使用费的，人民法院一般应予支持。

当事人请求赔偿因合同无效受到的损失，人民法院依照合同法的有关规定和本司法解释第九条、第十三条、第十四条的规定处理。

【条文要义】

本条是对合同不成立、无效、被撤销或者确定不发生法律效力请求返还价款、报酬或者财物及其资金占用费、财物使用费计算方法的解释。

关于合同不成立、无效、被撤销或者确定不发生效力后，请求返还价款或者报酬及其利息，在以往对《合同法》的司法解释中没有作出一般规定。2009年《最高人民法院关于审理城镇房屋租赁合同纠纷案件具体应用法律若干问题的解释》第5条规定了一个规则，即确定房屋租赁合同无效，可以请求参照合同约定的租金标准支付房屋占用使用费。《全国法院民商事审判工作会议纪要》第34条规定，双务合同不成立、无效或者被撤销时，标的物返还与价款返还互为对待给付，可以主张对标的物有使用情形的应当支付使用费，还可以与占用的资金占用费相互抵销。本条总结上述司法解释的经验，作出规定。

返还财产，是《民法典》第157条规定的民事法律行为无效、被撤销或者确定不发生效力（也包括合同不成立）后，应当承担的第一种责任方式。在返还财产中，除返还原物外，还存在返还资金占用费以及占有标的物一方对标的物存在使用或者依法可以使用而应当支付使用费的问题。这些问题，《民法典》第157条都没有作出规定，但是在司法实践中都存在，需要有统一的裁判规则。本条解决的就是这个问题。

1. 返还价款或者报酬的资金占用费

当事人相互之间的合同被认定为不成立、无效、被撤销或者确定不发生效力的，当事人互负返还原物的责任。如果合同当事人一方占有对方的价款或者报酬等金钱，在返还时存在是否应当支付和怎样支付资金占用费的问题。任何使用他人金钱的行为，都会产生法定孳息，如属于借贷之债，产生的法定孳息就是利息，如果因其他原因占用他人的金钱，产生的法定孳息就是资金占用费。

无论何种合同，在不成立、无效、被撤销或者确定不发生效力后，有权请求返还价款或者报酬的当事人一方，可以请求对方支付资金占用费。本条第1款对此采取明确的支持态度。

具体计算支付资金占用费的规则是，区分返还价款或者报酬的一方有无过错，采取不同的方法计算应当支付的资金占用费。

（1）当事人有过错

占用资金的当事人，对合同的不成立、无效、被撤销或者确定不发生效力有过错的，应当在当事人请求的范围内，按照中国人民银行授权全国银行间同业拆借中心公布的一年期贷款市场报价利率

（LPR）计算。

贷款市场报价利率（Loan Prime Rate，LPR）是由具有代表性的报价行，根据本行对最优质客户的贷款利率，以公开市场操作利率（主要指中期借贷报价利率）加点形成的方式报价，由中国人民银行授权全国银行间同业拆借中心计算并公布的基础性的贷款参考利率，各金融机构应主要参考 LPR 进行贷款定价。

现行的 LPR 包括 1 年期和 5 年期以上两个品种。LPR 市场化程度较高，能够充分反映信贷市场资金供求情况，使用 LPR 进行贷款定价，可以促进形成市场化的贷款利率，提高市场利率向信贷利率的传导效率。

本条第 1 款规定，对有过错的一方当事人承担返还资金的，按照中国人民银行授权全国银行间同业拆借中心公布的一年期贷款市场报价利率（LPR）计算资金占用费。这个计算标准较高，有过错的当事人承担资金占用费的，适用这一标准。

（2）当事人无过错

占用资金的当事人对合同不成立、无效、被撤销或者确定不发生效力没有过错的，应当以中国人民银行公布的同期同类存款基准利率计算。

存款基准利率，是中国人民银行公布的商业银行存款的指导性利率。在我国，以中国人民银行对国家专业银行和其他金融机构规定的存贷款利率为基准利率。具体而言，民众把银行一年定期存款利率作为市场基准利率指标，银行则是把隔夜拆借利率作为市场基准利率。

在这两种方法中，有过错的一方当事人支付资金占用费，采用的标准是贷款利率，也就是中国人民银行授权全国银行间同业拆借中心公布的同期贷款市场报价利率。没有过错的当事人支付资金占用费，采用的标准是中国人民银行公布的同期同类存款基准利率。一个是用贷款利率，另一个是用存款利率，就区别了应当支付资金占用费的一方当事人有过错还是无过错，体现了对过错一方的惩戒态度。

2. 占有标的物一方对标的物存在使用或者依法可以使用的标的物使用费

本条没有专门规定在合同不成立、无效、被撤销或者确定不发生效力，占有对方标的物的一方对标的物有使用或者依法可以使用的，应当支付标的物使用费的规则，只是在本条第 2 款关于抵销的规定中提到了这种情形。其实，这是一种在单独返还原物时附带的问题，是应当单独列出来的。

在当事人之间订立合同之后，一方占有了对方交付的合同标的物，在合同不成立、无效、被撤销或者确定不发生效力后，在返还已经交付的合同标的物的同时，如果占有对方交付的合同标的物的一方，存在使用或者依法可以使用的情形，就存在支付标的物使用费的问题。在返还财产中，如果请求权人提出在返还合同标的物的同时，应当支付标的物使用费的，法院应予支持，因为这和资金占用费的性质是相同的，是返还原物应当承担的附带义务。

本条也没有规定返还财产时支付标的物使用费的计算方法。对此，应当按照通常的租用同类物品的租金计算。在这里也应当区分一方当事人对合同的不成立、无效、被撤销或者确定不发生效力有过错或者无过错，在支付标的物使用费时，应当有所区别，可以借鉴同种类的物的租金费用标准。

3. 支付资金占用费与标的物使用费的抵销

本条第 2 款规定的内容分为以下两个层次。

（1）互负返还义务的同时履行

合同不成立、无效、被撤销或者确定不发生效力，如果双方互负返还义务，当事人主张同时履行的，法院应予支持。这里的履行，主要是指对占有的标的物的返还，也包括支付资金占用费和标的物使用费同时履行。对双方互负返还的，也应当区分过错方和无过错方在资金占用费和财物使用费的计算方法。

（2）资金占用费与标的物使用费的抵销

在同时履行返还财产义务中，一方当事人支付资金占用费，另一方当事人支付标的物使用费的，也互负资金支付的义务。因此，是可以抵销的。这就是，占有标的物的一方对标的物存在使用或者依法可以使用的情形，对方请求将其应支付的资金占用费与应收取的标的物使用费相互抵销的，法院依法予以支持。但是，如果法律另有规定的，如有不得抵销约定的，就不适用这一规定。

第四章　合同的履行

第二十六条　从非主要债务的履行与救济

当事人一方未根据法律规定或者合同约定履行开具发票、提供证明文件等非主要债务，对方请求继续履行该债务并赔偿因怠于履行该债务造成的损失的，人民法院依法予以支持；对方请求解除合同的，人民法院不予支持，但是不履行该债务致使不能实现合同目的或者当事人另有约定的除外。

【民法典条文】

第五百零九条　当事人应当按照约定全面履行自己的义务。

当事人应当遵循诚信原则，根据合同的性质、目的和交易习惯履行通知、协助、保密等义务。

当事人在履行合同过程中，应当避免浪费资源、污染环境和破坏生态。

第五百六十三条　有下列情形之一的，当事人可以解除合同：

（一）因不可抗力致使不能实现合同目的；

（二）在履行期限届满前，当事人一方明确表示或者以自己的行为表明不履行主要债务；

（三）当事人一方迟延履行主要债务，经催告后在合理期限内仍未履行；

（四）当事人一方迟延履行债务或者有其他违约行为致使不能实现合同目的；

（五）法律规定的其他情形。

以持续履行的债务为内容的不定期合同，当事人可以随时解除合同，但是应当在合理期限之前通知对方。

【相关司法解释】

《最高人民法院关于审理买卖合同纠纷案件适用法律问题的解释》（2020）

第十九条 出卖人没有履行或者不当履行从给付义务，致使买受人不能实现合同目的，买受人主张解除合同的，人民法院应当根据民法典第五百六十三条第一款第四项的规定，予以支持。

《最高人民法院关于审理买卖合同纠纷案件适用法律问题的解释》（2012）

第二十五条 出卖人没有履行或者不当履行从给付义务，致使买受人不能实现合同目的，买受人主张解除合同的，人民法院应当根据合同法第九十四条第（四）项的规定，予以支持。

【条文要义】

本条是对不履行合同的非主要债务应当采用的救济方法的解释。

依照《民法典》第509条第1款的规定，当事人应当按照约定全面履行自己的债务。同样，《民法典》第563条规定了合同的法定解除权，具备该条规定的违约情形，对方享有合同解除权，可以依法解除合同。不过，在一般理解上，产生法定解除权的违约行为，应当是违反合同的主要债务。对于违反合同的非主要债务也就是从给付义务，是否可以导致对方当事人产生法定解除权，《民法典》没有规定。

2012 年《最高人民法院关于审理买卖合同纠纷案件适用法律问题的解释》第 25 条规定了一个原则，就是出卖人没有履行或者不当履行从给付债务，致使买受人不能实现合同目的，买受人产生法定解除权，可以主张解除合同。这一司法解释非常重要，因此，在 2020 年重新修订的《最高人民法院关于审理买卖合同纠纷案件适用法律问题的解释》第 19 条重申了这一规则。

本条将买卖合同中的这一规则进一步规定为合同解除的一般性规则，具有重要意义。

非主要债务即从给付义务对应的是主要债务即主给付义务。非主要债务是指不具有独立意义，仅具有补足主要债务的功能，存在的目的不在于决定合同的类型，而在于确保债权人的利益能够获得最大满足的合同债务。

所以，非主要债务依附并辅助主要债务的履行，从而使债权人的利益得到最大限度满足。《民法典》第 785 条规定的"承揽人应当按照定作人的要求保守秘密，未经定作人许可，不得留存复制品或者技术资料"债务，就是非主要债务。本条规定的非主要债务，列举的是当事人一方未根据法律规定或者合同约定履行开具发票、提供证明文件等非主要债务，进而规定违反非主要债务的救济措施。

1. 违反非主要债务的继续履行和损失赔偿

在合同履行过程中，当事人负有的主要债务不履行，应当承担违约责任，请求对方继续履行，主张对方承担其他违约责任，包括损失赔偿。对当事人违反非主要债务应当怎样救济，《民法典》没有作出具体规定，对此，本条予以明确。

当一方当事人违反非主要债务，对方请求继续履行该债务并请求赔偿因怠于履行该非主要债务造成的损失的，法院依法予以支持，判决继续履行非主要债务，或者给予损失赔偿。

对违反非主要债务的继续履行和损失赔偿责任，其实还是《民法典》第577条规定的继续履行和赔偿损失的违约责任。在司法实践中，确认违反非主要债务的当事人承担继续履行和损害赔偿的违约责任，仍然应当适用《民法典》的这一条文。

2. 非主要债务不履行原则上不能解除合同

一方当事人违反合同约定的非主要债务，对方可否主张解除合同，《民法典》没有明确规定，2020年《最高人民法院关于审理买卖合同纠纷案件适用法律问题的解释》第19条规定，出卖人没有履行或者不当履行从给付债务，致使买受人不能实现合同目的，买受人主张解除合同的，法院应当根据《民法典》第563条第1款第4项的规定予以支持。这是在特别强调，出卖人没有履行或者不当履行非主要债务的行为，致使买受人不能实现合同目的，当事人可以请求解除合同。

上述这个规则当然没有问题。但是，就一般情况而言，合同一方当事人不履行非主要债务，原则上是不能主张解除合同的，因为合同的主要债务已经履行完毕，只是非主要债务没有履行，合同的主要目的已经实现。如果对方当事人因此请求解除合同，法院不应当支持。

但是，在另外的情况下，就像《最高人民法院关于审理买卖合同纠纷案件适用法律问题的解释》第19条规定的那样，一方当事人不履行非主要债务，致使不能实现合同目的的，对方当事人当然可以主张解除合同，法院应当支持解除合同的主张。

　　还有一种情况是，当事人对非主要债务不履行约定可以解除合同的，即将此约定为解除权产生条件的，一旦当事人不履行非主要债务，触发约定解除权行使的条件，对方就产生约定解除权，当然可以主张解除合同。

第二十七条　　**债务履行期限届满后达成的以物抵债协议**

　　债务人或者第三人与债权人在债务履行期限届满后达成以物抵债协议，不存在影响合同效力情形的，人民法院应当认定该协议自当事人意思表示一致时生效。

　　债务人或者第三人履行以物抵债协议后，人民法院应当认定相应的原债务同时消灭；债务人或者第三人未按照约定履行以物抵债协议，经催告后在合理期限内仍不履行，债权人选择请求履行原债务或者以物抵债协议的，人民法院应予支持，但是法律另有规定或者当事人另有约定的除外。

　　前款规定的以物抵债协议经人民法院确认或者人民法院根据当事人达成的以物抵债协议制作成调解书，债权人主张财产权利自确认书、调解书生效时发生变动或者具有对抗善意第三人效力的，人民法院不予支持。

　　债务人或者第三人以自己不享有所有权或者处分权的财产权利订立以物抵债协议的，依据本解释第十九条的规定处理。

【民法典条文】

　　第五百五十七条　有下列情形之一的，债权债务终止：

　　（一）债务已经履行；

（二）债务相互抵销；

（三）债务人依法将标的物提存；

（四）债权人免除债务；

（五）债权债务同归于一人；

（六）法律规定或者当事人约定终止的其他情形。

合同解除的，该合同的权利义务关系终止。

【相关司法解释】

《全国法院民商事审判工作会议纪要》

44.【履行期届满后达成的以物抵债协议】当事人在债务履行期限届满后达成以物抵债协议，抵债物尚未交付债权人，债权人请求债务人交付的，人民法院要着重审查以物抵债协议是否存在恶意损害第三人合法权益等情形，避免虚假诉讼的发生。经审查，不存在以上情况，且无其他无效事由的，人民法院依法予以支持。

当事人在一审程序中因达成以物抵债协议申请撤回起诉的，人民法院可予准许。当事人在二审程序中申请撤回上诉的，人民法院应当告知其申请撤回起诉。当事人申请撤回起诉，经审查不损害国家利益、社会公共利益、他人合法权益的，人民法院可予准许。当事人不申请撤回起诉，请求人民法院出具调解书对以物抵债协议予以确认的，因债务人完全可以立即履行该协议，没有必要由人民法院出具调解书，故人民法院不应准许，同时应当继续对原债权债务关系进行审理。

【条文要义】

本条是对认定债务履行期限届满后达成的以物抵债协议的效力

的解释。

在对合同履行的解释中，对以物抵债规则的解释是最有价值的。《民法典》和原《合同法》都没有规定以物抵债。在实际生活中，以物抵债协议大量存在，情形比较复杂。从订立目的、达成时间、表现形式、内容实质属性等方面来看，以物抵债协议呈现出多种类型，引发的法律后果亦存在较大差异，对以物抵债协议的性质及效力的认定，不能简单套用传统民法中的代物清偿制度。

用以物抵债的方式履行债务，虽然原《合同法》没有规定，有关《合同法》的司法解释也没有规定，但是，在理论上和实践上都非常重视，有比较深入的理论探讨，也有比较丰富的司法实践经验。因此，《全国法院民商事审判工作会议纪要》第44条对履行期限届满后达成的以物抵债协议的效力作出了明确规定。本条在此基础上，作出了这一规定。

以物抵债，是合同双方当事人经协议，以他种给付来替代原定给付而消灭债务的法律行为；或者是债务人与债权人约定，以债务人或经第三人同意的第三人所有的财产折价归债权人所有，用以消灭债务人对债权人所负金钱债务的协议。实务中常见的以物抵债协议，有债务履行期限届满后达成的以物抵债协议和债务履行期限届满前达成的以物抵债协议两种形式。本条解释的是前者，第28条解释的是后者。

对以物抵债协议是否发生消灭合同义务的效果，在理论上和实务中一直存在不同看法。本条确认，在合同履行期限届满后达成的以物抵债协议，承认其消灭债权债务关系的效力。

就债务履行期限届满后达成的以物抵债协议，本条规定了以下四个规则。

1. 以物抵债协议的生效时间

双方当事人订立合同后，如果不存在不成立、无效、被撤销或者确定不发生效力的情形，也就是合同正常履行，如果债务人或者第三人与债权人在债务履行期限届满后达成以物抵债协议，不存在影响合同效力情形的，以物抵债协议就发生法律效力，消灭约定范围内的债权债务关系。

对以物抵债协议的生效时间，《民法典》和以往的司法解释也都没有明确规定。本条第 1 款规定，当事人达成了以物抵债的协议，应当认定该协议自当事人意思表示一致时生效，发生以物抵债消灭债的关系的效果。

这里要特别说明第三人是否对债务履行具有合法利益要件的问题。以往在司法实践中，对第三人主张以物抵债的，通常有这样的要求，即合同关系以外的第三人，须债务履行并非与其无关，而是影响到自己的利益。这样的第三人就对债务履行具有合法利益，可以以物抵债。事实上，第三人是否对债务履行具有合法利益，在确定以物抵债的效力时并不重要，即使对债务履行不具有合法利益的第三人，对债务人的债务提供以物抵债的，也发生效力。

2. 以物抵债的效力及违反以物抵债协议对方当事人的选择权

本条第 2 款规定了两个规则：一是以物抵债履行后的效果；二是债务人不履行以物抵债协议的债权人享有选择权。

（1）以物抵债协议履行后的效果

当事人之间的以物抵债协议生效后，债务人或者第三人应当履行以物抵债协议的约定，把以物抵债的"物"交付给债权人，履行完毕以物抵债协议的债务，就发生以物抵债的法律效果，当事人之间相应的债权债务关系同时消灭，债权人的债权得以实现。

（2）债务人不履行以物抵债协议的债权人选择权

以物抵债协议生效后，债务人或者第三人有可能不履行以物抵债的义务，对此，本条第2款规定了债务人不履行以物抵债协议的，债权人享有对补救措施的选择权。具体的规则是，如果债务人或者第三人未按照约定履行以物抵债协议，经催告后在合理期限内仍不履行，债务人或者第三人应当承担两种不同的责任，以保障债权人债权的实现。这两种责任，一是继续履行原协议；二是履行以物抵债协议。

对这两种不同责任方式，构成法定的选择之债，债权人有权选择请求履行原债务，或者履行以物抵债协议。债权人作出选择后，债务人或者第三人应当履行。对此，法院应予支持。

这里没有说债权人不行使选择权的情形。依照《民法典》第516条的规定，这时的选择权转移给债务人或者第三人，由债务人或者第三人选择是履行原协议还是履行以物抵债协议。对此，债权人提出异议的，法院不应当支持。

对于究竟是履行原协议的债务，还是履行以物抵债协议约定的债务，如果法律另有规定或者当事人另有约定，则应当依照法律规定或者当事人的约定，不能由债权人选择。

3. 以物抵债的确认书、调解书不能直接发生物权变动或者对抗善意第三人的效力

以物抵债的协议生效以后，消灭相应的债权债务关系。这是合同债务履行后的法律后果。

但是，以物抵债所交付的标的物，其权利自何时转移、怎样转移，并不是在以物抵债协议生效后就自然发生，而要根据财产权利转移的规则，确认财产权利的转移。

本条第 3 款规定，前款规定的以物抵债协议经人民法院确认或者人民法院根据当事人达成的以物抵债协议制作成调解书，也不直接发生用于抵债的财产权利变动的结果。因为这是债的关系，不是物权关系，不适用物权变动规则。如果债权人主张财产权利自确认书、调解书生效时，以物抵债的标的物的权利就移转至债权人，或者具有对抗善意第三人效力的，不符合这样的要求。所以，法院对这一主张不予支持。在这种情况下，不适用《民法典》第 229 条规定的关于人民法院、仲裁机构的法律文书或者人民政府的征收决定等，导致物权设立、变更、转让或者消灭的，自法律文书或者征收决定等生效时发生效力。之所以如此，是因为法院确认当事人达成的以物抵债协议制作的调解书，并没有直接确定以物抵债标的物的权利转移，仅仅确认的是债权。同时，这样的规定也能够防止债权人借以物抵债的方法，抢先获得以物抵债标的物的权利，对抗其他平等债权。但是，如果法院作出的判决确认以物抵债发生权利转移效力的，则发生物权变动的结果，可以对抗善意第三人。

4. 以物抵债的无权处分

当事人协议以物抵债，债务人或者第三人用以抵债的标的物，应当有所有权、其他财产权利或者享有处分权，不然就构成无权处分，因而不发生以物抵债消灭债务的效力。

由于以物抵债的债务人或者第三人对用于抵债的标的物没有所有权等财产权利，或者没有处分权，构成无权处分。对此，对债务人或者第三人以自己不享有所有权或者处分权的财产权利订立以物抵债协议的具体处理规则，应当适用本司法解释第 19 条关于无权处分具体规则的规定，即合同有效，不能履行的也应当承担违约责任。

第二十八条　债务履行期届满前达成的以物抵债协议

债务人或者第三人与债权人在债务履行期限届满前达成以物抵债协议的，人民法院应当在审理债权债务关系的基础上认定该协议的效力。

当事人约定债务人到期没有清偿债务，债权人可以对抵债财产拍卖、变卖、折价以实现债权的，人民法院应当认定该约定有效。当事人约定债务人到期没有清偿债务，抵债财产归债权人所有的，人民法院应当认定该约定无效，但是不影响其他部分的效力；债权人请求对抵债财产拍卖、变卖、折价以实现债权的，人民法院应予支持。

当事人订立前款规定的以物抵债协议后，债务人或者第三人未将财产权利转移至债权人名下，债权人主张优先受偿的，人民法院不予支持；债务人或者第三人已将财产权利转移至债权人名下的，依据《最高人民法院关于适用〈中华人民共和国民法典〉有关担保制度的解释》第六十八条的规定处理。

【民法典条文】

第四百零一条　抵押权人在债务履行期限届满前，与抵押人约定债务人不履行到期债务时抵押财产归债权人所有的，只能依法就抵押财产优先受偿。

第四百二十八条　质权人在债务履行期限届满前，与出质人约定债务人不履行到期债务时质押财产归债权人所有的，只能依法就质押财产优先受偿。

【相关司法解释】

《全国法院民商事审判工作会议纪要》

45.【履行期届满前达成的以物抵债协议】当事人在债务履行期届满前达成以物抵债协议，抵债物尚未交付债权人，债权人请求债务人交付的，因此种情况不同于本纪要第71条规定的让与担保，人民法院应当向其释明，其应当根据原债权债务关系提起诉讼。经释明后当事人仍拒绝变更诉讼请求的，应当驳回其诉讼请求，但不影响其根据原债权债务关系另行提起诉讼。

《最高人民法院关于适用〈中华人民共和国民法典〉有关担保制度的解释》

第六十八条 债务人或者第三人与债权人约定将财产形式上转移至债权人名下，债务人不履行到期债务，债权人有权对财产折价或者以拍卖、变卖该财产所得价款偿还债务的，人民法院应当认定该约定有效。当事人已经完成财产权利变动的公示，债务人不履行到期债务，债权人请求参照民法典关于担保物权的有关规定就该财产优先受偿的，人民法院应予支持。

债务人或者第三人与债权人约定将财产形式上转移至债权人名下，债务人不履行到期债务，财产归债权人所有的，人民法院应当认定该约定无效，但是不影响当事人有关提供担保的意思表示的效力。当事人已经完成财产权利变动的公示，债务人不履行到期债务，债权人请求对该财产享有所有权的，人民法院不予支持；债权人请求参照民法典关于担保物权的规定对财产折价或者以拍卖、变卖该财产所得的价款优先受偿的，人民法院应予支持；债务人履行债务后请求返还财产，或者请求对财产折价或者以拍卖、变卖所得的价款清偿债务的，人民法院应予支持。

债务人与债权人约定将财产转移至债权人名下，在一定期间后再由债务人或者其指定的第三人以交易本金加上溢价款回购，债务人到期不履行回购义务，财产归债权人所有的，人民法院应当参照第二款规定处理。回购对象自始不存在的，人民法院应当依照民法典第一百四十六条第二款的规定，按照其实际构成的法律关系处理。

【条文要义】

本条是对认定债务履行期届满前达成的以物抵债协议的效力的解释。

《全国法院民商事审判工作会议纪要》第 45 条也规定了履行期限届满前达成的以物抵债协议的效力的规则。在此基础上，本条对履行期限届满前达成的以物抵债协议的效力作出了准确规定。

债务人或者第三人与债权人在合同履行期限届满之前达成的以物抵债协议，也是消灭债务、实现债权的方法。由于这种以物抵债协议发生在合同履行期限届满之前，涉及合同法其他规则的适用问题。

1. 认定债务履行期限届满前达成的以物抵债协议效力的一般要求

对债务履行期限届满后达成的以物抵债协议，只要不存在无效或者未生效的情形，就发生法律效力。由于债务履行期限届满之前达成的以物抵债协议，是发生在债务履行期尚未届至之前，债务人还不需要立即履行债务。因此，确认债务履行期限届满前达成的以物抵债协议的效力，与认定债务履行期限届满后达成的以物抵债协议效力的规则并不相同。

对此，本条第 1 款规定的认定方法是，债务人或者第三人与债权人在债务履行期限届满前达成以物抵债协议的，法院应当在审理债权债务关系的基础上认定该协议的效力。

审理债权债务关系的基础，是指法院在审理以物抵债协议时，由于是在合同履行期限届满前签订的协议，因而不能仅根据以物抵债协议进行审理，还要审理双方当事人之间存在的债权债务关系，确认当事人之间的债权债务关系合法有效。如果当事人之间的债权债务关系不成立、无效、被撤销或者确定不发生效力，就不存在以物抵债的问题。当事人之间的债权债务关系合法有效，是以物抵债协议发生效力的基础。只有作出这样的确认，双方当事人之间的基础债权债务关系才应当确认和履行，在债务履行期限届满之前达成的以物抵债协议应当认定为有效。

其实，在债务履行期限届满之前达成的以物抵债协议，在某种意义上说，可以视为合同变更，理由是，合同原本约定了债务履行方式，在债务履行期限届满之前，当事人达成以物抵债的协议，实际上是对债务履行方式作出了变更。因此，与债务履行期限届满之后达成的以物抵债协议的性质是不同的。

2. 实现以物抵债的具体方法

由于当事人约定的以物抵债协议是用标的物抵偿合同债务，当债务人或者第三人用标的物清偿对债权人的债务时，要用正当的方法进行，防止出现类似于抵押或质押中会出现的流押、流质问题。

首先，实现以物抵债协议实现债务履行的最好方法，就是对抵债财产进行拍卖、变卖或者折价，用以实现债权。这是最公平的抵债方法。所以，当事人约定债务人到期没有清偿债务，债权人可以对抵债财产进行拍卖、变卖、折价，以实现债权的，法院应当认定合同有效，按照约定实现以物抵债。正因为如此，债权人请求对抵债财产拍卖、变卖、折价以实现债权的，法院应予支持。这种实现以物抵债的方法，类似于担保物权实现的方法。

其次，实现以物抵债协议完成债务履行，禁止约定将抵债财产的权利归债权人所有。这种做法类似于抵押中的流押和质押中的流质，会产生不公平的后果，损害一方当事人的权益。所以，当事人约定债务人到期没有清偿债务，抵债财产的权利归债权人所有的，法院应当认定约定直接转移抵债财产权利的约定无效。不过，这只是转移所有权抵债方法的约定无效，并不影响以物抵债协议中其他约定的效力。

3. 以物抵债标的物的权利转移效力

以物抵债协议的关键之处，在于以债务人和第三人提供的标的物的权利实现债权人的债权，消灭债务人的债务。因此，以物抵债协议的实现，应当以抵债财产的权利转移为准，特别是只有在抵债财产的权利转移后才产生对抗第三人的效力。本条第3款从两个方面规定这个规则。

一方面，当事人订立前款规定的以物抵债协议后，债务人或者第三人未将财产权利移转至债权人名下，债权人主张优先受偿的，法院不予支持。这样的规定是正确的，因为以物抵债协议产生的是债权，并不具有物权效力。例如，将债务人或者第三人的不动产交付给债权人，并没有把不动产的权利进行过户，在这种情况下，以物抵债协议仍然还是一个平等债权，不具有对抗第三人的效力。

另一方面，债务人或者第三人已经将财产的权利转移至债权人名下的，依据《最高人民法院关于适用〈中华人民共和国民法典〉有关担保制度的解释》第 68 条的规定处理，也就是依据让与担保的规则处理，这些规则是：

第一，债务人或者对债务履行具有合法利益的第三人与债权人约定将财产在形式上转移至债权人名下，债务人不履行到期债务，债权人有权对财产折价或者以拍卖、变卖该财产所得价款偿还债务的，法院应当认定该约定有效。当事人已经完成财产权利变动的公示，债务人不履行到期债务，债权人请求参照《民法典》关于担保物权的有关规定，就该财产优先受偿的，法院应予支持。

第二，债务人或者第三人与债权人约定将财产形式上转移至债权人名下，债务人不履行到期债务，财产归债权人所有的，法院应当认定该约定无效，但是不影响当事人有关提供担保的意思表示的效力。当事人已经完成财产权利变动的公示，债务人不履行到期债务，债权人请求对该财产享有所有权的，法院不予支持；债权人请求参照《民法典》关于担保物权的规定对财产折价或者以拍卖、变卖该财产所得的价款优先受偿的，法院应予支持；债务人履行债务后请求返还财产，或者请求对财产折价或者以拍卖、变卖所得的价款清偿债务的，法院应予支持。

第三，债务人与债权人约定将财产转移至债权人名下，在一定期间后再由债务人或者其指定的第三人以交易本金加上溢价款回购，债务人到期不履行回购义务，财产归债权人所有的，法院应当参照前述规定处理。回购对象自始不存在的，法院应当依照《民法典》第 146 条第 2 款的规定处理，即按照隐藏行为中被隐藏的法律关系处理。

第二十九条　向第三人履行的合同

民法典第五百二十二条第二款规定的第三人请求债务人向自己履行债务的，人民法院应予支持；请求行使撤销权、解除权等民事权利的，人民法院不予支持，但是法律另有规定的除外。

合同依法被撤销或者被解除，债务人请求债权人返还财产的，人民法院应予支持。

债务人按照约定向第三人履行债务，第三人拒绝受领，债权人请求债务人向自己履行债务的，人民法院应予支持，但是债务人已经采取提存等方式消灭债务的除外。第三人拒绝受领或者受领迟延，债务人请求债权人赔偿因此造成的损失的，人民法院依法予以支持。

【民法典条文】

第五百二十二条　当事人约定由债务人向第三人履行债务，债务人未向第三人履行债务或者履行债务不符合约定的，应当向债权人承担违约责任。

法律规定或者当事人约定第三人可以直接请求债务人向其履行债务，第三人未在合理期限内明确拒绝，债务人未向第三人履行债务或者履行债务不符合约定的，第三人可以请求债务人承担违约责任；债务人对债权人的抗辩，可以向第三人主张。

【条文要义】

本条是对向第三人履行的合同第三人请求履行或者拒绝受领规则的解释。

向第三人履行,通过体系解释、法意解释、比较法解释,可以且应该肯定第三人享有履行请求权,有权请求债务人向自己履行债务。对此,以往的司法解释没有作出过具体规定。对如何适用《民法典》第522条第2款的规定,本条针对存在的问题,用三款规定了明确的法律适用规则。

1. 第三人请求债务人向自己履行

在向第三人履行合同中,第三人请求债务人向自己履行的规则包括本条第1款和第2款规定的以下两点。

第一,在合同履行中,当事人依照《民法典》第522条第1款的规定,由债务人向第三人履行债务的,债务人应当向第三人履行债务。依照当事人的这一约定,该第三人有权请求债务人向自己履行;第2款又规定,法律规定或者当事人约定,第三人可以直接向债务人请求履行债务。因此,本条司法解释第1款规定:"民法典第五百二十二条第二款规定的第三人请求债务人向自己履行债务的,人民法院应予支持。"

第二,法律规定或者当事人约定,第三人可以直接向债务人请求履行债务,第三人也没有在合理期限内明确拒绝,第三人对债务人的履行请求权就依法成立。必须看到的是,向第三人履行,第三人并不是原合同法律关系的当事人,更不是债权人,他只享有接受履行的受领权,不享有债权人的其他任何民事权利。所以,本条第1款又规定:第三人"请求行使撤销权、解除权等民事权利的,人民法院不予支持"。这就是说,第三人请求债务人履行只享有请求履行的受领权,并不享有债权人的其他民事权利。第三人主张行使撤销权、解除权,行使的都是债权人的权利,没有债权人的授权,第三人主张行使撤销权、解除权都没有法律根据,所以,法院不予支持,应当予以驳回。但是，法律另有规定的，应当依照法律的规定处理，不在此限。

2. 债务人向债权人请求返还财产

债务人向第三人履行后，如果债务人与债权人之间的合同依法被撤销或者被解除，原来的合同基础就不复存在，债务人向第三人履行的法律依据已经丧失，债权人取得的履行利益就成为不当得利。对此，债务人可以直接向债权人请求返还财产，不必向第三人请求返还财产。所以，"债务人请求债权人返还财产的，人民法院应予支持"。

3. 第三人拒绝履行

当事人约定第三人可以向债务人请求履行的，第三人可以接受履行，也可以拒绝接受履行。如果第三人未在合理期限内明确拒绝履行，第三人就是接受债务人履行的受领人，有权接受债务人的履行。

本条第 3 款规定的规则如下：

第一，债务人按照约定向第三人履行债务，第三人拒绝受领的，并不发生免除债务人债务的效果，债权人仍然有权请求债务人履行。债权人请求债务人向自己履行债务的，法院应予支持。

第二，在上述情形下，债务人对第三人的履行如果采取提存等方式，已经发生了消灭债权债务关系的效果，原债权人的债权已经消灭，不能再主张债务人向自己履行债务。债权人应当接受提存等方式实现债权。

第三，向第三人履行债务，第三人可以拒绝受领。但是，如果第三人拒绝受领或者受领迟延，应当依照《民法典》第 589 条第 1 款关于"债务人按照约定履行债务，债权人无正当理由拒绝受领的，债务人可以请求债权人赔偿增加的费用"的规定，也发生债权人受领迟延或者拒绝受领的法律后果，债权人应当对债务人的损失承担责任。因此，本条第 2 款后段规定："第三人拒绝受领或者受领迟延，债务人请求债权人赔偿因此造成的损失的，人民法院依法予以支持。"

第三十条   第三人代为清偿规则的适用

下列民事主体，人民法院可以认定为民法典第五百二十四条第一款规定的对履行债务具有合法利益的第三人：

（一）保证人或者提供物的担保的第三人；

（二）担保财产的受让人、用益物权人、合法占有人；

（三）担保财产上的后顺位担保权人；

（四）对债务人的财产享有合法权益且该权益将因财产被强制执行而丧失的第三人；

（五）债务人为法人或者非法人组织的，其出资人或者设立人；

（六）债务人为自然人的，其近亲属；

（七）其他对履行债务具有合法利益的第三人。

第三人在其已经代为履行的范围内取得对债务人的债权，但是不得损害债权人的利益。

担保人代为履行债务取得债权后，向其他担保人主张担保权利的，依据《最高人民法院关于适用〈中华人民共和国民法典〉有关担保制度的解释》第十三条、第十四条、第十八条第二款等规定处理。

【民法典条文】

第五百二十四条　债务人不履行债务，第三人对履行该债务具有合法利益的，第三人有权向债权人代为履行；但是，根据债务性质、按照当事人约定或者依照法律规定只能由债务人履行的除外。

债权人接受第三人履行后，其对债务人的债权转让给第三人，但是债务人和第三人另有约定的除外。

【相关司法解释】

《最高人民法院关于适用〈中华人民共和国民法典〉有关担保制度的解释》

第十三条　同一债务有两个以上第三人提供担保，担保人之间约定相互追偿及分担份额，承担了担保责任的担保人请求其他担保人按照约定分担份额的，人民法院应予支持；担保人之间约定承担连带共同担保，或者约定相互追偿但是未约定分担份额的，各担保人按照比例分担向债务人不能追偿的部分。

同一债务有两个以上第三人提供担保，担保人之间未对相互追偿作出约定且未约定承担连带共同担保，但是各担保人在同一份合同书上签字、盖章或者按指印，承担了担保责任的担保人请求其他担保人按照比例分担向债务人不能追偿部分的，人民法院应予支持。

除前两款规定的情形外，承担了担保责任的担保人请求其他担保人分担向债务人不能追偿部分的，人民法院不予支持。

第十四条　同一债务有两个以上第三人提供担保，担保人受让债权的，人民法院应当认定该行为系承担担保责任。受让债权的担保人作为债权人请求其他担保人承担担保责任的，人民法院不予支持；该担保人请求其他担保人分担相应份额的，依照本解释第十三条的规定处理。

第十八条 承担了担保责任或者赔偿责任的担保人，在其承担责任的范围内向债务人追偿的，人民法院应予支持。

同一债权既有债务人自己提供的物的担保，又有第三人提供的担保，承担了担保责任或者赔偿责任的第三人，主张行使债权人对债务人享有的担保物权的，人民法院应予支持。

【条文要义】

本条是对第三人代为清偿法律适用规则，特别是对债务履行具有合法利益的第三人范围的解释。

第三人代为履行是一项新制度，虽然突破了债的相对性原则，但具有保护当事人合法权益的正当性基础。对第三人代为清偿的法律适用规则，特别是对"对履行债务具有合法利益的第三人"应当如何界定其范围，以往的司法解释没有作出规定，本条对此规定了新规则。

第三人代为清偿，也叫第三人履行债务。对第三人代为清偿，是《民法典》第 524 条第 1 款规定的合同制度，即："债务人不履行债务，第三人对履行该债务具有合法利益的，第三人有权向债权人代为履行；但是，根据债务性质、按照当事人约定或者依照法律规定只能由债务人履行的除外。"第 524 条第 2 款规定："债权人接受第三人履行后，其对债务人的债权转让给第三人，但是债务人和第三人另有约定的除外。"根据这一规定，对债务履行具有合法利益的第三人的范围应当怎样确定，第三人代为清偿后取得何种权利，其中担保人代为清偿后可否向其他担保人请求行使担保权利，都没有明确规定。本条对此规定了具体规则。

1. 第三人代为清偿的第三人范围

《民法典》第 524 条第 1 款规定了对债务履行具有合法利益的第三人的概念，但是对其范围并没有规定。本条第 1 款根据司法实践经验，明确规定下列民事主体，可以认定为《民法典》第 524 条第 1 款规定的"对履行债务具有合法利益的"第三人。

（1）保证人或者提供物的担保的第三人

保证合同的保证人对债权人的债权负有清偿义务，肯定是负有向债权人履行债务的第三人。提供物的担保的第三人，即第三人用自己的财产向债权人提供担保物权的担保人，是主债权债务关系中的债权人的担保人，也属于主债权债务关系的第三人。在债务人不履行债务时，保证人和担保物权的担保人都是主债权债务关系的第三人，都是对债权人负有清偿义务、具有合法利益的第三人。

（2）担保财产的受让人、用益物权人、合法占有人

这一规定中包含三种第三人，都是与担保财产有关、对债务履行具有合法利益的第三人，具体包括：

一是担保财产的受让人。在担保关系存续期间，担保人转让担保财产，由于在担保期间担保财产转让，担保财产上负担的担保物权随之转移。因此，受让人取得担保财产，同时也要受让担保财产上的担保物权，成为债权人的担保人。

二是担保财产的用益物权人。是向债权人用自己的用益物权提供担保物权的第三人。例如，债务人对债权人负有债务，第三人用自己享有的建设用地使用权向债权人提供担保物权，担保债务的履行。该担保人就是担保财产的用益物权人。

三是担保财产的合法占有人。财产权利人用自己的财产向债权人提供担保物权后，合法占有该担保物权标的物的人，就是担保财

产的合法占有人。由于该第三人占有担保财产，尽管不是担保法律关系的当事人，但是基于对担保财产的占有，也成为被担保的债权债务关系的第三人。

（3）担保财产上的后顺位担保权人

在同一个担保财产上设有先后不同顺序的担保物权，不同的担保物权人享有顺位利益。例如，在抵押权上，同一个抵押物设置了两个以上的抵押权，按照抵押权设置的先后顺序，逐一实现抵押权。顺序在前的抵押权人，优先于顺序在后的抵押权人，可以先行使、实现抵押权。因此，顺位在后的担保权人也是对履行债务具有合法利益的第三人。

（4）对债务人的财产享有合法权益且该权益将因财产被强制执行而丧失的第三人

对债务人的财产享有合法权益，与前项规定的占有担保财产的合法占有人完全不同。首先，第三人对债务人的财产享有合法权益并非一定要合法占有债务人的财产，只要享有合法权益即可；其次，也不是对担保财产享有合法权益，而是对债务人的财产享有合法权益。在第三人对债务人的财产享有合法权益时，如果债务人的财产被强制执行，第三人对债务人的财产享有的合法权益将会丧失，因而这种第三人也是对债务履行具有合法利益的第三人。

（5）债务人为法人或者非法人组织的，其出资人或者设立人

法人或者非法人组织作为债务人，出资人或者设立人原则上对法人或者非法人组织所欠债务，不负有相应义务。但是从两个角度上可以确认法人、非法人组织的出资人或者设立人也是对债务履行具有合法利益的第三人：一方面，法人、非法人组织负有债务并履行债务，法人、非法人组织的设立人、出资人当然有相应的利益关

系。另一方面，如果符合《民法典》第 83 条第 2 款规定的法人出现人格混同，法人的出资人将会被撕开公司面纱（人格混同），对公司债务承担民事责任。而非法人组织应当承担无限责任，在非法人组织不能承担全部民事责任时，设立人要承担无限责任，其利益关系重大。

正因为如此，法人、非法人组织的出资人或者设立人也是对履行债务具有合法利益的第三人。

（6）债务人为自然人的，其近亲属

如果债务人是自然人，债务人的近亲属也是对债务履行具有合法利益的第三人。这里的近亲属要不要区分顺序，是应该考量的。依照婚姻家庭法的原理，近亲属其实是分成两个不同的顺序，第一顺序是配偶、子女、父母，第二顺序是兄弟姐妹、孙子女、外孙子女和祖父母、外祖父母。在这里，使用家庭成员的概念应该更准确，这就是《民法典》第 1045 条第 3 款规定的，配偶、父母、子女和其他共同生活的近亲属为家庭成员，只有成为家庭成员，才可能发生同财共居的财产利益；不共同居住的兄弟姐妹、孙子女、外孙子女、祖父母、外祖父母，对债务人所负的债务具有合法利益的程度并不高。因此，尽管这里规定的是自然人的近亲属是对债务履行具有合法利益的第三人，但在实际上，自然人作为债务人，其家庭成员认定为对债务履行具有合法利益的第三人，更为准确。

（7）其他对履行该债务具有合法利益的第三人

这是一个兜底条款，凡是对债务人的债务履行具有合法利益的有关人，都是这里所说的第三人。例如，在转租关系中，次承租人就是对租赁债务具有合法利益的第三人。

上述列举的这些民事主体，都属于对债务履行具有合法利益的第三人，他们都可以代替债务人向债权人履行债务。至于他们愿意还是不愿意代替债务人履行债务，则由他们依据意思自治原则，行使自我决定权。

2. 已经履行债务的第三人代位取得债权人的相应债权

第三人对债务人的债务代为履行，使债务人的债务消灭，债权人的债权实现后，第三人通过自己的履行行为，能取得相应的债权人对债务人的债权。这种债权取得的方式是代位取得，也就是第三人通过代为履行的行为，在消灭了债权人对债务人的债权以后，债权人对债务人这一部分相应的债权就转移给第三人，第三人代债权人之位，取得对债务人相对应的债权。因此，本条第 2 款规定，第三人在其已经代为履行的范围内取得对债务人的债权，有权行使这一对债务人的债权，主张债务人向自己履行债务，但是不得损害债权人的利益。

3. 担保人代为履行取得相应债权后向其他担保人主张担保权利

担保人作为对债务履行具有合法利益的第三人，在对债权人代为履行债务后，可以向其他担保人主张担保权利，具体包括两种情形：一是共同担保；二是债权人有第三人的担保和有债务人提供的物的担保。对这些担保人代为履行债务、取得债权后，向其他担保人主张担保权利，《最高人民法院关于适用〈中华人民共和国民法典〉有关担保制度的解释》第 13 条、第 14 条和第 18 条第 2 款都作了明确规定处理。

《最高人民法院关于适用〈中华人民共和国民法典〉有关担保制度的解释》第 13 条规定的是：首先，同一债务有两个以上的第三人提供担保，担保人之间约定相互追偿及分担份额，承担了担保责任的担保人请求其他担保人按照约定分担份额的，法院应予支持；担保人之间约定承担连带共同担保，或者约定相互追偿但是未约定分担份额的，各担保人按照比例分担向债务人不能追偿的部分。其次，同一债务有两个以上的第三人提供担保，担保人之间未对相互追偿作出约定且未约定承担连带共同担保，但是各担保人在同一份合同书上签字、盖章或者按指印，承担了担保责任的担保人请求其他担保人按照比例分担向债务人不能追偿部分的，法院应予支持。最后，除前两种情形外，承担了担保责任的担保人请求其他担保人分担向债务人不能追偿部分的，法院不予支持。

《最高人民法院关于适用〈中华人民共和国民法典〉有关担保制度的解释》第 14 条规定，同一债务有两个以上第三人提供担保，担保人受让债权的，法院应当认定该行为系承担担保责任。受让债权的担保人作为债权人请求其他担保人承担担保责任的，法院不予支持；该担保人请求其他担保人分担相应份额的，依照前述第 13 条的规定处理。

《最高人民法院关于适用〈中华人民共和国民法典〉有关担保制度的解释》第 18 条第 2 款规定，同一债权既有债务人自己提供的物的担保，又有第三人提供的担保，承担了担保责任或者赔偿责任的第三人，主张行使债权人对债务人享有的担保物权的，法院应予支持。

第三十一条　同时履行抗辩权与先履行抗辩权

当事人互负债务，一方以对方没有履行非主要债务为由拒绝履行自己的主要债务的，人民法院不予支持。但是，对方不履行非主要债务致使不能实现合同目的或者当事人另有约定的除外。

当事人一方起诉请求对方履行债务，被告依据民法典第五百二十五条的规定主张双方同时履行的抗辩且抗辩成立，被告未提起反诉的，人民法院应当判决被告在原告履行债务的同时履行自己的债务，并在判项中明确原告申请强制执行的，人民法院应当在原告履行自己的债务后对被告采取执行行为；被告提起反诉的，人民法院应当判决双方同时履行自己的债务，并在判项中明确任何一方申请强制执行的，人民法院应当在该当事人履行自己的债务后对对方采取执行行为。

当事人一方起诉请求对方履行债务，被告依据民法典第五百二十六条的规定主张原告应先履行的抗辩且抗辩成立的，人民法院应当驳回原告的诉讼请求，但是不影响原告履行债务后另行提起诉讼。

【民法典条文】

第五百二十五条 当事人互负债务，没有先后履行顺序的，应当同时履行。一方在对方履行之前有权拒绝其履行请求。一方在对方履行债务不符合约定时，有权拒绝其相应的履行请求。

第五百二十六条 当事人互负债务，有先后履行顺序，应当先履行债务一方未履行的，后履行一方有权拒绝其履行请求。先履行一方履行债务不符合约定的，后履行一方有权拒绝其相应的履行请求。

【条文要义】

本条是对同时履行抗辩权与先履行抗辩权行使规则的解释。

对这个问题，以往的司法解释没有规定，本条是对此规定的新规则。

《民法典》第 525 条规定了同时履行抗辩权，第 526 条规定了先履行抗辩权（也称为后履行抗辩权）。在合同履行中，一方请求履行，另一方主张同时履行抗辩权或者先履行抗辩权，就可以一时性地阻止合同履行请求权的行使。在诉讼中，一方请求履行债务，另一方主张行使同时履行抗辩权或者先履行抗辩权，法院应当如何处置，本条规定了具体方法。

1. 非主要债务不履行不得行使同时履行抗辩权和先履行抗辩权对抗请求权

《民法典》第 525 条和第 526 条规定同时履行抗辩权或者先履行抗辩权，都是规定一方未履行债务，另一方可以行使抗辩权。这里规定的履行债务，究竟是包括主债务和从债务，还是只包括主债务不包括从债务，法律并没有明确规定。在学理上和司法实务中，通常认为一方当事人不履行的债务是主要债务，对非主要债务不履行原则上不得行使同时履行抗辩权和先履行抗辩权。

本条依据学理见解和司法实践经验，采纳上述规则。在双务合同中，当事人互负债务，一方以对方没有履行非主要债务为由，拒绝履行自己的主要债务的，不符合学理见解和司法实践经验，因为非主要债务的履行并不涉及合同履行的根本目的，因而对这种诉讼请求，法院不予支持。

但是，并非没有例外。在双务合同中，对方的不履行行为是不履行非主要债务，而非主要债务的不履行致使不能实现合同目的的，这种不履行非主要债务的对方当事人，就可以行使同时履行抗辩权或者先履行抗辩权。

同样，如果当事人在合同中约定不履行非主要债务也可以行使同时履行抗辩权或者先履行抗辩权的，根据当事人的意思自治，当然可以行使同时履行抗辩权或者先履行抗辩权。

2. 被告主张同时履行抗辩权提起反诉或不反诉的处理方法

在双务合同的诉讼中，一方当事人起诉对方履行债务，对方主张行使同时履行抗辩权是可以的。但是应当明确，对方当事人在诉讼中提出行使同时履行抗辩权的请求，是否应当提出反诉，通过反诉的主张对抗债务人的履行债务的请求。本条第2款根据对方当事人在诉讼中主张同时履行抗辩权对抗债务人的履行请求，提出反诉还是未提出反诉，规定了不同的处置方法。

第一，当事人一方起诉请求对方履行债务，被告依据《民法典》第525条的规定主张双方同时履行抗辩权，并且抗辩理由成立的，如果被告未提起反诉，法院应当判决被告在原告履行债务的同时履行自己的债务，还要在判项中明确，如果原告申请强制执行的，人民法院应当在原告履行自己的债务后，才能对被告采取执行行为。

第二，在上述情形下，如果被告提起反诉，法院应当判决双方同时履行自己的债务，并且在判项中明确任何一方申请强制执行的，法院应当在该当事人履行自己的债务后，才可以对对方采取执行行为。

这样两种不同的处置方法，正确解决了在原告主张被告履行债务的情况下，被告主张同时履行抗辩权的，应当提出反诉，法官确认被告的反诉成立，就能一时性对抗原告履行债务的请求。反之，被告如果不提出反诉，仅仅是提出一般的抗辩，法院可以判决被告履行债务，但是原告如果申请强制执行，须自己先履行债务。这样也能保护被告的合法权益。

3. 被告主张先履行抗辩权的处理方法

在诉讼中，原告提出被告履行债务的请求，如果双务合同的债务履行有先后顺序的，后履行一方的当事人可以行使先履行抗辩权，对抗原告的履行债务请求。双务合同履行债务有先后顺序，后履行义务的一方当事人也就是被告，在诉讼中不必提起反诉，直接行使先履行抗辩权，就可以对抗对方当事人提出的履行债务请求。

所以，当事人一方起诉请求对方履行债务，被告依据《民法典》第 526 条的规定，主张原告应先履行的抗辩，抗辩理由成立的，可以不必提出反诉，法院就应当驳回原告的诉讼请求，应当在其先履行了债务以后，才可以主张被告履行债务。

不过，这种驳回原告的诉讼请求，并不是其不享有履行债务的请求权，而是原告履行债务的请求权还不具备行使的条件，原因就在于原告应当先履行债务，原告在自己还没有先履行债务的情况下，不得主张对方也就是后履行债务的一方当事人履行债务。正因为这种驳回原告的诉讼请求不是因为原告不享有履行债务的请求权，所以，不影响原告履行债务后另行提起诉讼，也就是原告履行了自己的先履行债务以后，如果后履行债务的当事人不履行债务，先履行债务的当事人可以向法院起诉，主张后履行一方的当事人履行债务。

第三十二条　情势变更制度的适用

合同成立后，因政策调整或者市场供求关系异常变动等原因导致价格发生当事人在订立合同时无法预见的、不属于商业风险的涨跌，继续履行合同对于当事人一方明显不公平的，人民法院应当认定合同的基础条件发生了民法典第五百三十三条第一款规定的"重大变化"。但是，合同涉及市场属性活跃、长期以来价格波动较大的大宗商品以及股票、期货等风险投资型金融产品的除外。

合同的基础条件发生了民法典第五百三十三条第一款规定的重大变化，当事人请求变更合同的，人民法院不得解除合同；当事人一方请求变更合同，对方请求解除合同的，或者当事人一方请求解除合同，对方请求变更合同的，人民法院应当结合案件的实际情况，根据公平原则判决变更或者解除合同。

人民法院依据民法典第五百三十三条的规定判决变更或者解除合同的，应当综合考虑合同基础条件发生重大变化的时间、当事人重新协商的情况以及因合同变更或者解除给当事人造成的损失等因素，在判项中明确合同变更或者解除的时间。

当事人事先约定排除民法典第五百三十三条适用的，人民法院应当认定该约定无效。

【民法典条文】

第五百三十三条 合同成立后，合同的基础条件发生了当事人在订立合同时无法预见的、不属于商业风险的重大变化，继续履行合同对于当事人一方明显不公平的，受不利影响的当事人可以与对方重新协商；在合理期限内协商不成的，当事人可以请求人民法院或者仲裁机构变更或者解除合同。

人民法院或者仲裁机构应当结合案件的实际情况，根据公平原则变更或者解除合同。

【相关司法解释】

《最高人民法院关于适用〈中华人民共和国合同法〉若干问题的解释（二）》

第二十六条　合同成立以后客观情况发生了当事人在订立合同时无法预见的、非不可抗力造成的不属于商业风险的重大变化，继续履行合同对于一方当事人明显不公平或者不能实现合同目的，当事人请求人民法院变更或者解除合同的，人民法院应当根据公平原则，并结合案件的实际情况确定是否变更或者解除。

【条文要义】

本条是对适用情势变更规则或者解除合同规则的解释。

原《合同法》没有规定情势变更原则。原《合同法》在起草以及适用后的过程中，对可否适用情势变更原则，立法和司法几经周折。原《合同法》立法时，立法者主要担心法官滥用这一原则，损害市场交易规则和交易秩序。最高人民法院根据司法实践需要，确定在严苛条件下可以适用情势变更原则。

《最高人民法院关于适用〈中华人民共和国合同法〉若干问题的解释（二）》第26条根据司法实践经验，规定了适用情势变更原则的规则。这一规则中的主要内容已经被《民法典》第533条吸收，形成了完整的情势变更原则。

在具体适用情势变更原则中，还有一些具体问题需要解决，并且在适用情势变更规则对合同进行变更或解除时，应当注意限制法官自由裁量权对于当事人意思的过度干预。本条依据《民法典》第533条，规定了具体适用情势变更原则的规则。

1. 因政策调整或市场供求关系异常变动引起的情势变更

按照《民法典》第 533 条第 1 款的规定，只要符合情势变更的构成要件，即合同的基础条件发生了当事人在订立合同时无法预见的、不属于商业风险的"重大变化"，继续履行合同对于当事人一方明显不公平的，受不利影响的当事人就可以行使情势变更请求权，在双方当事人之间进行再协商，再协商不成的，就可以主张变更或者解除合同。

对当事人提出情势变更请求，符合上述要件要求的，就可以确认构成情势变更，当事人请求情势变更的诉求应当得到支持。

本条第 1 款规定的是符合情势变更原则要求的具体情形，重点是怎样认定构成"重大变化"。合同成立后，因政策调整或者市场供求关系异常变动等原因，导致价格发生了当事人在订立合同时难以合理预见、不属于商业风险的涨跌，这种情况是合同的基础条件发生了当事人在订立合同无法预见的"重大变化"。在这种情况下，继续履行合同对于当事人一方明显不公平的，法院应当认定合同的基础条件发生了《民法典》第 533 条第 1 款规定的"重大变化"，符合情势变更的构成要件，法院应当支持主张情势变更一方当事人的诉讼请求。

这其实是情势变更的主要情形，"重大变化"的具体构成要件：一是因政策调整或者市场供求关系发生了异常变动；二是价格发生了当事人在订立合同时难以预见，而且不符合商业风险的涨跌；三是继续履行合同对当事人一方明显不公平。

对于合同涉及市场属性活跃、长期以来价格波动较大的大宗商品以及股票、期货等风险投资型金融产品，如商品房价格的上下大幅度波动，具有投资风险性的股票、期货金融产品的价值变动等，都不属于"因政策调整或者市场供求关系异常变动等原因导致价格发生当事人在订立合同时无法预见的、不属于商业风险的涨跌",不能依照情势变更规则请求变更或者解除合同。这里的"异常变动",就是非正常变动,也就是当事人在订立合同时无法预见、不属于商业风险的价格涨跌这种变动,因此不属于"重大变化"。

2. 情势变更原则的变更优先规则

适用情势变更原则,首先应当由当事人进行再协商,在再协商不成的情况下,受重大变化不利影响的当事人才可以请求变更或者解除合同。

在变更和解除合同这两种方法中,是否有先后顺序的区别,《民法典》没有明确规定,只是在排列顺序上有先后之别。按照原《合同法》促进交易原则的要求,合同出现履行中的情势,通过变更就能够实现公平原则要求的,在具体适用法律上,应当依据当事人的具体请求确定,不能首先适用解除合同。因此,本条第 2 款规定,合同的基础条件发生了《民法典》第 533 条第 1 款规定的重大变化,当事人请求变更合同的,法院不得解除合同。如果一方当事人在诉讼中请求变更合同,对方请求解除合同的,或者当事人一方请求解除合同,对方请求变更合同的,法院对此具有裁量权,可以根据案件具体情形,以促进交易、实现公平的立场,根据公平原则判决变更或者解除合同。

3. 认定合同因情势变更的变更或者解除的具体时间

在构成情势变更的情况下,认定一方当事人请求情势变更成立的,还应当确定情势变更的时间点,按照确定的情势变更时间点,确认双方的权利和义务关系发生变化的具体时间。对此,本条第 3 款规定,法院依据《民法典》第 533 条的规定判决变更或者解除合同的，确定变更和解除的时间点，应当综合考虑合同基础条件发生重大变化的时间、当事人重新协商的情况，以及因合同变更或者解除给当事人造成的损失等因素来确定。确定合同变更或者解除的时间点后，应当在判项中明确合同变更或者解除的具体时间。

4. 合同事先约定排除情势变更适用的条款无效

《民法典》第 533 条规定的情势变更原则属于强制性规范，如果发生了情势变更，适用情势变更原则或者解除合同不以当事人之间的约定为基础。一方当事人提出适用情势变更原则对合同请求变更或者解除的，只要符合《民法典》第 533 条规定的要件，法院经过审理予以确认的，就可以判决合同变更或者解除。正因为如此，当事人不得事先在合同中约定排除情势变更原则适用的条款。当事人事先在合同中约定了排除《民法典》第 533 条适用的，应当认定该约定无效，对当事人请求情势变更的权利不发生影响。

第五章　合同的保全

第三十三条　怠于行使权利影响到期债权实现的认定

债务人不履行其对债权人的到期债务，又不以诉讼或者仲裁方式向相对人主张其享有的债权或者与该债权有关的从权利，致使债权人的到期债权未能实现的，人民法院可以认定为民法典第五百三十五条规定的"债务人怠于行使其债权或者与该债权有关的从权利，影响债权人的到期债权实现"。

【民法典条文】

第五百三十五条　因债务人怠于行使其债权或者与该债权有关的从权利，影响债权人的到期债权实现的，债权人可以向人民法院请求以自己的名义代位行使债务人对相对人的权利，但是该权利专属于债务人自身的除外。

代位权的行使范围以债权人的到期债权为限。债权人行使代位权的必要费用，由债务人负担。

相对人对债务人的抗辩，可以向债权人主张。

第五百三十六条　债权人的债权到期前，债务人的债权或者与该债权有关的从权利存在诉讼时效期间即将届满或者未及时申报破产债权等情形，影响债权人的债权实现的，债权人可以代位向债务人的相对人请求其向债务人履行、向破产管理人申报或者作出其他必要的行为。

【相关司法解释】

《全国法院贯彻实施民法典工作会议纪要》

8. 民法典第五百三十五条规定的"债务人怠于行使其债权或者与该债权有关的从权利，影响债权人的到期债权实现的"，是指债务人不履行其对债权人的到期债务，又不以诉讼方式或者仲裁方式向相对人主张其享有的债权或者与该债权有关的从权利，致使债权人的到期债权未能实现。

相对人不认为债务人有怠于行使其债权或者与该债权有关的从权利情况的，应当承担举证责任。

《最高人民法院关于适用〈中华人民共和国合同法〉若干问题的解释（一）》

第十三条 合同法第七十三条规定的"债务人怠于行使其到期债权，对债权人造成损害的"，是指债务人不履行其对债权人的到期债务，又不以诉讼方式或者仲裁方式向其债务人主张其享有的具有金钱给付内容的到期债权，致使债权人的到期债权未能实现。

次债务人（即债务人的债务人）不认为债务人有怠于行使其到期债权情况的，应当承担举证责任。

【条文要义】

本条是对认定怠于行使权利影响债权人到期债权实现方法的解释。

对债权人行使代位权，如何认定"债务人怠于行使权利影响债权人到期债权实现"的方法，以往的司法解释有两条规定：一是《最高人民法院关于适用〈中华人民共和国合同法〉若干问题的解释（一）》第 13 条规定了具体的认定方法；二是《全国法院贯彻实施民法典工作会议纪要》第 8 条在此基础上，又作了具体规定。因此可以说，本条是有充分的司法实践基础的。

《民法典》第 535 条第 1 款规定了债权人代位权，债务人怠于行使其债权或者与该债权有关的从权利，影响债权人的到期债权实现的债权人可以向法院请求以自己的名义代位行使债务人对相对人的权利，用于保全债务人履行债务的财产基础，实现自己的债权。这一条文中规定的行使债权人代位权的要件之一，就是"债务人怠于行使其债权或者与该债权有关的从权利，影响债权人的到期债权实现"。其中怎样认定"怠于行使"，具体掌握比较困难。本条对此作了明确规定。

本条规定，债务人怠于行使其债权或者与该债权有关的从权利，影响债权人的到期债权实现，具体表现为：

一是债务人不履行其对债权人的到期债务。债务人对债权人的债权已经到期，但债务人对自己的到期债务不予履行，因而使债权人的债权没有实现。这是"怠于行使"的第一个要件。

二是又不以诉讼或者仲裁方式向相对人主张其享有的债权或者与该债权有关的从权利。确定"怠于行使"的第二个要件，首先，是债务人对其相对人享有债权和与该债权有关的从权利，这就是债务人和其相对人之间有债权债务关系，债务人是相对人的债权人。其次，是债务人对其相对人享有的债权已经到期，可以向其主张债权。最后，是债务人对债权人享有的债权已经到期后，既不以诉讼方式，也不以仲裁的方式，向相对人主张债权以及与债权有关的从权利。

三是致使债权人的到期债权未能实现。由于债务人不以诉讼或者仲裁的方式向相对人主张其享有的债权或者与该债权有关的从权利，因而使债权人的到期债权不能实现。反之，如果债务人对其相对人行使该权利，就能清偿对债权人的债务。

符合上述三个要件的要求，就构成《民法典》第 535 条第 1 款规定的"债务人怠于行使其债权或者与该债权有关的从权利，影响债权人的到期债权实现"这一行使债权人代位权的要件。对此，债权人就可以代债务人之位，向债务人的债务人主张实现自己的债权。

第三十四条　专属于债务人自身的权利

下列权利，人民法院可以认定为民法典第五百三十五条第一款规定的专属于债务人自身的权利：

（一）抚养费、赡养费或者扶养费请求权；

（二）人身损害赔偿请求权；

（三）劳动报酬请求权，但是超过债务人及其所扶养家属的生活必需费用的部分除外；

（四）请求支付基本养老保险金、失业保险金、最低生活保障金等保障当事人基本生活的权利；

（五）其他专属于债务人自身的权利。

【民法典条文】

第五百三十五条　因债务人怠于行使其债权或者与该债权有关的从权利，影响债权人的到期债权实现的，债权人可以向人民法院请求以自己的名义代位行使债务人对相对人的权利，但是该权利专属于债务人自身的除外。

代位权的行使范围以债权人的到期债权为限。债权人行使代位权的必要费用，由债务人负担。

相对人对债务人的抗辩，可以向债权人主张。

【相关司法解释】

《最高人民法院关于适用〈中华人民共和国合同法〉若干问题的解释（一）》

第十二条　合同法第七十三条第一款规定的专属于债务人自身的债权，是指基于扶养关系、抚养关系、赡养关系、继承关系产生的给付请求权和劳动报酬、退休金、养老金、抚恤金、安置费、人寿保险、人身伤害赔偿请求权等权利。

【条文要义】

本条是对《民法典》第 535 条第 1 款规定的"专属于债务人自身"的权利的解释。

原《合同法》第 73 条规定，债权人代位权对专属于债务人自身的权利不得行使；《最高人民法院关于适用〈中华人民共和国合同法〉若干问题的解释（一）》第 12 条对"专属于债务人自身的债权"作了列举性的规定。同样，《民法典》第 535 条第 1 款的但书，也规定了"该权利专属于债务人自身的除外"的要求，规定债务人对相对人享有的权利是专属于债务人自身的权利，债权人不得对这种权利行使代位权。这种"专属于债务人自身"的权利应该怎样理解，本条在《最高人民法院关于适用〈中华人民共和国合同法〉若干问题的解释

（一）》的基础上作了具体解释，即对于下列权利，法院可以认定为《民法典》第535条第1款规定的"专属于债务人自身"的权利。

1. 抚养费、赡养费或者扶养费请求权

抚养费、赡养费或者扶养费，都是婚姻家庭法关于近亲属相互之间身份权包含的履行抚养义务、赡养义务或扶养义务的费用，请求支付这些费用权利的属性也是请求权。不过，这些请求权不是债法意义上的请求权，而是身份权中的请求权，具有强烈的人身性。所以，抚养费、赡养费或者扶养费请求权是专属于债务人自己的请求权，并且是人身性质的请求权，债权人不得对这三种身份权中的请求权行使代位权。

2. 人身损害赔偿请求权

人身损害赔偿金，是受害人受到侵权行为的侵害，造成生命权、身体权或者健康权的损害，引起受害人死亡、重伤残疾丧失劳动能力以及其他人身损害事实，侵权人给付受害人救济损害的赔偿金。人身损害赔偿金具有强烈的人身性，是补偿受害人因人身损害造成的损失，不仅是对以前造成的损害的赔偿，而且包含对今后继续生活需要补偿的费用。对这种具有强烈人身性质的人身损害赔偿金，债权人不得行使代位权，用以保护债务人的人身权益不受损害。

3. 劳动报酬请求权，但是超过债务人及其所扶养家属的生活必需费用的部分除外

毫无疑问，劳动报酬请求权是专属于债务人的自身权利。但是，由于劳动报酬并非都是债务人及其所扶养的家属的生活必需费用，还包括生活必需费用之外的部分。因此，对债务人的劳动报酬请求权并非一律不能行使代位权，对除债务人及其所扶养的家属的生活必需费用外的部分，是可以行使债权人代位权的。

4. 请求支付基本养老保险金、失业保险金、最低生活保障金等保障当事人基本生活的权利

基本养老保险金、失业保险金、最低生活保障金虽然也都是请求权性质的权利，但却是保障享有这些权利的当事人基本生活的权利，通过领取基本养老保险金、失业保险金和最低生活保障金，使他们的生活能够得到基本保障。

这样的权利虽然是请求权，但也是具有强烈人身性质的权利，而不是一般的债权。如果用基本养老保险金、失业保险金、最低生活保障金来履行对债权人的债务，将会对债务人的生活造成严重损害。所以，债权人不得对债务人的基本养老保险金、失业保险金、最低生活保障金等权利行使代位权。

5. 其他专属于债务人自身的权利

这是对"专属于债务人自身"的权利兜底性规定，只要是专属于债务人自身的权利，并且具有一定的人身性，就是专属于债务人自身的权利，就在《民法典》第 535 条第 1 款但书规定的范围之内，债权人不得对其行使债权人代位权。

例如，抚恤金请求权，也不能行使债权人代位权。抚恤金，是发给伤残人员或死者家属的抚慰费用，是国家按照相关规定给上述人员的抚慰和经济补偿。享受抚恤金的人，必须符合两个条件：一是死者的直系亲属；二是这些亲属主要依靠死者生前扶养。例如，《工伤保险条例》第 39 条第 1 款规定，职工因工死亡，其近亲属按照规定从工伤保险基金领取丧葬补助金、供养亲属抚恤金和一次性工亡补助金。抚恤金具有严格的人身属性，债权人不得对抚恤金请求权主张行使代位权。此外，养老金、安置费等费用请求权，也属于其他专属于债务人自身的权利。

第三十五条　代位权诉讼的管辖

债权人依据民法典第五百三十五条的规定对债务人的相对人提起代位权诉讼的，由被告住所地人民法院管辖，但是依法应当适用专属管辖规定的除外。

债务人或者相对人以双方之间的债权债务关系订有管辖协议为由提出异议的，人民法院不予支持。

【民法典条文】

第五百三十五条　因债务人怠于行使其债权或者与该债权有关的从权利，影响债权人的到期债权实现的，债权人可以向人民法院请求以自己的名义代位行使债务人对相对人的权利，但是该权利专属于债务人自身的除外。

代位权的行使范围以债权人的到期债权为限。债权人行使代位权的必要费用，由债务人负担。

相对人对债务人的抗辩，可以向债权人主张。

【相关司法解释】

《最高人民法院关于适用〈中华人民共和国合同法〉若干问题的解释（一）》

第十四条　债权人依照合同法第七十三条的规定提起代位权诉讼的，由被告住所地人民法院管辖。

《最高人民法院关于适用〈中华人民共和国合同法〉若干问题的解释（二）》

第十七条　债权人以境外当事人为被告提起的代位权诉讼，人民法院根据《中华人民共和国民事诉讼法》第二百四十一条的规定确定管辖。

【条文要义】

本条是对债权人行使代位权诉讼管辖规则的解释。

对债权人行使代位权诉讼的管辖，《民法典》没有作具体规定，《民事诉讼法》也没有作具体规定。《最高人民法院关于适用〈中华人民共和国合同法〉若干问题的解释（一）》第14条规定，代位权诉讼由被告住所地人民法院管辖。《最高人民法院关于适用〈中华人民共和国合同法〉若干问题的解释（二）》第17条对境外当事人被告提起的代位权诉讼的管辖，也作出了规定。本条将上述两条的内容合并在一起，进一步补充，对债权人以国内被告提起的代位权诉讼管辖和对境外当事人作为被告提起代位权诉讼，确定了具体的管辖规则。

1. 国内当事人行使代位权诉讼的管辖

债权人依据《民法典》第535条的规定，对债务人的相对人提起代位权诉讼的，应当以债务人的相对人为被告。对此，债权人作为原告提起代位权诉讼，由被告住所地法院管辖，也就是债务人的相对人作为被告，以该被告的住所地法院为管辖法院。

债权人提起的代位权诉讼属于法律规定的专属管辖的，应当依法适用专属管辖规定。专属管辖，是法律规定某些案件必须由特定的法院管辖，当事人不能以协议的方式变更。专属管辖权的规定主要表现在家庭、继承和不动产等案件方面，包括：因不动产提起的诉讼，由不动产所在地人民法院管辖；港口作业中发生的诉讼，由港口所在地人民法院管辖；因登记发生的诉讼，由登记机关所在地人民法院管辖；继承遗产的诉讼，由被继承人生前户籍所在地或主要遗产所在地人民法院管辖；破产诉讼，由破产企业主要办事机构所在地人民法院管辖等。

2. 代位权诉讼排斥债务人与相对人约定的管辖协议

本条司法解释第 2 款规定，债权人提起的代位权诉讼，排斥债务人与相对人之间约定的管辖协议，当债权人对债务人和相对人提起代位权诉讼后，债务人或者相对人如果以他们之间的债权债务关系约定有管辖协议，并且以此为由提出管辖异议的，法院不予支持，仍然依照代位权诉讼的管辖规定确定管辖权。

第三十六条　代位权诉讼与仲裁协议

债权人提起代位权诉讼后，债务人或者相对人以双方之间的债权债务关系订有仲裁协议为由对法院主管提出异议的，人民法院不予支持。但是，债务人或者相对人在首次开庭前就债务人与相对人之间的债权债务关系申请仲裁的，人民法院可以依法中止代位权诉讼。

【民法典条文】

第五百三十五条第一款　因债务人怠于行使其债权或者与该债权有关的从权利，影响债权人的到期债权实现的，债权人可以向人民法院请求以自己的名义代位行使债务人对相对人的权利，但是该权利专属于债务人自身的除外。

【条文要义】

本条是对代位权诉讼与债务人和相对人的仲裁协议关系的解释。

对原《合同法》第 73 条规定的债权人代位权,《最高人民法院关于适用〈中华人民共和国合同法〉若干问题的解释(一)》对代位权诉讼与债务人和相对人之间的仲裁协议的关系没有作过规定。本条对此作出了具体规定。

《民法典》第 535 条第 1 款规定,债权人行使代位权应当向法院起诉。因此,债权人代位权的诉讼属于人民法院专属管辖,排斥仲裁协议。当事人对债权人行使代位权诉讼约定了仲裁协议,应当向有关的仲裁机构提起仲裁申请的条款不发生法律效力。

在债权人行使代位权的诉讼中,如果债务人与其相对人之间的合同约定有仲裁条款,债务人的相对人在代位权诉讼中提出他们之间的债权债务争议通过仲裁裁决的,应当怎样处理,要有具体的规则调整。

对此,本条规定的规则是:

第一,债权人提起代位权诉讼后,债务人或者相对人以双方之间的债权债务关系订有仲裁协议为由对法院主管提出异议的,人民法院不予支持。这就是债务人与其相对人之间约定的仲裁协议原则上不能排斥法院对代位权诉讼的主管,法院对代位权诉讼享有主管的权力。

第二,特别的规定是,债权人提起代位权诉讼后,债务人或者相对人以他们之间的债权债务关系约定了仲裁协议,就债务人与相对人之间的民事法律关系争议申请仲裁的,法院应当依法准许,但是设置了一个期限,即在首次开庭之前是可以的,法院可以中止代位权诉讼,等待仲裁结果;如果一审法庭已经首次开庭,相对人再提出申请仲裁的，法院不支持这种请求，直接裁判。

第三，在债权人提起的代位权诉讼中，债务人的相对人以同样的理由，即他们之间的债权债务关系有仲裁条款而申请仲裁，但是，该仲裁协议是在债权人提起代位权诉讼后才达成的，这种仲裁条款对债权人行使代位权不发生影响，法院不支持债务人或者其相对人的仲裁申请，可以直接裁判债权人行使代位权的民事法律关系。本条司法解释虽然没有规定这一规则，但是在实际上是可以适用的。

第三十七条 代位权诉讼中债务人、相对人的诉讼地位及合并审理

债权人以债务人的相对人为被告向人民法院提起代位权诉讼，未将债务人列为第三人的，人民法院应当追加债务人为第三人。

两个以上债权人以债务人的同一相对人为被告提起代位权诉讼的，人民法院可以合并审理。债务人对相对人享有的债权不足以清偿其对两个以上债权人负担的债务的，人民法院应当按照债权人享有的债权比例确定相对人的履行份额，但是法律另有规定的除外。

【民法典条文】

第五百三十五条第一款 因债务人怠于行使其债权或者与该债权有关的从权利，影响债权人的到期债权实现的，债权人可以向人民法院请求以自己的名义代位行使债务人对相对人的权利，但是该权利专属于债务人自身的除外。

【相关司法解释】

《最高人民法院关于适用〈中华人民共和国合同法〉若干问题的解释（一）》

第十六条 债权人以次债务人为被告向人民法院提起代位权诉讼，未将债务人列为第三人的，人民法院可以追加债务人为第三人。

两个或者两个以上债权人以同一次债务人为被告提起代位权诉讼的，人民法院可以合并审理。

【条文要义】

本条是对代位权诉讼中债务人、相对人的诉讼地位及数个债权人起诉合并审理的解释。

对这些问题，《最高人民法院关于适用〈中华人民共和国合同法〉若干问题的解释（一）》第16条作过明确规定。本条在此基础上，对这些具体规则作了进一步完善。

1. 代位权诉讼中债务人的第三人诉讼地位

债权人向法院起诉行使代位权，应当以债务人的相对人为被告。在代位权的诉讼中，债务人是何种地位，法律没有明确规定，以往的司法解释也确认债务人在债权人提起的代位权诉讼中，诉讼地位是无独立请求权的第三人。本司法解释坚持这一做法。对此，债权人以债务人的相对人为被告，向法院提起代位权诉讼后，如果未将债务人列为第三人的，法院应当依职权追加债务人为第三人，参加代位权诉讼。

2. 数个债权人行使代位权诉讼的合并审理

在债权人提起的代位权诉讼中，对该债务人享有债权的债权人可能存在两个以上，也就是债务人有数个债权人，都是同一个债务人的债权人。当债务人怠于向其相对人行使到期债权，危及数个债权人的债权时，数个债权人虽然不是共同债权人，但有可能都对同一个债务人的相对人提起代位权诉讼。

形成这种情形的原因，是因为《民法典》对债权人行使代位权的后果没有规定"入库原则"，而是直接代位行使债权，以相对人的债务直接清偿债权人的债权。如果实行代位权的入库原则，行使代位权的后果是将相对人对债务人应当履行的债务收入债务人的责任财产之中，债权人实现自己的债权需要另行向债务人提起诉讼，就不会出现数个债权人向同一个债务人的相对人提起代位权诉讼的情形。

由于数个债权人对同一个债务人的相对人提起代位权诉讼，尽管都是独立的诉讼主体提起的独立诉讼，但是，对其进行合并审理，既方便审判，也便于保护各当事人的合法权益，还可以避免作出相互冲突的判决。因此，本条规定，两个以上的债权人以债务人的同一相对人为被告提起代位权诉讼的，法院可以合并审理。

在数个债权人对同一个相对人提起代位权诉讼的合并审理中，有可能出现债务人对相对人享有的债权不足以清偿其对所有的债权人负担的债务，存在两种可能性，有两种不同的做法：

第一种做法是通常的方法，即债务人对相对人享有的债权不足以清偿其对两个以上债权人负担的债务的，法院应当按照债权人享有的债权比例，确定相对人的履行份额，使债权平均受偿。

第二种做法是法律另有规定的除外。例如，债务人的相对人是债权人的保证人，并且以该种债权为债务人提供保证，这时，就不能按照债权人享有的债权比例确定相对人的履行份额，而是有保证担保的债权有优先受偿权，在其受偿剩余的部分，才可以对没有担保的债权人履行债务。

第三十八条　起诉债务人后又提起代位权诉讼

债权人向人民法院起诉债务人后，又向同一人民法院对债务人的相对人提起代位权诉讼，属于该人民法院管辖的，可以合并审理。不属于该人民法院管辖的，应当告知其向有管辖权的人民法院另行起诉；在起诉债务人的诉讼终结前，代位权诉讼应当中止。

【民法典条文】

第五百三十五条第一款　因债务人怠于行使其债权或者与该债权有关的从权利，影响债权人的到期债权实现的，债权人可以向人民法院请求以自己的名义代位行使债务人对相对人的权利，但是该权利专属于债务人自身的除外。

【相关司法解释】

《最高人民法院关于适用〈中华人民共和国合同法〉若干问题的解释（一）》

第十五条　债权人向人民法院起诉债务人以后，又向同一人民法院对次债务人提起代位权诉讼，符合本解释第十四条的规定和《中华人民共和国民事诉讼法》第一百零八条规定的起诉条件的，应当立案受理；不符合本解释第十四条规定的，告知债权人向次债务人住所地人民法院另行起诉。

受理代位权诉讼的人民法院在债权人起诉债务人的诉讼裁决发生法律效力以前，应当依照《中华人民共和国民事诉讼法》第一百三十六条第（五）项的规定中止代位权诉讼。

【条文要义】

本条是对债权人起诉债务人后又提起代位权诉讼程序处理方法的解释。

对这一问题，《最高人民法院关于适用〈中华人民共和国合同法〉若干问题的解释（一）》第 15 条作过具体规定。本条在此基础上，对于这些规则作了进一步完善。

在具备债权人代位权行使条件的民事法律关系中，直接的法律关系主体是债权人和债务人，债权人与债务人的相对人并不存在法律关系。债权人行使代位权，只是为了在保全债务人财产的基础上，对债务人怠于行使自己债权的相对人行使代位权，请求债务人的相对人对自己履行债务人对自己的债务，以满足自己的债权。

正因为这样的法律关系基础，就有可能存在债权人在行使代位权之前，已经向法院对债务人提起了清偿债务的诉讼。在这个诉讼提起后，又提出了对债务人的相对人行使代位权的诉讼，直接请求债务人的相对人对自己履行对债务人的债务，以满足自己的债权。

对于这种诉讼情况应当如何处理，法律没有规定。本条对此规定了具体的处理办法。

首先，债权人向法院起诉债务人，要求债务人向自己履行债务后，又向同一法院对债务人的相对人提起了代位权诉讼。对向相对人提起的代位权诉讼是否受理，应当根据《民事诉讼法》关于管辖的规定确定。如果依照《民事诉讼法》的规定属于该人民法院管辖的，可以合并审理。《民事诉讼法》（2023 修正）第 122 条规定的起诉条件：一是原告是与本案有直接利害关系的自然人、法人和非法人组织；二是有明确的被告；三是有具体的诉讼请求和事实、理由；

四是属于人民法院受理民事诉讼的范围和受诉人民法院管辖。债权人对债务人的相对人依照《民法典》第535条的规定提起的代位权诉讼，符合上述关于管辖的要求的，受诉法院可以合并审理，依照《民法典》关于债权人代位权的规定进行审理。

其次，法院在受理债权人对债务人的清偿债务诉讼后，债权人又向该法院提起了对债务人的相对人行使代位权的诉讼，不属于该人民法院管辖的，该法院没有管辖权，应当告知债权人向有管辖权的法院另行起诉。

最后，无论是同一法院受理债权人的代位权请求，还是其他有管辖权的法院受理债权人行使代位权的诉讼，债权人起诉债务人清偿债务的诉讼，与债权人起诉债务人的相对人行使代位权的诉讼，都不可以同时审理，代位权诉讼应当等待债权人与债务人之间的债务清偿诉讼的审判结果。因此，受理代位权诉讼的法院在债权人起诉债务人的诉讼终结前，应当中止代位权诉讼，在债权人与债务人之间的债务纠纷的诉讼结束之后，根据前一诉讼的审判结果，再对代位权诉讼作出审理，最终作出是支持行使代位权还是不支持行使代位权的判决。

本条为什么做这样的安排，是因为代位权的行使应当以债权人和债务人之间的债权债务纠纷的确定为基础，没有确定债权人对债务人享有合法债权，债权人就无权对相对人行使代位权。正因为如此，债权人行使代位权的诉讼，须以债权人和债务人之间的债权纠纷诉讼终结为基础，否则，无法确定债权人是否有权对债务人的相对人提起代位权诉讼。

第三十九条　代位权诉讼中债务人起诉相对人

在代位权诉讼中，债务人对超过债权人代位请求数额的债权部分起诉相对人，属于同一人民法院管辖的，可以合并审理。不属于同一人民法院管辖的，应当告知其向有管辖权的人民法院另行起诉；在代位权诉讼终结前，债务人对相对人的诉讼应当中止。

【民法典条文】

第五百三十五条第一款　因债务人怠于行使其债权或者与该债权有关的从权利，影响债权人的到期债权实现的，债权人可以向人民法院请求以自己的名义代位行使债务人对相对人的权利，但是该权利专属于债务人自身的除外。

【相关司法解释】

《最高人民法院关于适用〈中华人民共和国合同法〉若干问题的解释（一）》

第二十二条　债务人在代位权诉讼中，对超过债权人代位请求数额的债权部分起诉次债务人的，人民法院应当告知其向有管辖权的人民法院另行起诉。

债务人的起诉符合法定条件的，人民法院应当受理；受理债务人起诉的人民法院在代位权诉讼裁决发生法律效力以前，应当依法中止。

【条文要义】

本条是对债权人对相对人提起的代位权诉讼中，债务人起诉相对人清偿债务处理方法的解释。

对这个问题,《最高人民法院关于适用〈中华人民共和国合同法〉若干问题的解释(一)》第 22 条作出过规定,其中把"相对人"称作"次债务人"。在这一规定的基础上,本条对这一规则又作了进一步完善。

在债权人向债务人的相对人提起代位权诉讼中,债务人又对超过债权人代位请求数额的债权部分,向法院起诉相对人,是有法律根据的,应当依照债务人对其相对人之间的法律关系作出判决。

在程序上,债务人向相对人提起清偿超过债权人代位请求数额的债权部分的起诉,如果这一诉讼请求属于同一法院管辖的,法院就可以依法合并审理。这样审理,既简化诉讼程序,又方便对当事人纠纷的解决,是两全其美的程序法处理方法。

债务人对债务人的相对人提起的代位权行使剩余部分的债务清偿诉讼,与债权人对债务人的相对人提起的代位权诉讼,如果不属于同一法院管辖,应当告知债务人向有管辖权的法院另行起诉。受理债务人起诉的法院受理债务人对相对人的行使代位权剩余部分的债务纠纷案件起诉,不能马上进行审理,在代位权诉讼终结前应当中止审理。这样规定,是把债权人对债务人的相对人行使代位权的诉讼优先审理,债权人行使代位权的诉讼请求是否符合《民法典》第 535 条第 1 款的规定,债务人的相对人是否应当以其对债务人的债务清偿债权人的债权,确定代位权满足后相对人对债务人还存在多少债务,要有法院的确定判决。至于债务人对相对人之间的债权债务纠纷,在债权人对债务人的相对人行使代位权的诉讼终结以后,按照审判结果,再确定债务人与相对人之间的债权债务关系。

第四十条　代位权不成立的处理

代位权诉讼中，人民法院经审理认为债权人的主张不符合代位权行使条件的，应当驳回诉讼请求，但是不影响债权人根据新的事实再次起诉。

债务人的相对人仅以债权人提起代位权诉讼时债权人与债务人之间的债权债务关系未经生效法律文书确认为由，主张债权人提起的诉讼不符合代位权行使条件的，人民法院不予支持。

【民法典条文】

第五百三十五条第一款　因债务人怠于行使其债权或者与该债权有关的从权利，影响债权人的到期债权实现的，债权人可以向人民法院请求以自己的名义代位行使债务人对相对人的权利，但是该权利专属于债务人自身的除外。

【条文要义】

本条是对债权人行使代位权的主张不成立的处理方法的解释。

对此，《合同法》的司法解释没有作出过规定。本条根据司法实践对这一问题的具体做法，概括出对债权人行使代位权的主张不成立的具体处理方法。

本条包含了债权人行使代位权诉讼中的两种情形和具体处理方法：一是债权人向债务人的相对人主张行使代位权的条件不具备；二是债务人的相对人在代位权诉讼中主张其与债务人之间的债权债务关系没有经过法律确认。对于这两种情形，本条规定了具体的程序处理方法。

1. 对不符合代位权行使条件的驳回诉讼请求

债权人向法院起诉债务人的相对人主张行使代位权，经过法院审理，符合《民法典》第 535 条第 1 款规定的债权人行使条件的，其诉讼请求成立，应当依法予以支持。债权人行使代位权的诉讼请求不符合《民法典》第 535 条第 1 款规定的行使条件的，债权人不能行使代位权。

法院对代位权诉讼审理后，认为债权人的主张不符合《民法典》第 535 条第 1 款规定的代位权行使条件的，其代位权主张不成立，应当驳回债权人的诉讼请求。

债权人的诉讼请求被驳回以后，并不因为行使代位权的诉讼请求被驳回，而影响债权人根据新的事实再次起诉。如果债权人有新的事实根据，向法院再次提出对债务人的相对人行使代位权的诉讼请求，法院应当审理，并依法作出判决。

2. 不支持代位权诉讼中相对人与债务人间债权债务关系未被确认的主张

在债权人对债务人的相对人提起的代位权诉讼中，代位权依法行使的要件之一，是债务人与相对人之间的债权债务关系是真实存在的，并且债权已经到期。在这种情况下，债权人行使代位权就应当支持，债务人的相对人应当直接向债权人履行自己对债务人的债务数额，消灭债权人的相应债权。可见，债权人行使代位权的关键，在于债务人与相对人之间的债权债务关系是否客观存在。

因此，在代位权的诉讼中，债务人的相对人有可能会以债权人提起代位权诉讼时，债权人与债务人之间的债权债务关系未经生效法律文书确认为由，主张债权人提起的诉讼不符合代位权行使条件，拒绝向债权人履行自己对债务人的债务。在这里，如果债务人与相对人之间的债权债务关系确实不存在，债务人的相对人能够提出证据证明属实，债权人行使代位权的理由就不成立，对此法院应当支持。但是，债务人的相对人并不能提供证据否认其与债务人之间的债权债务关系，而只是主张债权人提起代位权诉讼时，相对人与债务人之间的债权债务关系没有经过生效的法律文书确认，就不认可自己应当履行对债务人的债务，进而向债权人履行债务消灭债权人的债权。这时，只要债权人能够证明债务人与债务人的相对人之间的债权债务关系是客观属实的，法院就不支持债务人的相对人的抗辩主张，应当判决债权人对债务人的相对人提起的代位权诉讼成立，符合行使要件的要求，债务人的相对人应当向行使代位权的债权人履行对债务人的债务。

第四十一条　代位权诉讼中债务人处分行为的限制

债权人提起代位权诉讼后，债务人无正当理由减免相对人的债务或者延长相对人的履行期限，相对人以此向债权人抗辩的，人民法院不予支持。

【民法典条文】

第五百三十七条　人民法院认定代位权成立的，由债务人的相对人向债权人履行义务，债权人接受履行后，债权人与债务人、债务人与相对人之间相应的权利义务终止。债务人对相对人的债权或者与该债权有关的从权利被采取保全、执行措施，或者债务人破产的，依照相关法律的规定处理。

【相关司法解释】

《最高人民法院关于适用〈中华人民共和国合同法〉若干问题的解释（一）》

第二十条　债权人向次债务人提起的代位权诉讼经人民法院审理后认定代位权成立的，由次债务人向债权人履行清偿义务，债权人与债务人、债务人与次债务人之间相应的债权债务关系即予消灭。

第二十一条　在代位权诉讼中，债权人行使代位权的请求数额超过债务人所负债务额或者超过次债务人对债务人所负债务额的，对超出部分人民法院不予支持。

【条文要义】

本条是对在债权人代位权诉讼中限制债务人无正当理由减免相对人债务效果的解释。

《最高人民法院关于适用〈中华人民共和国合同法〉若干问题的解释（一）》第20条曾经对这个问题作出过相关解释，主要针对的是相对人对债权人直接履行清偿义务的具体规则。本条对代位权诉讼中出现的具体问题作出了规定。

对这个问题，《民法典》第537条没有作出具体规定，在实践中是必须解决的。

由于我国《民法典》规定的债权人代位权是债权人实现债权的方法，而不是规定入库原则。因此，债权人一旦提起代位权诉讼，债务人对自己的债权行使就受到限制，对自己的债务人也就是债务人的相对人行使权利不能自由行使。这些都是为了保障债权人行使代位权，使债务人的相对人能够向债权人清偿债务，满足债权请求。债务人对自己的债务人行使债权的限制主要有三个方面：一是减少相对人的债务数额；二是完全免除相对人的债务；三是延长相对人的债务履行期限。

这三种债务人处分自己对相对人权利的行为，都会妨碍债权人对债务人的相对人行使代位权，损害债权人的债权。因此，本条规定，债权人提起代位权诉讼后，债务人不得对自己的债务人也就是相对人实施上述处分自己权利的行为。

具体的规定是，债权人对债务人的相对人提起代位权诉讼后，债务人减少相对人的债务或免除相对人的债务，或者延长相对人的债务履行期限，都对债权人的债权有损害，因此都在被依法限制之列。这些处分对相对人享有的债权的行为，也都是无效的。如果相对人以债务人对自己实施的处分债权的上述行为对债权人进行抗辩的，不具有对抗债权人行使代位权请求的效力，因此，法院不予支持。

第四十二条　债权人撤销权诉讼中明显不合理低价或者高价的认定

对于民法典第五百三十九条规定的"明显不合理"的低价或者高价，人民法院应当按照交易当地一般经营者的判断，并参考交易时交易地的市场交易价或者物价部门指导价予以认定。

转让价格未达到交易时交易地的市场交易价或者指导价百分之七十的，一般可以认定为"明显不合理的低价"；受让价格高于交易时交易地的市场交易价或者指导价百分之三十的，一般可以认定为"明显不合理的高价"。

债务人与相对人存在亲属关系、关联关系的，不受前款规定的百分之七十、百分之三十的限制。

【民法典条文】

　　第五百三十九条　债务人以明显不合理的低价转让财产、以明显不合理的高价受让他人财产或者为他人的债务提供担保，影响债权人的债权实现，债务人的相对人知道或者应当知道该情形的，债权人可以请求人民法院撤销债务人的行为。

【相关司法解释】

《全国法院贯彻实施民法典工作会议纪要》

　　9. 对于民法典第五百三十九条规定的明显不合理的低价或者高价，人民法院应当以交易当地一般经营者的判断，并参考交易当时交易地的物价部门指导价或者市场交易价，结合其他相关因素综合考虑予以认定。

　　转让价格达不到交易时交易地的指导价或者市场交易价百分之七十的，一般可以视为明显不合理的低价；对转让价格高于当地指导价或者市场交易价百分之三十的，一般可以视为明显不合理的高价。当事人对于其所主张的交易时交易地的指导价或者市场交易价承担举证责任。

《最高人民法院关于适用〈中华人民共和国合同法〉若干问题的解释（二）》

　　第十九条　对于合同法第七十四条规定的"明显不合理的低价"，人民法院应当以交易当地一般经营者的判断，并参考交易当时交易地的物价部门指导价或者市场交易价，结合其他相关因素综合考虑予以确认。

　　转让价格达不到交易时交易地的指导价或者市场交易价百分之七十的，一般可以视为明显不合理的低价；对转让价格高于当地指导价或者市场交易价百分之三十的，一般可以视为明显不合理的高价。

债务人以明显不合理的高价收购他人财产，人民法院可以根据债权人的申请，参照合同法第七十四条的规定予以撤销。

【条文要义】

本条是对债权人行使撤销权诉讼中认定债务人处分财产"明显不合理"的低价或者高价标准的解释。

原《合同法》第74条规定了债权人撤销权，规定行使债权人撤销权的要件之一，就是债务人以明显不合理的低价或者高价处分财产。对于其中的明显不合理的低价和高价，《最高人民法院关于适用〈中华人民共和国合同法〉若干问题的解释（二）》第19条作了明确规定，原则是转让价格达不到交易时交易地的指导价或者市场交易价70%的，一般可以视为明显不合理的低价，对转让价格高于当地指导价或者市场交易价30%的，一般可以视为明显不合理的高价。《民法典》实施后，《全国法院贯彻实施民法典工作会议纪要》第9条规定，《民法典》第539条规定的明显不合理的低价和高价认定的标准，基本上适用《最高人民法院关于适用〈中华人民共和国合同法〉若干问题的解释（二）》规定的70%或者30%的标准予以确认。本条在《全国法院贯彻实施民法典工作会议纪要》第9条的基础上，作了进一步完善。

《民法典》第538条和第539条规定了两种债权人可以行使撤销权的规则。第一种可以行使撤销权的行为，是放弃债权、放弃债权担保或者无偿转让财产等方式无偿处分财产权益。规定的这些条件很好判断。第二种可以行使撤销权的行为，是债务人以明显不合理的低价转让财产、以明显不合理的高价受让他人财产或者为他人的债务提供担保，这种行为损害债权人的债权的，债权人可以行使撤销权，撤销债务人处分财产的行为，以保全债务人的财产。

其中，以"明显不合理的低价"转让财产或者"明显不合理的高价"受让他人财产，究竟应该如何界定这里规定的低价和高价，是司法实务问题，应当由司法解释作出回答。本条司法解释规定了以下三个规则。

1. 对"明显不合理"的低价和高价的一般认定标准

认定"明显不合理"的低价和高价，必须有一个确定的标准，即以什么标准来判断债务人转让财产的行为是属于"明显不合理的低价"以及"明显不合理的高价"。对此，本条规定的一般标准是，《民法典》第 539 条规定的"明显不合理"的低价或者高价，应当以交易当地一般经营者的判断，并参考交易时交易地的市场交易价或者物价部门指导价予以认定。

这里提到了两个标准：一是基本判断标准，是按照交易当地一般经营者的判断，这是主要的判断标准。如果当地的一般经营者判断属于"明显不合理"的低价或者高价，就以其作为判断的基本依据。二是参考判断标准，是按照交易时交易地的市场交易价或者物价部门指导价，在以交易当地一般经营者判断的基础上，再参考交易时交易地的市场交易价或者物价部门的指导价。在综合这两个标准的情况下，作为判断明显低于或者明显高于的基本标准。

2. 认定明显不合理的低价和高价的具体标准

在确定判断明显低于或者明显高于的基本标准确定后，再来讨论认定"明显不合理"的低价或高价的具体标准。本条基本上采纳的是以往司法解释的经验，掌握的标准是 70%、30%，即转让价格未达到交易时交易地的市场交易价或者指导价 70% 的，一般可以认定为"明显不合理的低价";受让价格高于交易时交易地的市场交易价或者指导价30%的,一般可以认定为"明显不合理的高价"。

在这样的标准确定后,判断债务人以明显不合理的低价转让财产,或者以明显不合理的高价受让他人的财产,都符合债权人行使撤销权的要求。

3. 对债务人与相对人有亲属关系、关联关系的处分财产明显不合理低价或高价的认定

前一款规定的确定债务人以明显不合理的低价转让财产或者以明显不合理的高价受让他人财产,是一个通常标准,用于一般的债权人对债务人处分自己财产的行为可以行使撤销权的判断。

但是有例外情况,即以下两种情况,这个标准并不绝对化。

第一种情况是,债务人与相对人存在亲属关系,债务人向自己的亲属出让财产,或者债务人的亲属向自己出让财产,由于债务人与相对人之间是亲属关系。因此,判断明显不合理的低价和明显不合理的高价,就不能仅以市场交易的价格作为判断标准。

第二种情况是,债务人与相对人存在关联关系。例如,一方与另一方的控股出资人、实际控制人、董事、监事、高级管理人员等存在关联关系的,在这种情况下的处分财产行为,也不能完全依据市场交易的价格作为判断标准确认明显不合理的低价或者明显不合理的高价。

所以,本条规定,在存在上述两种关系,即亲属关系和关联关系时,认定不合理的低价或者不合理的高价,不受前款规定的70%、30%的限制。至于究竟掌握什么样的标准才可以确认明显不合理的低价或者高价,要由法官根据实际情况判断,特别是要结合债务人的主观心理状态来确定。例如,双方的交易价格就是70%或者30%,

但是，债务人有逃避债务的主观心理状态，当然可以确认是"明显不合理"的低价或者高价。

第四十三条　其他不合理交易行为的认定

债务人以明显不合理的价格，实施互易财产、以物抵债、出租或者承租财产、知识产权许可使用等行为，影响债权人的债权实现，债务人的相对人知道或者应当知道该情形，债权人请求撤销债务人的行为的，人民法院应当依据民法典第五百三十九条的规定予以支持。

【民法典条文】

第五百三十八条　债务人以放弃其债权、放弃债权担保、无偿转让财产等方式无偿处分财产权益，或者恶意延长其到期债权的履行期限，影响债权人的债权实现的，债权人可以请求人民法院撤销债务人的行为。

第五百三十九条　债务人以明显不合理的低价转让财产、以明显不合理的高价受让他人财产或者为他人的债务提供担保，影响债权人的债权实现，债务人的相对人知道或者应当知道该情形的，债权人可以请求人民法院撤销债务人的行为。

【相关司法解释】

《最高人民法院关于适用〈中华人民共和国合同法〉若干问题的解释（二）》

第十八条　债务人放弃其未到期的债权或者放弃债权担保，或者恶意延长到期债权的履行期，对债权人造成损害，债权人依照合同法第七十四条的规定提起撤销权诉讼的，人民法院应当支持。

【条文要义】

本条是对认定债权人行使撤销权要件中其他不合理交易行为的解释。

对债权人撤销权行使要件的"其他不合理交易行为"，《最高人民法院关于适用〈中华人民共和国合同法〉若干问题的解释（二）》第18条曾经作过部分规定。本条在此基础上，全面规定了"其他不合理交易行为"的具体范围。

《民法典》第539条规定，债务人以明显不合理的价格，包括低价转让财产、以明显不合理的高价受让他人财产，都是不合理的交易行为。但是，这只是规定了明显不合理的低价和明显不合理的高价转让财产的一般交易行为，没有明确规定其他不合理交易行为的具体表现形式。

本条以解释"其他不合理交易行为"的方法，规定了实际交易行为以外的其他不合理交易行为的范围。

这些其他不合理的交易行为主要是：

1. 债务人以明显不合理的价格实施财产互易

财产互易行为并非免费，是存在明显对价的。如果双方互易财产的价值完全不对等，超出前一条解释规定的70%或者30%标准的，构成不合理的交易行为。

2. 以明显不合理的价格以物抵债

以物抵债虽然发生在清偿债务中，但是，如果以明显不合理的低价或者高价进行以物抵债，同样损害债权人的债权。以物抵债的价值超过市场价值的 70% 或者 30% 标准的，也是不合理的交易行为。

3. 以明显不合理的价格出租或者承租财产

租赁财产同样是交易行为，并且是有对价的交易行为。租赁财产的对价就是租金，租金过分高于或者过分低于市场价格，超出 70% 或者 30% 标准的，也属于明显的不合理低价或者高价，是其他不合理的交易行为。

4. 以明显不合理的价格实施知识产权许可使用行为

对知识产权设置许可使用权，是知识产权的交易行为，也有合理的对价，应当以市场通常的交易价来判断。以明显不合理的低价或者高价实施知识产权的许可使用行为，也构成不合理的交易行为。

实施上述其他不合理交易行为，还应当具备两个条件：第一，是影响债权人的实现，这是不合理交易行为发生的后果，是债权人行使撤销权的要件之一；第二，是债务人在实施上述不合理交易行为时，相对人的主观心理状态，即债务人的相对人知道或者应当知道该情形。这是债权人行使撤销权的相对人的主观要件。

在债务人与相对人实施上述不合理交易行为时，具备上述两个条件的，构成债权人对债务人实施的处分财产行为行使撤销权的要件，债权人行使撤销权就有法律依据。债权人请求撤销债务人处分财产行为的，法院应予支持。

在本条中，对不合理交易行为的列举规定中，还有一个"等行为"的规定，对此，只要是符合债务人以明显不合理的价格，处分自己的财产或者财产权利的行为，就可以概括在"等行为"之中。

第四十四条　债权人撤销权诉讼的当事人、管辖和合并审理

债权人依据民法典第五百三十八条、第五百三十九条的规定提起撤销权诉讼的，应当以债务人和债务人的相对人为共同被告，由债务人或者相对人的住所地人民法院管辖，但是依法应当适用专属管辖规定的除外。

两个以上债权人就债务人的同一行为提起撤销权诉讼的，人民法院可以合并审理。

【民法典条文】

第五百三十八条　债务人以放弃其债权、放弃债权担保、无偿转让财产等方式无偿处分财产权益，或者恶意延长其到期债权的履行期限，影响债权人的债权实现的，债权人可以请求人民法院撤销债务人的行为。

第五百三十九条　债务人以明显不合理的低价转让财产、以明显不合理的高价受让他人财产或者为他人的债务提供担保，影响债权人的债权实现，债务人的相对人知道或者应当知道该情形的，债权人可以请求人民法院撤销债务人的行为。

【相关司法解释】

《最高人民法院关于适用〈中华人民共和国合同法〉若干问题的解释（一）》

第二十三条　债权人依照合同法第七十四条的规定提起撤销权诉讼的，由被告住所地人民法院管辖。

第二十四条　债权人依照合同法第七十四条的规定提起撤销权

诉讼时只以债务人为被告，未将受益人或者受让人列为第三人的，人民法院可以追加该受益人或者受让人为第三人。

第二十五条　债权人依照合同法第七十四条的规定提起撤销权诉讼，请求人民法院撤销债务人放弃债权或转让财产的行为，人民法院应当就债权人主张的部分进行审理，依法撤销的，该行为自始无效。

两个或者两个以上债权人以同一债务人为被告，就同一标的提起撤销权诉讼的，人民法院可以合并审理。

【条文要义】

本条是对债权人行使撤销权诉讼的当事人、管辖和合并审理规则的解释。

应当注意的是，《民法典》对债权人代位权和债权人撤销权两种保全措施规定的规则不同，前者适用"非入库规则"，后者适用"入库规则"，因而行使代位权或者撤销权的，债权人对债务人的相对人行使权利都是为了保全债务人的财产，而是债权人在行使代位权时可以直接请求相对人对自己清偿债务，实现债权。而债权人行使撤销权则不是这样，是撤销后返还的财产归于债务人的责任财产中。因此，存在对债权人行使撤销权诉讼的当事人、管辖和合并审理等一系列问题。原《最高人民法院关于适用〈中华人民共和国合同法〉若干问题的解释（一）》第 23 条至第 25 条曾经作过详细规定。本条在此基础上，对债权人行使撤销权诉讼的当事人、管辖和合并审理规定了具体规则。

《民法典》第 538 条和第 539 条规定了债权人撤销权的基本规则，对债权人行使撤销权诉讼中当事人的列法、案件管辖以及合并审理的规则都没有作具体规定。本条依据《民法典》第538条和第539条的规定，对以下几个问题作出了解释。

1. 债权人撤销权诉讼的共同被告

无论是债务人以放弃其债权、放弃债权担保、无偿转让财产等方式无偿处分财产权益，或者恶意延长其到期债权的履行期限，影响债权人的债权实现，以及债务人以明显不合理的低价转让财产、以明显不合理的高价受让他人财产，或者为他人的债务提供担保，影响债权人的债权实现的，债权人都可以向法院提起行使撤销权的诉讼。

由于债权人提起的撤销权诉讼涉及的不仅是债务人，还包括与债务人进行交易行为的相对人，所要撤销的正是债务人与交易相对人两个人之间的交易行为。因此，在审理撤销权的诉讼中，就必须把债务人和相对人都作为被告进行审理，生效判决对他们之间的交易行为发生法律效力。

所以，本条第1款规定，债权人依据《民法典》第538条、第539条的规定提起撤销权诉讼的，是必要的共同诉讼，应当以债务人和债务人的相对人为共同被告，一并进行审理。

2. 债权人撤销权诉讼的管辖

对债权人提起的撤销权诉讼确定管辖的方法是，由债务人或者相对人的住所地法院管辖。按照这一规则，债权人可以在债务人的住所地，也可以在债务人的相对人的住所地，向法院提起诉讼，当地法院有权管辖。

但书规定的是，如果对债权人对债务人或者债务人的相对人的诉讼，属于专属管辖的，应当适用专属管辖的规定，不能按照这一规定，即由债务人住所地或者相对人的住所地的法院管辖。

3. 数个债权人提起撤销权诉讼的依法合并审理

当债务人对两个以上的债权人负有债务，债务人以放弃其债权、放弃债权担保、无偿转让财产等方式无偿处分财产权益，或者恶意延长其到期债权履行期限，影响债权人的债权实现，以及债务人以明显不合理的低价转让财产、以明显不合理的高价受让他人财产，或者为他人的债务提供担保，影响债权人的债权实现的，两个以上的债权人都享有撤销权，都有权向有管辖权的法院提起行使撤销权的诉讼。

这虽然是两个以上的独立诉讼，但是，诉讼所针对的都是同一个债务人与债务人的相对人处分其财产，影响债权人债权实现的行为，因而法院在受理这些不同债权人提起的行使撤销权的诉讼，分别审理不利，可以合并审理，避免作出相互冲突的判决，或者因判决的先后而使债权人的债权实现出现不公平的结果。

所以，本条第 2 款规定，两个或者两个以上的债权人就债务人的同一行为提起撤销权诉讼的，人民法院可以依法合并审理。就这些不同的债权人提起的撤销权诉讼经过合并审理，作出同一个判决，每一个债权人都依据该判决，使其对债务人享有的债权取得相应的财产保全。

第四十五条　债权人撤销权的效力范围及必要费用的认定

在债权人撤销权诉讼中，被撤销行为的标的可分，当事人主张在受影响的债权范围内撤销债务人的行为的，人民法院应予支持；被撤销行为的标的不可分，债权人主张将债务人的行为全部撤销的，人民法院应予支持。

债权人行使撤销权所支付的合理的律师代理费、差旅费等费用，可以认定为民法典第五百四十条规定的"必要费用"。

【民法典条文】

第五百三十八条 债务人以放弃其债权、放弃债权担保、无偿转让财产等方式无偿处分财产权益，或者恶意延长其到期债权的履行期限，影响债权人的债权实现的，债权人可以请求人民法院撤销债务人的行为。

第五百三十九条 债务人以明显不合理的低价转让财产、以明显不合理的高价受让他人财产或者为他人的债务提供担保，影响债权人的债权实现，债务人的相对人知道或者应当知道该情形的，债权人可以请求人民法院撤销债务人的行为。

第五百四十条 撤销权的行使范围以债权人的债权为限。债权人行使撤销权的必要费用，由债务人负担。

【相关司法解释】

《最高人民法院关于适用〈中华人民共和国合同法〉若干问题的解释（一）》

第二十六条 债权人行使撤销权所支付的律师代理费、差旅费等必要费用，由债务人负担；第三人有过错的，应当适当分担。

【条文要义】

本条是对认定债权人行使撤销权效力范围以及必要费用的解释。

在《民法典》实施之前，《最高人民法院关于适用〈中华人民共和国合同法〉若干问题的解释（一）》第 26 条仅对债权人行使撤销权所支付的律师代理费、差旅费等费用，认定为行使撤销权的必要费用，由债务人负担。本条除继续坚持这一规则外，还对认定债权人行使撤销权的效力范围作出了具体规定。

《民法典》第 540 条对债权人行使撤销权的效力范围作了原则规定，即"撤销权的行使范围以债权人的债权为限。债权人行使撤销权的必要费用，由债务人负担。"这一条文规定的债权人行使撤销权的效力范围是一个原则，规定的必要费用也是一个原则，在具体实务的操作中，应当有具体规则。本条针对这两个问题，分别作出了规定。

1. 行使撤销权的效力范围以被撤销行为的标的是否可分为标准

行使撤销权发生的效力范围，应当以被撤销行为的标的是否可分作为标准。

《民法典》根据债的标的是否可分，把债区别为可分之债和不可分之债。第 517 条规定："债权人为二人以上，标的可分，按照份额各自享有债权的，为按份债权；债务人为二人以上，标的可分，按照份额各自负担债务的，为按份债务。按份债权人或者按份债务人的份额难以确定的，视为份额相同。"

可分之债，是指在债的关系中，债的标的是可以分割的债。债的标的可分，并且在实际分割后的按份之债，是多数人之债。可分之债的标准，一是对债权或者债务的分割是否损害债的目的。分割不损害债的目的的，为可分之债，否则为不可分之债。二是债权或者债务的分割是否在约定中予以禁止，有禁止分割约定的，为不可分之债。三是债的标的分割是否符合交易习惯和标的物的用途，如钥匙与锁的关系，不能仅交付其一，为不可分标的。

不可分之债，是指在债的关系中，给付标的不能分割的债。既然债的给付为不可分，故各债权人只能享有同一给付标的，其自然也只能为全体债权人请求履行。不可分债务本质上是复数债务，因其给付不可分，故在履行上应当准用连带债务的规定，各债务人均应当承担全部给付义务。

在债权人行使撤销权的诉讼中，确定撤销权的效力范围，应当按照这样的规则，确定撤销权的被撤销行为究竟是对部分标的发生效力，还是对全部标的发生效力。

如果被撤销行为的标的是可分的，可以分割被撤销行为的标的，债权人撤销权的效力仅及于与其债权的范围相对应的部分，也就是撤销与债权人的债权数额相对应的部分即可。所以本条第 1 款规定，当事人主张在受影响的债权范围内撤销债务人的行为的，法院应予支持。

如果是数个债权人对同一个债务人与相对人的交易行为行使撤销权，债的标的是可分的，可以对可分的债的标的进行分割，各个行使撤销权；也可以按照数个债权人的债权总和共同行使撤销权，再以返还的财产分别实现自己的债权。

如果被撤销行为的标的是不可分的，债权人行使撤销权虽然并不应及于债务人与相对人之间发生交易行为的全部标的，但是，也没有更好的办法，由于被撤销行为的标的是不可分，无法对其进行分割予以撤销。因此，债权人主张将债务人的行为全部撤销的，根据本条规定，法院应予支持。

2. 债权人行使撤销权的"必要费用"的界定

《民法典》第 540 条规定了债权人行使撤销权的必要费用，要由债务人负担。这里的"必要费用"究竟包括哪些，在实务中没有统一标准。特别是对于债权人行使撤销权所支付的律师代理费、差旅费等，是否在必要费用的范围内，没有一致的意见，有的法院判决应当负担，有的法院则判决不应当负担。

对此，本条第 2 款规定，债权人行使撤销权所支付的合理的律师代理费、差旅费等费用，可以认定为《民法典》第 540 条规定的"必要费用"。债权人行使撤销权所支付的律师代理费、差旅费等费用，都由债务人负担。

这里的"等"费用应当怎样理解，本条没有进一步规定，实务判断要根据实际情况，类似于律师代理费或者差旅费的费用，要以必要为标准。如果是必要费用，就包括在这种费用中，应当由债务人负担。这一部分的判断，由法官依据职权作出，但债权人应当证明这些费用对行使债权人撤销权的必要性。

第四十六条　撤销权行使的法律效果

债权人在撤销权诉讼中同时请求债务人的相对人向债务人承担返还财产、折价补偿、履行到期债务等法律后果的，人民法院依法予以支持。

债权人请求受理撤销权诉讼的人民法院一并审理其与债务人之间的债权债务关系，属于该人民法院管辖的，可以合并审理。不属于该人民法院管辖的，应当告知其向有管辖权的人民法院另行起诉。

债权人依据其与债务人的诉讼、撤销权诉讼产生的生效法律文书申请强制执行的，人民法院可以就债务人对相对人享有的权利采取强制执行措施以实现债权人的债权。债权人在撤销权诉讼中，申请对相对人的财产采取保全措施的，人民法院依法予以准许。

【民法典条文】

第五百三十八条 债务人以放弃其债权、放弃债权担保、无偿转让财产等方式无偿处分财产权益，或者恶意延长其到期债权的履行期限，影响债权人的债权实现的，债权人可以请求人民法院撤销债务人的行为。

第五百三十九条 债务人以明显不合理的低价转让财产、以明显不合理的高价受让他人财产或者为他人的债务提供担保，影响债权人的债权实现，债务人的相对人知道或者应当知道该情形的，债权人可以请求人民法院撤销债务人的行为。

【条文要义】

本条是对债权人行使撤销权法律效果的解释。

在《民法典》实施之前，司法解释对债权人行使撤销权的法律效果没有作出过规定。

对债权人行使撤销权的法律效果，《民法典》第 542 条只规定了"债务人影响债权人的债权实现的行为被撤销的，自始没有法律约束力"，没有进一步规定具体的法律效果。本条司法解释在这个法律条文的基础上，进一步明确规定，在撤销权诉讼中，判决撤销债务人与相对人的交易行为后，债务人的财产或者债权"入库"的具体措施，以及债权人在行使债权人撤销权的同时主张债务人清偿债务实现债权的审理方法、确定判决生效后的强制执行问题，都作了进一步的具体解释。

1. 影响债权实现的交易行为被撤销后相应后果的实现

《民法典》规定债权人行使撤销权的后果是入库原则，就是撤销债务人和债务人的相对人之间的影响债权人债权实现的交易行为，将债务人撤销该交易行为的财产纳入债务人的责任财产范围内，用以保全债权人的债权。

按照债权人撤销权的入库原则，仅撤销债务人与相对人的交易行为还不够，还必须将交易行为所处分的财产"入库"，归到债务人的责任财产中。因此，还应当在交易行为被撤销后，财产应当返还原物、折价补偿以及履行到期债务，这些后果都要归入债务人的责任财产中。只有这样，债权人的债权才能得到保全。

因此，本条第1款规定，债权人在撤销权诉讼中，同时请求债务人的相对人向债务人承担该行为被撤销后产生的返还财产、折价补偿、履行到期债务等法律后果的，法院依法予以支持。按照这一规定，债权人在行使撤销权诉讼的起诉中，不仅要主张撤销债务人与相对人的交易行为，而且要请求债务人和相对人返还财产，不能返还财产的应当折价补偿，对到期的债务应当向债务人履行。债权人一并起诉这些诉讼请求后，法院就能按照上述规则，作出完整的保全债务人财产的判决。

2. 撤销权诉讼与实现债权诉讼的一并审理

如前所述，《民法典》规定债权人代位权和债权人撤销权，前者不实行入库规则，后者实行入库规则，因而在法律效果上是有区别的。因此，债权人行使代位权，可以直接要求债务人的相对人向自己履行债务，实现债权；但是，债权人行使撤销权，却只能撤销债务人与相对人之间的交易行为，不能直接要求债务人的相对人向自己履行债务。

债权人在行使撤销权的同时，是否可以直接请求债务人用撤销交易行为返还的财产清偿债务，在法律规定上是一个还不明确的问题。

对此，在司法实践中有两种不同做法：一是债权人在行使撤销权的诉讼中，同时提起债务人清偿债务的诉讼请求；二是债权人在行使撤销权的诉讼结束后，再另行提起债务人清偿债务的诉讼。

这两种方法相比较，后一种方法不仅比较烦琐，不利于债权人行使权利，而且在这两个诉讼之间一旦有空隙，就有发生损害债权人债权的可能。如果采用第一种方法，就能够在债权人行使撤销权的同时，一并提起债务清偿的诉讼，就可以在同一个诉讼案件中一并解决行使撤销权的请求和清偿债务的请求。

这里的障碍，是两个诉讼是不是属于同一个法院管辖。如果是同一个法院管辖，当然没有问题；如果不是同一个法院管辖，则只能依照管辖的规定，分别处理。对不属于同一个法院管辖的，法院应当告知债权人向享有管辖权的法院另行起诉。

正因为如此，本条第 2 款规定，债权人请求受理撤销权诉讼的人民法院一并审理其与债务人之间的债权债务关系，只要是属于该人民法院管辖的，法院就可以依法准许，将债权人的撤销权诉讼和其与债务人的债权关系的清偿债务诉讼合并审理，作出一个支持撤销权和实现债权的判决，保护好债权人的债权。

3. 撤销权诉讼与债权债务关系诉讼的生效法律文书的强制执行

按照《民法典》的规定以及司法解释确定的方法，债权人就单纯行使撤销权提起诉讼，没有一并提起对债务人债权债务关系的诉讼，是很少见的，因为既然撤销权行使的后果是使债务人的财产入库，而不是直接清偿债权人的债务，债权人在提起撤销权诉讼时，同时提起债务人清偿债务的诉讼，就能够通过一个诉讼，既保全债务人的财产，又能够实现自己的债权，还能避免债务人的其他债权人也提起诉讼而使自己的债权实现受到阻碍。

由于债权人在行使撤销权诉讼中，同时会提起对债务人的债权债务关系的诉讼，因而法院在裁判时，会在一个判决中，既作出撤销债务人与相对人的交易行为，把财产返还给债务人，同时又会判决债务人向债权人清偿债务。

当债权人依据撤销权诉讼和有关债权人与债务人债权债务关系的生效法律文书申请强制执行的，法院当然可以就债务人对相对人享有的权利采取强制执行措施，用以实现债权人的债权。这样做，既方便法院的诉讼，也方便当事人的权利实现。

法院在对债权人提出的强制执行请求时，债务人还有其他申请执行人，债务人的其他债权人对债权人的债务请求也经过人民法院的生效判决确认，这时，如果相对人应当给付或者返还债务人的财产不足以实现全部申请执行人的权利的，对债权人行使撤销权并用撤销交易行为返还的财产，债务人的数个债权人都提出清偿债务的请求，行使撤销权的债权人是否有优先权，有不同的意见。有的认为，毕竟债权人行使撤销权付出了诉讼成本，其他债权人没有行使这个权利，不能因而坐享其成，所以，行使撤销权后债务人取得的财产，应当优先清偿行使撤销权的债权人实现债权，对剩余部分的财产，其他债权人才可以请求强制执行。也有的认为，只要债权人行使撤销权取得财产，自己的债权并未因此而享有担保物权，不具有债权实现的优先权，与其他债权人的债权仍然是平等债权，应当按照债权比例，平等接受清偿。

对此，由于存在不同见解，本条又没有说行使债权人撤销权的债权人是否享有实现债权的优先权，只是说，依照有关法律、司法解释的规定处理，很难确定究竟是依据哪一个法律规定、哪一条司法解释。

债权平等，是《民法典》规定债权的基本规则，只要特定的债权没有保证或者担保物权的担保，这个债权就难以得到优先权的保障。债权人行使撤销权确实付出了诉讼成本，但这不会使债权获得优先受偿权；如果一个债务人对数个债权人负有债务，就应当是平等债权，其财产不足以清偿数个债权人的债务，应当按比例进行清偿。

4. 债权人在撤销权诉讼中有权请求对相对人的财产采取保全措施

本条司法解释第 2 款的后段，规定了债权人在撤销权诉讼中，申请对相对人的财产采取保全措施的，法院依法予以准许。尽管《民事诉讼法》对此没有规定，但是这并不违反财产保全的规定。所以，这样规定是有道理的，有利于保障债权人的债权实现。

第六章 合同的变更和转让

第四十七条 债权债务转让纠纷的诉讼第三人

债权转让后，债务人向受让人主张其对让与人的抗辩的，人民法院可以追加让与人为第三人。

债务转移后，新债务人主张原债务人对债权人的抗辩的，人民法院可以追加原债务人为第三人。

当事人一方将合同权利义务一并转让后，对方就合同权利义务向受让人主张抗辩或者受让人就合同权利义务向对方主张抗辩的，人民法院可以追加让与人为第三人。

【民法典条文】

第五百四十八条 债务人接到债权转让通知后，债务人对让与人的抗辩，可以向受让人主张。

第五百五十三条 债务人转移债务的，新债务人可以主张原债务人对债权人的抗辩；原债务人对债权人享有债权的，新债务人不得向债权人主张抵销。

第五百五十六条 合同的权利和义务一并转让的，适用债权转让、债务转移的有关规定。

【相关司法解释】

《最高人民法院关于适用〈中华人民共和国合同法〉若干问题的解释（一）》

第二十七条 债权人转让合同权利后，债务人与受让人之间因履行合同发生纠纷诉至人民法院，债务人对债权人的权利提出抗辩的，可以将债权人列为第三人。

第二十八条 经债权人同意，债务人转移合同义务后，受让人与债权人之间因履行合同发生纠纷诉至人民法院，受让人就债务人对债权人的权利提出抗辩的，可以将债务人列为第三人。

第二十九条 合同当事人一方经对方同意将其在合同中的权利义务一并转让给受让人，对方与受让人因履行合同发生纠纷诉至人民法院，对方就合同权利义务提出抗辩的，可以将出让方列为第三人。

【条文要义】

本条是对债权债务转让纠纷诉讼中是否可以追加诉讼第三人的司法解释。

在债权债务转移纠纷中，对债权转让、债务转移或者债权债务概括转移，一方当事人提出抗辩后，如何列第三人的规则，《最高人民法院关于适用〈中华人民共和国合同法〉若干问题的解释（一）》第27条至第29条分三条作了规定。本条司法解释把这三个规则合并在一起，作为债权债务转让纠纷诉讼中第三人的规则，分三款作出具体规定。

在债权转让、债务转移和债权债务概括转移中，都存在新债当事人与原债当事人之间的关系问题。这种关系最主要的问题，就是新债权人以原债权人的抗辩事由向债务人提出抗辩，或者新债务人以原债务人对债权人的抗辩事由向债权人提出抗辩。在这种争议案件的审理中，就不仅仅是新债权债务关系当事人之间的纠纷，还应当审查原债权人或者债务人对对方当事人享有的抗辩是否成立的问题。如果原债权债务关系当事人对对方当事人享有的抗辩依法成立，新债权债务关系当事人就有权以此向对方当事人提出抗辩。所以，在审理债权债务转移的争议案件中，出让债权、债务或者债权债务概括转移的当事人是否享有抗辩事由或者抗辩权，就是一个关键问题。

所以，本条规定，在债权债务转移的纠纷案件中，如果新债权债务关系的当事人，以转让债权或者债务的当事人享有的抗辩理由或者抗辩权对抗对方当事人的，法院可以把原债权债务关系的当事人依法追加为无独立请求权的第三人参加诉讼，便于查清事实，正确适用法律。

诉讼中的具体处理方法有以下三种。

1. 债权转让的让与人可以追加为第三人

原债权人将自己的债权转让给新债权人，应当按照《民法典》的规定进行转让。债权转让后，债务人向债权的受让人也就是新债权人主张其对让与人也就是原债权人的抗辩的，法院可以追加债权的让与人为无独立请求权的第三人，参加案件的审理。

2. 债务转移的原债务人可以追加为第三人

原债务人将自己的债务转让给新债务人，债权人没有发生变化，仍然是原债权人。债务转移后，新债务人主张原债务人即债务让与人对债权人的抗辩的，法院可以追加出让人为无独立请求权的第三人，参加案件的审理。

3. 债权债务概括转移的让与人可以追加为第三人

债权债务概括转移，其实是双务合同的当事人一方，把自己享有的债权和负有的债务一并转移给第三人，使第三人成为新债权债务关系的债权人和债务人。转移债权债务关系的一方当事人是让与人，受让债权债务的当事人是新债权债务关系当事人。

由于新债权债务关系的当事人双方既是债权人又是债务人，在双方当事人发生争议后，如果对方就合同权利义务向受让人主张抗辩，或者受让人就合同权利义务向对方主张抗辩的，法院也可以追加让与人为无独立请求权的第三人，一起参加诉讼进行审理。

应当注意的是，本条追加第三人，都是"可以"，而不是应当。是否追加，一是法官裁量权，可以依据法律和案件的具体情况确定；二是看第三人的意愿，第三人不愿意作为第三人参加诉讼的，也可以斟酌案情予以准许。

第四十八条　债权转让通知

债务人在接到债权转让通知前已经向让与人履行，受让人请求债务人履行的，人民法院不予支持；债务人接到债权转让通知后仍然向让与人履行，受让人请求债务人履行的，人民法院应予支持。

让与人未通知债务人，受让人直接起诉债务人请求履行债务，人民法院经审理确认债权转让事实的，应当认定债权转让自起诉状副本送达时对债务人发生效力。债务人主张因未通知而给其增加的费用或者造成的损失从认定的债权数额中扣除的，人民法院依法予以支持。

【民法典条文】

第五百四十六条 债权人转让债权，未通知债务人的，该转让对债务人不发生效力。

债权转让的通知不得撤销，但是经受让人同意的除外。

【条文要义】

本条是对债权转让通知的规则如何适用的解释。

在《民法典》实施之前，司法解释没有对此作过规定。依照《民法典》第546条的规定，债权人转让自己的债权，应当通知债务人，未通知债务人的，该转让对债务人不发生效力。同时还规定，债权转让的通知不得撤销，但是经受让人同意的除外。因此，在债权转让中，债权人应当通知债务人，是债权转让的生效要件。

在具体实务操作中，债权人转让自己的债权，通知还是没有通知债务人，债务人接到通知还是没有接到通知，在实体上和程序上都会发生重大影响。本条首先规定的是债务人是否接到债权人通知时实施履行行为的效果，然后规定债权人未通知债务人而受让人主张债务人履行的效果。

1. 债务人是否接到债权人通知的履行效果

债权人转让债权，通知还是未通知债务人，最重要的是债务人接到还是未接到债权转让通知。这里实行的还是意思表示的到达主义立场。对此，在实体法上，债权人的通知还是未通知，债务人的接到还是未接到，发生的主要问题包括以下几个：

第一，债务人在接到债权转让通知前，按照原债权债务关系的约定，已经向让与人也就是原债权人履行，该履行行为在实际履行的范围内，消灭债权人的相应债权。这时，如果受让人请求债务人向其履行债务的，法院不予支持。这是因为，债权人转让债权未通知债务人，或者债务人未接到债权转让通知，债务人对出让人作出的履行已经消灭了相应债权，债务人不用再继续履行，新债权人也无权请求履行。

第二，在债权转让后，债务人已经接到债权人发出的债权转让通知，债权转让已经生效。这时，债务人仍然向让与人履行，就没有法律根据，因为让与人已经不再是债权债务关系的债权人，债务人没有义务向让与人履行债务，因而债务人的履行是无效的履行，不发生债权消灭的后果。对此，受让人请求债务人履行的，债务人应当向受让人履行债务，法院对受让人也就是新债权人的履行请求，应予支持。

这里没有提到债务人实施了双重履行，对让与人的履行无效后应当怎样处理。债务人没有接到债权转让通知之前对债权人的履行，消灭对债权人的债务，因为债权转让还未生效，债权让与人还是债权人。通知到达后，让与人将自己的债权让与他人，自己就不再是债权人，债务人在接到债权人让与债权的通知后还继续向他履行，让与人应当拒绝受领，已经受领的构成不当得利，债务人有权向其请求返还不当得利。

2. 债权人未通知债务人而受让人主张债务人履行的效果

在债权让与中，让与人没有履行通知债务人的义务，债务人不知道债权人已经把债权让与给新债权人，由于债权转让没有发生效力，新债权人也就是债权受让人主张债务人向其履行债务的，原则上为无理由。

但是，债权受让人也就是新债权人通过提起诉讼，请求债务人向其履行债务的，是否也发生同样的效果，存在不同的见解。对此，本条第2款规定，让与人未通知债务人，受让人直接起诉债务人请求履行债务，法院经审理已经确认债权转让事实的，债权转让发生效力。至于在什么时间应当认定为债权人出让人履行了通知，本条规定，应当认定债权转让自起诉状副本送达的时间，就对债务人发生债权转让的效力。

这是一个实事求是的处理方法。如果债权人让与债权时没有对债务人履行通知义务，债务人就不知道债权已经转让。可是，如果不分清情况，一律认为这种债权让与不发生效力，不利于促进交易。所以，本条司法解释采取了区别对待的方法，如果受让债权的新债权人没有通过诉讼请求债务人向自己履行债务，就可以确认债权并没有完成让与，受让人不得向债务人请求清偿债务。但是，受让人已经向法院起诉，法院经过审理也已经认为债权让与成立，这时，如果还不承认债权已经发生转让，就不是实事求是的态度了。因此，确定何时完成对债务人的通知，就是债权让与是否生效的关键。本条司法解释确认，自起诉状副本送达时对债务人发生效力，是比较准确的规则。

在上述情况下，由于法院已经确认债权让与成立并生效，债务人应当向新债权人也就是受让人履行债务。不过，债务人在履行债务时，如果主张因债权人未履行通知义务而给其履行债务增加的费用或者造成的损失从认定的债权数额中扣除的，是合情合理的请求，是应当扣除的。因此，法院依法予以支持。

第四十九条　表见让与和债务人确认债权存在

债务人接到债权转让通知后，让与人以债权转让合同不成立、无效、被撤销或者确定不发生效力为由请求债务人向其履行的，人民法院不予支持。但是，该债权转让通知被依法撤销的除外。

受让人基于债务人对债权真实存在的确认受让债权后，债务人又以该债权不存在为由拒绝向受让人履行的，人民法院不予支持。但是，受让人知道或者应当知道该债权不存在的除外。

【民法典条文】

第五百四十六条　债权人转让债权，未通知债务人的，该转让对债务人不发生效力。

债权转让的通知不得撤销，但是经受让人同意的除外。

第七百六十三条　应收账款债权人与债务人虚构应收账款作为转让标的，与保理人订立保理合同的，应收账款债务人不得以应收账款不存在为由对抗保理人，但是保理人明知虚构的除外。

第七百六十五条　应收账款债务人接到应收账款转让通知后，应收账款债权人与债务人无正当理由协商变更或者终止基础交易合同，对保理人产生不利影响的，对保理人不发生效力。

第七百六十八条　应收账款债权人就同一应收账款订立多个保理合同，致使多个保理人主张权利的，已经登记的先于未登记的取得应收账款；均已经登记的，按照登记时间的先后顺序取得应收账款；均未登记的，由最先到达应收账款债务人的转让通知中载明的保理人取得应收账款；既未登记也未通知的，按照保理融资款或者服务报酬的比例取得应收账款。

【相关司法解释】

《最高人民法院关于审理买卖合同纠纷案件适用法律问题的解释》（2020）

第六条 出卖人就同一普通动产订立多重买卖合同，在买卖合同均有效的情况下，买受人均要求实际履行合同的，应当按照以下情形分别处理：

（一）先行受领交付的买受人请求确认所有权已经转移的，人民法院应予支持；

（二）均未受领交付，先行支付价款的买受人请求出卖人履行交付标的物等合同义务的，人民法院应予支持；

（三）均未受领交付，也未支付价款，依法成立在先合同的买受人请求出卖人履行交付标的物等合同义务的，人民法院应予支持。

第七条 出卖人就同一船舶、航空器、机动车等特殊动产订立多重买卖合同，在买卖合同均有效的情况下，买受人均要求实际履行合同的，应当按照以下情形分别处理：

（一）先行受领交付的买受人请求出卖人履行办理所有权转移登记手续等合同义务的，人民法院应予支持；

（二）均未受领交付，先行办理所有权转移登记手续的买受人请求出卖人履行交付标的物等合同义务的，人民法院应予支持；

（三）均未受领交付，也未办理所有权转移登记手续，依法成立在先合同的买受人请求出卖人履行交付标的物和办理所有权转移登记手续等合同义务的，人民法院应予支持；

（四）出卖人将标的物交付给买受人之一，又为其他买受人办理所有权转移登记，已受领交付的买受人请求将标的物所有权登记在自己名下的，人民法院应予支持。

《最高人民法院关于审理买卖合同纠纷案件适用法律问题的解释》（2012）

第九条 出卖人就同一普通动产订立多重买卖合同，在买卖合同均有效的情况下，买受人均要求实际履行合同的，应当按照以下情形分别处理：

（一）先行受领交付的买受人请求确认所有权已经转移的，人民法院应予支持；

（二）均未受领交付，先行支付价款的买受人请求出卖人履行交付标的物等合同义务的，人民法院应予支持；

（三）均未受领交付，也未支付价款，依法成立在先合同的买受人请求出卖人履行交付标的物等合同义务的，人民法院应予支持。

第十条 出卖人就同一船舶、航空器、机动车等特殊动产订立多重买卖合同，在买卖合同均有效的情况下，买受人均要求实际履行合同的，应当按照以下情形分别处理：

（一）先行受领交付的买受人请求出卖人履行办理所有权转移登记手续等合同义务的，人民法院应予支持；

（二）均未受领交付，先行办理所有权转移登记手续的买受人请求出卖人履行交付标的物等合同义务的，人民法院应予支持；

（三）均未受领交付，也未办理所有权转移登记手续，依法成立在先合同的买受人请求出卖人履行交付标的物和办理所有权转移登记手续等合同义务的，人民法院应予支持；

（四）出卖人将标的物交付给买受人之一，又为其他买受人办理所有权转移登记，已受领交付的买受人请求将标的物所有权登记在自己名下的，人民法院应予支持。

【条文要义】

本条是对债权转让中表见让与和债务人确认债权存在继而否认如何适用法律的解释。

《民法典》对债权转让、债务转移规定的规则比较原则，对很多情形都没有作具体规定。只是在有关保理合同中规定了一些类似的规则。在以往的司法解释中，对其中有关问题作了一些具体规定。例如，2020 年和 2012 年的《最高人民法院关于审理买卖合同纠纷案件适用法律问题的解释》第 6 条和第 9 条都对多重买卖的规则作出了规定。

本条司法解释根据司法实践经验，列举了表见让与和债务人确认债权存在继而否认两种特殊情形，对这两种情形如何具体适用法律作出了规定。

1. 表见让与

在债权转让中，债权人与受让人达成债权转让协议后，只要通知了债务人，债权转让协议即时发生效力。这是债权转让的一般规则。

按照这一要求，在债权转让通知到达债务人后，债权受让人成为新债权人。这时，债权人又以债权转让合同不成立、无效、被撤销或者确定不发生效力为由，请求债务人向自己履行债务的，由于他已经不是债权人，因而无理由请求债务人向自己履行债务，对原债权人的这一没有法律依据的请求，法院不予支持。这就是表见让与。

不过，按照《民法典》第 546 条第 2 款的但书规定，虽然债权转让通知不得撤销，但是如果受让人同意的，仍然是可以撤销的。所以，债权人主张债权转让的通知撤销，受让人同意撤销该通知的，其实就是同意撤销债权转让协议，债权人撤销该债权转让的通知发生效力。

当债权转让通知依照上述规定依法被撤销的，债权转让没有发生法律效力，债权出让人还是债权人，有权向债务人请求履行债务。债权人向法院起诉债务人依法履行债务，法院应当支持债权人的诉讼请求，债务人应当向债权人履行债务。

2. 债务人确认债权存在又继而否认

本条司法解释的第 2 款规定的是，在债权转让中，债务人确认债权存在却又继而否认该债权的认定规则。

首先，在债权人转让债权中，受让人基于债务人对债权真实存在的确认，受让了债权人的债权，之后债务人又以该债权不存在为由，拒绝向受让人即新债权人履行，这是违反禁反言规则的行为，法院对此不予支持。

禁反言，是民事主体在实施民事法律行为、民事诉讼行为时，应当对自己以言词作出的各种表示负责，不得随意作出否定在先言词的言论或行为的规则。一般而言，禁反言规则禁止一方当事人否认法律已经作出判决的事项，或者禁止一方当事人通过言语或行为作出与其之前所表述的事实或主张的权利不一致的表示，尤其是当另一方当事人对之前的表示已经给予信赖并依此行事时，更是如此。本条司法解释第 2 款前段规定的，就是在债权转让中，对债务人适用禁反言规定的规则。既然在债权人转让债权的时候，债务人确认该债权的真实存在，正是基于债务人的这一确认，受让人才接受转让的债权，期待债务人的债务履行行为，实现自己受让债权的目的。在受让人接受债权，主张债务人对其履行债务时，债务人却否认债务的存在，正是禁反言规则规制的行为。因此，即使债务人确认的真实存在的债权确实不存在，债务人也必须对受让人履行该债务。

其次，在债权人转让债权时，如果受让人知道或者应当知道该债权不存在，债权转让行为就可能是虚假行为，对此，债务人以该债权不存在为由，拒绝向受让人即新债权人履行的，是有理由的，应当依据虚假行为的规则，确认债权人与受让人之间的债权转让行为是虚假行为，对债务人不发生效力，其诉讼主张应当支持。

第五十条　债权的多重转让

让与人将同一债权转让给两个以上受让人，债务人以已经向最先通知的受让人履行为由主张其不再履行债务的，人民法院应予支持。债务人明知接受履行的受让人不是最先通知的受让人，最先通知的受让人请求债务人继续履行债务或者依据债权转让协议请求让与人承担违约责任的，人民法院应予支持；最先通知的受让人请求接受履行的受让人返还其接受的财产的，人民法院不予支持，但是接受履行的受让人明知该债权在其受让前已经转让给其他受让人的除外。

前款所称最先通知的受让人，是指最先到达债务人的转让通知中载明的受让人。当事人之间对通知到达时间有争议的，人民法院应当结合通知的方式等因素综合判断，而不能仅根据债务人认可的通知时间或者通知记载的时间予以认定。当事人采用邮寄、通讯电子系统等方式发出通知的，人民法院应当以邮戳时间或者通讯电子系统记载的时间等作为认定通知到达时间的依据。

【民法典条文】

第五百四十六条 债权人转让债权，未通知债务人的，该转让对债务人不发生效力。

债权转让的通知不得撤销，但是经受让人同意的除外。

第七百六十八条 应收账款债权人就同一应收账款订立多个保理合同，致使多个保理人主张权利的，已经登记的先于未登记的取得应收账款；均已经登记的，按照登记时间的先后顺序取得应收账款；均未登记的，由最先到达应收账款债务人的转让通知中载明的保理人取得应收账款；既未登记也未通知的，按照保理融资款或者服务报酬的比例取得应收账款。

【相关司法解释】

《最高人民法院关于审理买卖合同纠纷案件适用法律问题的解释》（2020）

第六条 出卖人就同一普通动产订立多重买卖合同，在买卖合同均有效的情况下，买受人均要求实际履行合同的，应当按照以下情形分别处理：

（一）先行受领交付的买受人请求确认所有权已经转移的，人民法院应予支持；

（二）均未受领交付，先行支付价款的买受人请求出卖人履行交付标的物等合同义务的，人民法院应予支持；

（三）均未受领交付，也未支付价款，依法成立在先合同的买受人请求出卖人履行交付标的物等合同义务的，人民法院应予支持。

第七条 出卖人就同一船舶、航空器、机动车等特殊动产订立多重买卖合同，在买卖合同均有效的情况下，买受人均要求实际履行合同的，应当按照以下情形分别处理：

（一）先行受领交付的买受人请求出卖人履行办理所有权转移登记手续等合同义务的，人民法院应予支持；

（二）均未受领交付，先行办理所有权转移登记手续的买受人请求出卖人履行交付标的物等合同义务的，人民法院应予支持；

（三）均未受领交付，也未办理所有权转移登记手续，依法成立在先合同的买受人请求出卖人履行交付标的物和办理所有权转移登记手续等合同义务的，人民法院应予支持；

（四）出卖人将标的物交付给买受人之一，又为其他买受人办理所有权转移登记，已受领交付的买受人请求将标的物所有权登记在自己名下的，人民法院应予支持。

《最高人民法院关于审理买卖合同纠纷案件适用法律问题的解释》（2012）

第九条 出卖人就同一普通动产订立多重买卖合同，在买卖合同均有效的情况下，买受人均要求实际履行合同的，应当按照以下情形分别处理：

（一）先行受领交付的买受人请求确认所有权已经转移的，人民法院应予支持；

（二）均未受领交付，先行支付价款的买受人请求出卖人履行交付标的物等合同义务的，人民法院应予支持；

（三）均未受领交付，也未支付价款，依法成立在先合同的买受人请求出卖人履行交付标的物等合同义务的，人民法院应予支持。

第十条 出卖人就同一船舶、航空器、机动车等特殊动产订立多重买卖合同，在买卖合同均有效的情况下，买受人均要求实际履行合同的，应当按照以下情形分别处理：

（一）先行受领交付的买受人请求出卖人履行办理所有权转移登记手续等合同义务的，人民法院应予支持；

（二）均未受领交付，先行办理所有权转移登记手续的买受人请求出卖人履行交付标的物等合同义务的，人民法院应予支持；

（三）均未受领交付，也未办理所有权转移登记手续，依法成立在先合同的买受人请求出卖人履行交付标的物和办理所有权转移登记手续等合同义务的，人民法院应予支持；

（四）出卖人将标的物交付给买受人之一，又为其他买受人办理所有权转移登记，已受领交付的买受人请求将标的物所有权登记在自己名下的，人民法院应予支持。

【条文要义】

本条是对债权多重转让及其法律后果的解释。

《民法典》在"债权的转让"一章中，没有规定债权重复转让，以往的司法解释对保理合同的债权多重转让、买卖合同的多重转让作过规定。本条司法解释对债权多重转让概念和法律适用的一般性规则作出了规定。

1. 债权多重转让的概念

多重转让的"多重"，是民法中经常使用的概念，如多重买卖、多重租赁等，即多且重复。本条司法解释规定的是债权转让中的多重转让，是债权人对自己享有的同一债权进行了数次转让，也就是把自己享有的同一个债权转让给数个受让人。

用本条司法解释的第一句话作为债权多重转让的定义是比较准确的，即是指"让与人将同一债权转让给两个以上的受让人"。

债权多重转让不同于债权分割转让。

债权分割转让，是债权人对自己享有的完整债权进行分割为不同的部分，将不同的部分债权转让给不同的债权受让人，使每一个人都成为受让自己部分债权的债权人。

债权多重转让，是债权人将自己的同一个完整的债权，在转让给一个受让人后，又转让给其他受让人。这时，债权转让只能有一个转让行为是有效的，受让人能够取得债权人的债权。其他依照债权转让协议不能取得受让债权的，可以向债权人主张违约责任，因为自己依据债权转让协议无法取得转让的债权，当然可以追究出让人的违约责任。

2. 债权多重转让的效果

在债权多重转让中，应当怎样确定最先发生法律效力的债权转让协议呢？本条司法解释第 1 款规定的规则是，最先到达债务人并且接受债权转让通知的那份债权转让协议发生债权转让的效力，债务人应当向这份债权转让协议的受让人履行债务，这就是最先通知的受让人取得债权。这是因为，债权让与人和债权受让人达成债权转让协议后，债权让与人负有向债务人送达债权转让通知的义务，该义务的完成，标志着债权转让协议生效。既然最先到达并且接受债权转让通知的债务人，在他接受债权转让通知后，让与人与受让人之间的债权转让协议就已经生效，让与人丧失了债权人的身份，受让人取得新债权人的身份。

债权人将同一债权转让给两个以上的受让人，在其发出数个债权转让通知后，最先通知的债务人对债权转让通知中载明的受让人实施了债务履行行为，主张不再对其他任何人履行债务的，是有法律依据的，法院依法予以支持。只有在债权人与债务人之间另有约定，或者法律、司法解释另有规定的情况下，才不受上述规则的限制，应当依照约定或者法律、司法解释的规定办理。

在债权多重转让中，最先接受债权转让通知的债务人接受的那个债权转让通知发生法律效力，其他受让人与出让人签订的债权转让协议虽然也已经成立，但是却因为接受通知在后，没有实际取得债权，因而无法请求债务人履行。所以，其他受让人依据相应的债权转让协议只能请求债权人承担违约责任，让与人构成违约行为，应当承担违约责任。法院对其他受让人提出让与人承担违约责任的，应当依法予以支持。

对此，本条司法解释第 1 款还规定了以下两种特别情形：

第一，债务人在向债权受让人履行债务时，如果明知接受履行的受让人不是最先通知的受让人，这样的履行债务行为是无效的。因此，最先通知的受让人作为新的债权人，可以有两个办法选择，一是请求债务人继续履行债务，这是债务人明知故犯，故意向不是债权人的受让人履行债务，因而应当继续向最先通知的受让人也就是新债权人履行债务。二是依据债权转让协议请求让与人也就是原债权人承担违约责任，原债权人应当承担违约责任。这一选择权在最先通知的受让人，其无论作出何种选择，法院都应予支持。

第二，在上述情形下，最先通知的受让人不能请求接受履行的受让人返还其接受的财产。这是因为，在债权多重转让时，最先通知的受让人虽然成为新债权人，但是，他与其他受让人之间没有法律关系，不会因债务人的错误履行行为而产生请求权。最先通知的受让人如果提出这样的请求，法院不予支持。但是，有一个例外，即接受履行的受让人明知该债权在其受让前已经转让给其他受让人的除外。这里说的是，在债权多重转让的数个受让人之间，由最先通知的受让人取得债权，如果数个债权受让人中，一个受让人已经知道自己不是最先通知的受让人，因此并未取得转让的债权，仍然接受履行，其主观上就存在故意，表现为明知最先通知的受让人实际取得债权成为新债权人，仍然接受债务人的履行，相当于侵害了新债权人的债权。这时，最先通知的受让人就与接受履行的受让人之间发生了法律关系，应当将接受的履行返还给新债权人。在这里，不适用"先取得债务优先"的规则，因为在债权多重转让中，"先接受通知"规则排斥"先取得债务"规则。

3. 对最先通知的受让人的界定与争议

对于什么是"最先通知的受让人"，本条司法解释第 2 款规定为，"最先通知的受让人，是指最先到达债务人的转让通知中载明的受让人"。这就是，多重转让债权的债权人向数个受让人转让债权，都应当向债务人发出通知。而债权转让是以债务人收到债权人的转让通知为生效条件的，而转让的债权只有一个。这时，债务人最先收到那一份转让通知上面载明的受让人，就是新的债权人，即最先通知的受让人。

当事人之间对通知到达时间发生争议的，如何判断最先通知的受让人呢？本条司法解释第 2 款规定的规则是：

首先，基本原则是，法院应当结合通知的方式等因素综合判断，而不能仅根据债务人认可的通知时间或者通知记载的时间予以认定。这是因为，债务人认可的时间带有主观因素，债务人有可能作假，不足以作为认定的凭据。通知记载的时间，通常是让与人自己标明的时间，不能代表债务人收到的时间。因此，需要根据通知的方式等因素进行综合判断。

其次，司法解释具体列举了当事人采用邮寄、通讯电子系统等方式发出通知的判断方法，即法院应当以邮戳时间或者通讯电子系统记载的时间等，作为认定通知到达时间的依据。例如，以微信方式通知，记载的时间最为明确，就按照微信记载的时间作为通知到达的依据。除此之外，也有确定的记载时间作为判断依据，如电报、传真等，对收到的时间都有准确的记载，能够作为收到时间的凭据。

第五十一条　债务加入人的追偿权及其他权利

第三人加入债务并与债务人约定了追偿权，其履行债务后主张向债务人追偿的，人民法院应予支持；没有约定追偿权，第三人依照民法典关于不当得利等的规定，在其已经向债权人履行债务的范围内请求债务人向其履行的，人民法院应予支持，但是第三人知道或者应当知道加入债务会损害债务人利益的除外。

债务人就其对债权人享有的抗辩向加入债务的第三人主张的，人民法院应予支持。

【民法典条文】

第五百五十二条　第三人与债务人约定加入债务并通知债权人，或者第三人向债权人表示愿意加入债务，债权人未在合理期限内明确拒绝的，债权人可以请求第三人在其愿意承担的债务范围内和债务人承担连带债务。

【相关司法解释】

《最高人民法院关于适用〈中华人民共和国民法典〉有关担保制度的解释》

第十二条　法定代表人依照民法典第五百五十二条的规定以公

司名义加入债务的，人民法院在认定该行为的效力时，可以参照本解释关于公司为他人提供担保的有关规则处理。

　　第三十六条　第三人向债权人提供差额补足、流动性支持等类似承诺文件作为增信措施，具有提供担保的意思表示，债权人请求第三人承担保证责任的，人民法院应当依照保证的有关规定处理。

　　第三人向债权人提供的承诺文件，具有加入债务或者与债务人共同承担债务等意思表示的，人民法院应当认定为民法典第五百五十二条规定的债务加入。

　　前两款中第三人提供的承诺文件难以确定是保证还是债务加入的，人民法院应当将其认定为保证。

　　第三人向债权人提供的承诺文件不符合前三款规定的情形，债权人请求第三人承担保证责任或者连带责任的，人民法院不予支持，但是不影响其依据承诺文件请求第三人履行约定的义务或者承担相应的民事责任。

【条文要义】

　　本条是对债务加入人的追偿权及其他权利的司法解释。

　　第三人加入债务，原《合同法》没有规定，《全国法院民商事审判工作会议纪要》作过解释，《民法典》在"合同的履行"中作了规定，规则比较简单。《最高人民法院关于适用〈中华人民共和国民法典〉有关担保制度的解释》第 12 条和第 36 条，对以公司名义加入债务和增信措施中可以适用债务加入规则，作出了解释，但是，都没有规定第三人加入债务清偿债务后的追偿权。学者依据《民法典》第 519 条第 2 款规定，认为债务加入人向债权人履行债务后，可以向原债务人追偿，并取得法定代位权，而原债务人可以向债务加入人主张自己对债权人的抗辩。依照《民法典》552 条的规定，本条对第三人债务加入后，债务加入人享有的追偿权和其他权利作了具体规定。

《民法典》第 552 条规定的是并存的债务承担，也就是第三人加入债务，简称债务加入。该条的内容是："第三人与债务人约定加入债务并通知债权人，或者第三人向债权人表示愿意加入债务，债权人未在合理期限内明确拒绝的，债权人可以请求第三人在其愿意承担的债务范围内和债务人承担连带债务。"这一条文对并存的债务承担规定的规则看起来比较清楚，但是，对第三人加入债务并且履行了债务后的相关规则，都没有具体规定，需要司法解释对第三人加入债务并履行了债务后的追偿权以及其他权利等作出补充规定，为司法实务操作提供依据。

本条司法解释规定了以下三个具体情形的规则。

1. 加入债务的第三人履行债务后对债务人享有追偿权

应当看到，第三人加入债务并且已经实际向债权人履行了全部或者部分债务后，对债务人是否取得追偿权，《民法典》并没有规定，在理论上有不同见解。有的主张第三人向债权人履行了债务就自然取得了对债务人的追偿权，有的则主张即使第三人向债权人履行了债务，也不必然对债务人取得追偿权，而是要看当事人的具体约定。

对于这些不同见解必须作出选择，确定一个具有权威性的操作规范，规定加入债务的第三人在履行债务后是否对债务人取得追偿权。本条第 1 款规定，采用并非当然取得对债务人的追偿权的立场，而是依据第三人和债务人之间的约定来确定。第三人和债务人约定第三人向债权人履行债权后，取得对债务人的追偿权的，第三人就享有追偿权，反之，则不能取得对债务人的追偿权。

在《民法典》对此没有作出明确规定的情况下，本条司法解释采取这种立场是正确的，既不违背法律规定的精神，又能实事求是地解决问题。如果债务人和第三人事先没有约定第三人履行债务取得对债务人的追偿权，或者约定不明确，第三人向债务人履行债务以后，就不能当然地取得对债务人的追偿权。但是，由于第三人已经向债权人履行了债务，并且因此而使债务人对债权人的债务相应减少或者全部消灭，债务人实际上取得了不当利益，第三人尽管不能直接向债务人主张向其履行债务，无法行使追偿权，但是，可以依据《民法典》关于不当得利之债的规定，请求债务人返还不当得利，债务人应当在已经向债权人履行债务的范围内履行不当得利之债的债务。

因此，本条第 1 款规定，第三人加入债务并与债务人约定了追偿权，其履行了债务后主张向债务人追偿的，法院应予支持，债务人应当向第三人履行相应的债务。如果第三人与债务人没有约定追偿权，虽然没有依照约定取得追偿权，但是，第三人依照《民法典》关于不当得利等的规定，在其已经向债权人履行债务的范围内请求债务人向其履行的，完全符合《民法典》不当得利之债的规定，所以，法院依法予以支持，判决债务人向第三人返还不当得利。这也同样是履行债务，只是履行的债务不是合同之债，而是不当得利之债。

归纳起来，第三人加入债务，事先约定追偿权的，第三人依照约定向债务人请求追偿；实现没有约定追偿权的，第三人可以依照不当得利的规定，请求债务人返还不当得利。

其实，这种解释是过于拘泥于《民法典》规定的条文限制。其实，当事人没有约定追偿权的，可以认定第三人替债务人履行债务后，自动取得追偿权就更简单了，第三人不必适用不当得利的规定请求债务人返还不当得利。

2. 第三人向债权人履行债务后有权主张债务人向其履行债务

正是由于以上原因，第三人向债权人履行了债务人对债权人的债务后，无论是约定了第三人向债务人的追偿权，还是第三人对债务人没有追偿权但可以行使不当得利请求权的，债务人都负有向第三人清偿债务的义务，而不论这个义务是合同之债的义务，还是不当得利的义务。所以，第三人向债权人表示愿意加入债务，不论第三人与债务人之间是否有约定，在其已经向债权人履行的范围内请求债务人向其履行债务的，法院都应当依法予以支持。

例外的是，如果第三人知道或者应当知道其加入债务会损害债务人的利益，而坚持加入债务向债权人履行债务的，不适用上述规则，不得向债务人请求履行合同债务或者不当得利债务。例如，债务人和债权人协商以互负的债务进行抵销，已经达成协议尚未履行，第三人知情却仍然向债权人履行债务人的债务，就损害了债务人的合法权益，因此无权向债务人主张追偿。对此，第三人依照《民法典》关于不当得利的规定，可以向债权人主张返还因其履行债务取得的不当得利。所以，本条司法解释第 1 款的但书作出"除外"的规定。

3. 债务人可以就自己对债权人享有的抗辩向第三人主张

第三人加入债务，并且对债权人已经履行或者部分履行债务人对债权人的债务，但是，债务人就其对债权人享有的抗辩或者抗辩权，第三人在向债权人履行债务时没有对这种抗辩或者抗辩权予以主张，而履行了债务人对债权人的债务。这时，债务人就其对债权人享有的抗辩或者抗辩权向加入债务的第三人主张，认为第三人向债权人履行其债务损害了债务人的合法权益，对抗第三人向自己行使追偿权或者主张自己承担不当得利的债务，是符合《民法典》规定的。因此，法院应当予以支持。

第七章　合同的权利义务终止

第五十二条　协商解除的法律适用

当事人就解除合同协商一致时未对合同解除后的违约责任、结算和清理等问题作出处理，一方主张合同已经解除的，人民法院应予支持。但是，当事人另有约定的除外。

有下列情形之一的，除当事人一方另有意思表示外，人民法院可以认定合同解除：

（一）当事人一方主张行使法律规定或者合同约定的解除权，经审理认为不符合解除权行使条件但是对方同意解除；

（二）双方当事人均不符合解除权行使的条件但是均主张解除合同。

前两款情形下的违约责任、结算和清理等问题，人民法院应当依据民法典第五百六十六条、第五百六十七条和有关违约责任的规定处理。

【民法典条文】

第五百六十二条　当事人协商一致，可以解除合同。

当事人可以约定一方解除合同的事由。解除合同的事由发生时，解除权人可以解除合同。

第五百六十三条　有下列情形之一的，当事人可以解除合同：

（一）因不可抗力致使不能实现合同目的；

（二）在履行期限届满前，当事人一方明确表示或者以自己的行为表明不履行主要债务；

（三）当事人一方迟延履行主要债务，经催告后在合理期限内仍未履行；

（四）当事人一方迟延履行债务或者有其他违约行为致使不能实现合同目的；

（五）法律规定的其他情形。

以持续履行的债务为内容的不定期合同，当事人可以随时解除合同，但是应当在合理期限之前通知对方。

第五百六十六条　合同解除后，尚未履行的，终止履行；已经履行的，根据履行情况和合同性质，当事人可以请求恢复原状或者采取其他补救措施，并有权请求赔偿损失。

合同因违约解除的，解除权人可以请求违约方承担违约责任，但是当事人另有约定的除外。

主合同解除后，担保人对债务人应当承担的民事责任仍应当承担担保责任，但是担保合同另有约定的除外。

第五百六十七条　合同的权利义务关系终止，不影响合同中结算和清理条款的效力。

【相关司法解释】

《全国法院民商事审判工作会议纪要》

49.【合同解除的法律后果】合同解除时，一方依据合同中有关违约金、约定损害赔偿的计算方法、定金责任等违约责任条款的约定，请求另一方承担违约责任的，人民法院依法予以支持。

双务合同解除时人民法院的释明问题，参照本纪要第36条的相关规定处理。

【条文要义】

本条是对协商解除合同具体适用法律的解释。

《民法典》第562条第1款规定协商解除合同的规则特别简单，与原《合同法》的规定一致。以往的合同法司法解释对此没有规定，《全国法院民商事审判工作会议纪要》第49条规定了合同解除承担违约责任的规则，但也没有对当事人协商解除合同的具体规则作出规定。

在司法实践中，当事人协商达成解除合同的，当然没有问题，可以解除合同。是不是在某些情形下也可能视为协商解除合同，没有明确的规定。本条司法解释结合司法实践经验，对当事人协商解除合同规则作出了具体规定，相当于扩大了协商解除合同的适用范围。

《民法典》第562条第1款规定了协商解除合同的规则，即"当事人协商一致，可以解除合同"。在理论上，协商解除合同是否属于合同解除，有不同见解。有的认为，《民法典》规定合同解除，应当规定一方享有解除权的合同解除，因而只有法定解除和约定解除，也就是《民法典》第563条规定的法定解除权，以及第562条第2款规定的约定解除权。协商解除其实就是按照合同成立的要求，再通过要约、承诺订立消灭合同的合同。

《民法典》没有采纳这个意见，仍然规定我国的合同解除包括三种：一是协商解除；二是约定解除；三是法定解除。

对协商解除，《民法典》规定的规则过于简单，在司法实务中会遇到很多不同情形。对此,本条针对实际情况,结合司法实践经验,作出具体规定。

1. 协议解除合同但未约定解除后的其他事项

本条第 1 款规定的情形,是双方当事人就解除合同达成协议,但尚未就合同解除后的诸多事项作出约定,这时的合同解除协议是否已经发生效力。

在这个问题上,应当适用合同成立的一般规则,就是双方当事人就解除合同进行了要约、承诺,合同解除的协议在当事人作出承诺时成立,并发生效力。对双方当事人达成合同解除协议的成立和发生效力作出这样的解释,有充分的法律依据。至于在协商合同解除协议中,其他诸多事项尚未达成协议,不影响合同解除协议的效力。

正是依据上述合同法的原理和《民法典》确定的一般规则,本条第 1 款规定,当事人就解除合同协商一致时,尽管尚未对合同解除后的违约责任、结算和清理等诸多事项作出处理,只要一方主张合同依照双方达成一致的意思表示合同已经解除时,法院就应予支持。只有在当事人对合同解除发生效力等另有约定的,才不受上述规则的约束,可以主张合同解除协议并未发生效力,合同尚未解除。

2. 不符合法定或者约定解除权但可以认定协商解除合同的情形

合同的解除,除协商解除外,还有约定解除和法定解除。这就是依照《民法典》的规定,出现了双方在合同中约定的一方享有解除权的事由,或者出现了《民法典》规定的一方享有法定解除权的事由,享有解除权的当事人可以行使约定解除权或者法定解除权,该解除权一经行使,合同即发生解除的效果。

本条第 2 款规定了两种情形,一方当事人的解除权不成立,或者双方都没有解除权,但是仍然可以认定合同协商解除。

第一种情形是，一方主张行使法定解除权或者约定解除权，经审理不符合法定的合同解除条件或者约定的合同解除条件，这时，主张行使合同解除权的诉讼请求并不能得到支持。但例外的情况是，如果一方行使法定解除权或者约定解除权，对方当事人同意解除合同的，虽然主张享有法定解除权或者约定解除权的当事人的解除权并未成立，但是由于对方已经同意解除合同，等于双方已经实现了协商解除合同的法律后果，构成协商解除合同。

第二种情形是，当事人双方都不符合解除权行使的条件，也就是都不享有法定的或者约定的解除权，经法院审理，如果有一方不同意解除的，当然对方的解除权就不能行使，不能认定合同已经解除。但是，双方当事人虽然都不符合解除权行使的条件，却都主张解除合同的，就已经构成了协商解除合同，应当确认双方协商解除合同的意思表示发生效力，认定合同已经解除，解除的时间是双方达成解除合同合意的时间。

对上述两种情形，由于都已经构成了协商解除合同，因此，法院应当依据《民法典》第562条第1款的规定，认定这种解除协议属于协商解除，应当判决合同在双方达成解除合同的协议时已经解除。

3. 协议解除未约定违约责任、结算和清理事项应依照法律规定处理

在第1款和第2款规定的情形下，合同当事人已经达成协商解除合同的协议，但是，对合同解除后的违约责任、结算和清理等其他事项没有约定或者约定不明确，在确认合同已经解除的情况下，法院应当依据《民法典》第566条、第567条和有关违约责任的规定处理。

其中，第566条规定的是合同解除的法律后果，主要是合同解

除后尚未履行的终止履行；已经履行的，根据履行情况和合同性质，当事人可以请求恢复原状和采取其他补救措施，并且有权主张损害赔偿；如果合同是因违约解除的，可以请求违约方承担违约责任；主合同解除后，担保人对债务人应当承担民事责任的，仍然应当承担民事责任。

第 567 条规定的是结算条款、清理条款效力的独立性，合同的权利义务关系终止，不影响合同中结算和清理条款的效力，可以按照原合同中约定的结算和清理条款，确定各自应当承担的责任。

第五十三条　通知解除合同的审查

当事人一方以通知方式解除合同，并以对方未在约定的异议期限或者其他合理期限内提出异议为由主张合同已经解除的，人民法院应当对其是否享有法律规定或者合同约定的解除权进行审查。经审查，享有解除权的，合同自通知到达对方时解除；不享有解除权的，不发生合同解除的效力。

【民法典条文】

第五百六十三条　有下列情形之一的，当事人可以解除合同：

（一）因不可抗力致使不能实现合同目的；

（二）在履行期限届满前，当事人一方明确表示或者以自己的行为表明不履行主要债务；

（三）当事人一方迟延履行主要债务，经催告后在合理期限内仍未履行；

（四）当事人一方迟延履行债务或者有其他违约行为致使不能实

现合同目的；

（五）法律规定的其他情形。

以持续履行的债务为内容的不定期合同，当事人可以随时解除合同，但是应当在合理期限之前通知对方。

第五百六十五条 当事人一方依法主张解除合同的，应当通知对方。合同自通知到达对方时解除；通知载明债务人在一定期限内不履行债务则合同自动解除，债务人在该期限内未履行债务的，合同自通知载明的期限届满时解除。对方对解除合同有异议的，任何一方当事人均可以请求人民法院或者仲裁机构确认解除行为的效力。

当事人一方未通知对方，直接以提起诉讼或者申请仲裁的方式依法主张解除合同，人民法院或者仲裁机构确认该主张的，合同自起诉状副本或者仲裁申请书副本送达对方时解除。

【相关司法解释】

《最高人民法院关于适用〈中华人民共和国民法典〉时间效力的若干规定》

第十条 民法典施行前，当事人一方未通知对方而直接以提起诉讼方式依法主张解除合同的，适用民法典第五百六十五条第二款的规定。

第二十五条 民法典施行前成立的合同，当时的法律、司法解释没有规定且当事人没有约定解除权行使期限，对方当事人也未催告的，解除权人在民法典施行前知道或者应当知道解除事由，自民法典施行之日起一年内不行使的，人民法院应当依法认定该解除权消灭；解除权人在民法典施行后知道或者应当知道解除事由的，适用民法典第五百六十四条第二款关于解除权行使期限的规定。

《最高人民法院关于审理商品房买卖合同纠纷案件适用法律若干问题的解释》（2020）

第十一条　根据民法典第五百六十三条的规定，出卖人迟延交付房屋或者买受人迟延支付购房款，经催告后在三个月的合理期限内仍未履行，解除权人请求解除合同的，应予支持，但当事人另有约定的除外。

法律没有规定或者当事人没有约定，经对方当事人催告后，解除权行使的合理期限为三个月。对方当事人没有催告的，解除权人自知道或者应当知道解除事由之日起一年内行使。逾期不行使的，解除权消灭。

《全国法院民商事审判工作会议纪要》

46.【通知解除的条件】审判实践中，部分人民法院对合同法司法解释（二）第24条的理解存在偏差，认为不论发出解除通知的一方有无解除权，只要另一方未在异议期限内以起诉方式提出异议，就判令解除合同，这不符合合同法关于合同解除权行使的有关规定。对该条的准确理解是，只有享有法定或者约定解除权的当事人才能以通知方式解除合同。不享有解除权的一方向另一方发出解除通知，另一方即便未在异议期限内提起诉讼，也不发生合同解除的效果。人民法院在审理案件时，应当审查发出解除通知的一方是否享有约定或者法定的解除权来决定合同应否解除，不能仅以受通知一方在约定或者法定的异议期限届满内未起诉这一事实就认定合同已经解除。

《最高人民法院关于适用〈中华人民共和国合同法〉若干问题的解释（二）》

第二十四条　当事人对合同法第九十六条、第九十九条规定的合同解除或者债务抵销虽有异议，但在约定的异议期限届满后才提出异议并向人民法院起诉的，人民法院不予支持；当事人没有约定异议期间，在解除合同或者债务抵销通知到达之日起三个月以后才向人民法院起诉的，人民法院不予支持。

《最高人民法院关于审理商品房买卖合同纠纷案件适用法律若干问题的解释》（2003）

第十五条 根据《合同法》第九十四条的规定，出卖人迟延交付房屋或者买受人迟延支付购房款，经催告后在三个月的合理期限内仍未履行，当事人一方请求解除合同的，应予支持，但当事人另有约定的除外。

法律没有规定或者当事人没有约定，经对方当事人催告后，解除权行使的合理期限为三个月。对方当事人没有催告的，解除权应当在解除权发生之日起一年内行使；逾期不行使的，解除权消灭。

【条文要义】

本条是对以通知方式行使解除权解除合同审查规则的解释。

对以通知方式行使合同解除权，以及对解除合同的通知如何进行审查，在《民法典》实施前，2003 年《最高人民法院关于审理商品房买卖合同纠纷案件适用法律问题的解释》第 15 条作过规定，《最高人民法院关于适用〈中华人民共和国合同法〉若干问题的解释（二）》第 24 条也作出过规定。《全国法院民商事审判工作会议纪要》第 46 条如何审查解除合同的通知的规则，作了统一规定。

《民法典》实施后，2020 年《最高人民法院关于审理商品房买卖合同纠纷案件适用法律若干问题的解释》第 11 条对解除商品房买卖合同的通知及其审查，规定了具体的规则。《最高人民法院关于适用〈中华人民共和国民法典〉时间效力的若干规定》第 10 条和第 25 条，都对如何适用民法典关于行使解除权的通知如何进行审查的规定作出了解释。

合同当事人一方无论是依据《民法典》第 562 条第 2 款的规定行使约定解除权，还是依据《民法典》第 563 条的规定行使法定解除权，在争议发生后提起诉讼的，法院都应当进行审查，确认其是否依照上述规定享有约定解除权或者法定解除权。

审查当事人是否取得约定解除权，应当依据当事人在合同中约定的行使约定解除权的事由，如果已经触发了合同约定解除权条款的约定，当事人就享有约定解除权。

审查当事人是否取得法定解除权，应当依据《民法典》第 563 条规定的法定解除权的法定事由，这就是，因不可抗力致使不能实现合同目的；在履行期限届满前当事人一方明确表示或者以自己的行为表明不履行主要债务；当事人一方迟延履行主要债务，经催告后在合理期限内仍未履行；当事人一方迟延履行债务或者有其他违约行为致使不能实现合同目的；以及法律规定的其他情形，如《消费者权益保护法》规定的远程交易的 7 天无理由退货，就是法律规定的其他法定解除权。一方当事人证明符合上述法定解除权事由之一的，对方当事人就享有法定解除权。

无论是约定解除权还是法定解除权，权利人行使合同解除权的基本方式，都是向对方当事人发出解除合同的通知。该通知生效采用到达主义，通知到达对方当事人的，合同即时发生解除的效果，对于双方当事人不再具有合同的法律拘束力。

基于合同法的上述原理和规则，本条规定了处理方法：

首先，如果当事人一方以通知方式行使约定解除权或者法定解除权解除合同，并以对方未在约定的异议期限或者其他合理期限内提出异议为由，主张该合同已经解除的，法院不能听凭一方当事人的主张，而应当对主张行使解除权的当事人是否享有法律规定或者合同约定的解除权进行审查。正像前文所述，主张行使约定解除权的，应当依据当事人之间的合同对解除权成立的约定，主张行使法定解除权的，应当依据《民法典》第 563 条的规定，确认该方当事人的法定解除权或者约定解除权是否已经符合条件，是否享有法定解除权或者约定解除权。

其次，法院经过审查，确认主张行使法定解除权或者约定解除权的一方当事人享有解除权的，应当支持其诉讼请求，确认合同自通知到达对方时已经解除；如果确认主张行使法定解除权或者约定解除权的一方当事人不享有解除权的，即使其向对方当事人发出了解除合同的通知，也不发生合同解除的效力，合同仍然没有解除，对双方当事人仍然具有法律拘束力。

第五十四条　撤诉后再次起诉解除时合同解除时间的认定

当事人一方未通知对方，直接以提起诉讼的方式主张解除合同，撤诉后再次起诉主张解除合同，人民法院经审理支持该主张的，合同自再次起诉的起诉状副本送达对方时解除。但是，当事人一方撤诉后又通知对方解除合同且该通知已经到达对方的除外。

【民法典条文】

第五百六十五条　当事人一方依法主张解除合同的，应当通知对方。合同自通知到达对方时解除；通知载明债务人在一定期限内不履行债务则合同自动解除，债务人在该期限内未履行债务的，合同自通知载明的期限届满时解除。对方对解除合同有异议的，任何一方当事人均可以请求人民法院或者仲裁机构确认解除行为的效力。

当事人一方未通知对方，直接以提起诉讼或者申请仲裁的方式依法主张解除合同，人民法院或者仲裁机构确认该主张的，合同自起诉状副本或者仲裁申请书副本送达对方时解除。

【条文要义】

本条是对撤诉后再次起诉解除时认定合同解除时间的解释。

对这个问题，以往的司法解释没有规定。本条根据司法实践反映的问题，作出了这一规定。

在合同履行中，一方当事人享有约定解除权或者法定解除权，行使解除权的方式是通知，解除合同的通知到达对方时合同解除。如果当事人一方未通知对方，而是直接以提起诉讼或者申请仲裁的方式依法主张解除合同，法院或者仲裁机构确认该行使解除权主张的，合同自起诉状副本或者仲裁申请书副本送达对方时解除。这里的起诉状副本或者仲裁申请书副本送达对方，相当于解除权人已经向对方当事人行使了合同的解除权，送达起到了通知的作用。

在实务操作中还有一种特殊情况是，当事人已经提起行使合同解除权主张解除合同的诉讼或者仲裁，但是，又撤回起诉或者撤回仲裁申请，这相当于解除权人已经撤回了解除合同的通知，不再行使合同解除权，因而合同关系仍然存续着。

不过，当事人在撤诉后，再次向法院提起行使解除权的诉讼或者仲裁申请，这时应当怎样确定行使解除权解除合同的时间，以往的立法和司法解释都没有规定。

本条司法解释针对这种情况明确规定，当事人一方未通知对方，直接以提起诉讼（包括提起仲裁申请）的方式主张解除合同，撤诉（或者撤回仲裁申请）后再次起诉主张解除合同的，只要仍然还在行使解除权的除斥期间之内，仍然是有效的行使合同解除权的行为。所以，法院经过审理，确认其享有约定解除权或者法定解除权，应当支持该行使解除权主张的，即判决合同已经解除。合同解除的具体时间，应当自再次起诉的起诉状副本（或者仲裁申请书副本）送达对方当事人的时间点。

如果当事人一方撤诉（或者撤回仲裁申请书副本）后，又在合同解除的除斥期间内通知对方解除合同，且该通知已经到达对方的，合同当然也已经解除，不适用上述再次起诉或者再次申请仲裁的规则。

第五十五条 **抵销权行使的效力**

当事人一方依据民法典第五百六十八条的规定主张抵销，人民法院经审理认为抵销权成立的，应当认定通知到达对方时双方互负的主债务、利息、违约金或者损害赔偿金等债务在同等数额内消灭。

【民法典条文】

第五百六十八条 当事人互负债务，该债务的标的物种类、品质相同的，任何一方可以将自己的债务与对方的到期债务抵销；但是，根据债务性质、按照当事人约定或者依照法律规定不得抵销的除外。

当事人主张抵销的，应当通知对方。通知自到达对方时生效。抵销不得附条件或者附期限。

【相关司法解释】

《全国法院民商事审判工作会议纪要》

43.【抵销】抵销权既可以通知的方式行使，也可以提出抗辩或者提起反诉的方式行使。抵销的意思表示自到达对方时生效，抵销一经生效，其效力溯及自抵销条件成就之时，双方互负的债务在同等数额内消灭。双方互负的债务数额，是截至抵销条件成就之时各自负有的包括主债务、利息、违约金、赔偿金等在内的全部债务数额。行使抵销权一方享有的债权不足以抵销全部债务数额，当事人对抵销顺序又没有特别约定的，应当根据实现债权的费用、利息、主债务的顺序进行抵销。

【条文要义】

本条是对认定合同当事人行使法定抵销权效力的解释。

对于法定抵销的效力，有关合同法的司法解释没有作过规定。《全国法院民商事审判工作会议纪要》第43条作过规定。本条在此基础上，对行使法定抵销权的效力作出具体规定。

依照《民法典》第568条和第569条的规定，我国消灭合同效力的抵销分为两种：一是法定抵销；二是约定抵销。法定抵销是当事人互负债务，该债务的标的物种类、品质相同的，任何一方都可以将自己的债务与对方的到期债务抵销。约定抵销是当事人互负债务，标的物的种类、品质不相同，不符合法定抵销的要求，但是当事人经协商一致，也可以合意进行的抵销。

对于法定抵销，符合法律规定的，一方当事人取得法定抵销权，可以行使该权利，主张法定抵销消灭相对应的债权债务。《民法典》第568条对于实行法定抵销后的效果没有作具体规定。

本条对此作了具体规定，即当事人一方依据《民法典》第568条的规定行使抵销权主张法定抵销的，法院经过审理，确认法定抵销权成立的，应当认定，权利人行使抵销权的通知在到达对方当事人时，双方当事人互负的债权债务发生消灭的后果。双方互负的主债务、利息、违约金或者损害赔偿金等债务，都在同等数额内予以消灭。

第五十六条　　**抵销参照适用抵充规则**

行使抵销权的一方负担的数项债务种类相同，但是享有的债权不足以抵销全部债务，当事人因抵销的顺序发生争议的，人民法院可以参照民法典第五百六十条的规定处理。

行使抵销权的一方享有的债权不足以抵销其负担的包括主债务、利息、实现债权的有关费用在内的全部债务，当事人因抵销的顺序发生争议的，人民法院可以参照民法典第五百六十一条的规定处理。

【民法典条文】

第五百六十条　　债务人对同一债权人负担的数项债务种类相同，债务人的给付不足以清偿全部债务的，除当事人另有约定外，由债务人在清偿时指定其履行的债务。

债务人未作指定的，应当优先履行已经到期的债务；数项债务均到期的，优先履行对债权人缺乏担保或者担保最少的债务；均无担保或者担保相等的，优先履行债务人负担较重的债务；负担相同的，按照债务到期的先后顺序履行；到期时间相同的，按照债务比例履行。

第五百六十一条　债务人在履行主债务外还应当支付利息和实现债权的有关费用，其给付不足以清偿全部债务的，除当事人另有约定外，应当按照下列顺序履行：

（一）实现债权的有关费用；

（二）利息；

（三）主债务。

第五百六十八条　当事人互负债务，该债务的标的物种类、品质相同的，任何一方可以将自己的债务与对方的到期债务抵销；但是，根据债务性质、按照当事人约定或者依照法律规定不得抵销的除外。

当事人主张抵销的，应当通知对方。通知自到达对方时生效。抵销不得附条件或者附期限。

【相关司法解释】

《全国法院民商事审判工作会议纪要》

43.【抵销】抵销权既可以通知的方式行使，也可以提出抗辩或者提起反诉的方式行使。抵销的意思表示自到达对方时生效，抵销一经生效，其效力溯及自抵销条件成就之时，双方互负的债务在同等数额内消灭。双方互负的债务数额，是截至抵销条件成就之时各自负有的包括主债务、利息、违约金、赔偿金等在内的全部债务数额。行使抵销权一方享有的债权不足以抵销全部债务数额，当事人对抵销顺序又没有特别约定的，应当根据实现债权的费用、利息、主债务的顺序进行抵销。

【条文要义】

本条是对抵销参照适用债务抵充规则的解释。

对于抵销适用债务抵充的规则,《全国法院民商事审判工作会议纪要》第 43 条作出过相关规定。本条结合司法实践经验和民法理论,在该条的基础上,按照《民法典》关于债务抵充的规定,作出了抵销可以参照适用债务抵充规则的规定。这其实就是一种准用规则。

《民法典》规定抵销只用了两个条文,规定了合同债务抵销的一般规则,对具体规则没有作规定。例如,一方当事人行使抵销权的,如果该方负担数项债务且种类相同,但是享有的债权不足以抵销全部债务,或者行使抵销权的一方享有的债权不足以抵销其负担的主债务、利息、实现债权的有关费用在内的全部费用。在这两种情况下,如果当事人因抵销的顺序发生争议应当如何处理,没有具体规则。对此,本条依据理论见解和司法实践经验,根据不同情况,规定参照《民法典》第 560 条和第 561 条关于债务抵充的规定,确定清偿债务的先后顺序。

抵销,是消灭债权债务关系的方法之一。当行使抵销权的一方负担数项债务,或者行使抵销权的一方享有的债权不足以抵销其全部负担的债务,不能消灭所有的债务关系,就符合债务抵充的规则要求,因而应当参照适用《民法典》规定的债务抵充规则。

1. 行使抵销权的一方负担数项债务的债务抵充

在债务履行过程中,享有抵销权的一方主张行使抵销权消灭互负的债权和债务,如果行使抵销权的一方负担数项债务,且种类相同,但是,享有的债权不足以抵销全部债务,当事人因抵销的顺序发生争议的,法院可以参照《民法典》第 560 条的规定处理,实行债务抵充。

债务人有约定的，按照约定抵充相应的债务；没有约定的，债务人在清偿时可以指定其履行的债务。

债务人如果未作指定，抵充的顺序：一是已经到期的债务；二是数项债务均到期的，优先抵销对债务人缺乏担保或者担保最少的债务；三是均无担保或者担保相等的，优先抵销债务人负担较重的债务；四是负担相同的，按照债务到期的先后顺序抵销；五是到期时间相同的，按照债务比例抵销。

2. 行使抵销权的一方享有的债权不足以抵销其全部负担的债务

在债务履行中，享有抵销权的一方当事人主张行使抵销权，但是其享有的债权不足以抵销其负担的包括主债务、利息、实现债权的有关费用在内的全部债务，当事人因抵销的顺序发生争议的，法院可以参照《民法典》第561条的规定处理，按照规定的先后顺序抵充相应的债务。

按照当事人的约定抵充相应的债务。当事人没有约定的，抵充的顺序：一是抵销实现债权的有关费用；二是抵销利息；三是抵销主债务。法院判决这种因抵销而引起的债务抵充，应当按照这个顺序，先后抵充相应的债务。

第五十七条 **侵权行为人不得主张抵销的情形**

因侵害自然人人身权益，或者故意、重大过失侵害他人财产权益产生的损害赔偿债务，侵权人主张抵销的，人民法院不予支持。

【民法典条文】

第五百零六条 合同中的下列免责条款无效:

(一)造成对方人身损害的;

(二)因故意或者重大过失造成对方财产损失的。

第五百六十八条 当事人互负债务,该债务的标的物种类、品质相同的,任何一方可以将自己的债务与对方的到期债务抵销;但是,根据债务性质、按照当事人约定或者依照法律规定不得抵销的除外。

当事人主张抵销的,应当通知对方。通知自到达对方时生效。抵销不得附条件或者附期限。

第五百六十九条 当事人互负债务,标的物种类、品质不相同的,经协商一致,也可以抵销。

【条文要义】

本条是对侵权人不得主张侵权损害赔偿债务抵销的解释。

本条司法解释规定的这一规则,以往的司法解释没有作出过规定,本条是对侵权之债不得与其他债务包括合同之债抵销的新规则。

依照《民法典》的规定进行债务抵销,主要是指合同之债、无因管理之债和不当得利之债等。至于侵权行为之债,应当区别情况。

首先,侵权行为造成自然人人身权益损害发生的人身损害赔偿之债,由于是救济被侵权人人身损害,使其恢复健康的损害赔偿之债,或者是对其造成死亡后果的损害赔偿,如果与对方当事人负有的合同之债、无因管理之债或者不当得利之债这些财产之债进行抵销,有可能损害被侵权人的生命权、健康权或者身体权,因此,侵权人是不能主张抵销的。

其次,在侵害财产权构成的财产损害赔偿之债,有的能够抵销,有的不能抵销，区分的标准，在于侵权行为人侵害他人财产权利造成损害时的过错轻重，据此确定可以抵销还是不能抵销。

依照这样的原理，本条规定，因自然人人身权益产生的人身损害赔偿之债，不能与其他合同之债、无因管理之债、不当得利之债进行抵销；因故意、重大过失侵害对方财产权益，造成对方财产损失产生的财产损害赔偿债务，侵权人主张抵销的，法院不予支持，着重保护因侵权人故意或者重大过失侵害其财产权益造成损失的被侵权人。至于侵权人因一般过失侵害对方当事人的财产权益造成损害的，主张该损害赔偿之债与对方当事人负有的债务进行抵销，就不存在抵销的障碍，可以实行法定抵销。

之所以确定上述规则，是因为不可以抵销的人身损害赔偿之债或者财产损害赔偿之债，不能因为被侵权人对侵权人负有债务而必须接受抵销的后果，因而丧失人身损害赔偿请求权、财产损害赔偿请求权实现的机会。确定上述两种侵权行为的损害赔偿请求权不能适用法定抵销规则，即使自己不能清偿对侵权人负有的财产债务，也有权主张侵权人承担人身损害赔偿之债的清偿义务，也有权主张侵权人因故意或者重大过失侵害自己的财产权益造成损失的损害赔偿请求权，使自己的合法权益得到保障。

这里没有明确提到的是侵害人格权、身份权的精神损害赔偿之债是否可以抵销。笔者认为，侵害人格权、身份权应当承担的精神损害赔偿，也是侵害人身权益造成损害的赔偿之债，也不应当抵销。

此外，对于《民法典》第 1182 条规定的侵害人身权益造成财产损失的赔偿之债，尽管造成的是财产损失，但却是以人身权益为侵害客体，因而也不能与其他财产之债相抵销。

可以看到，本条规定侵权行为人不得主张抵销，基本上是按照

《民法典》第 506 条规定的人身损害赔偿责任不得事先免责，故意或者重大过失造成的财产损害赔偿责任也不得事先免责的规则确定的。抵销与免责不同，但是在侵权行为人主张抵销的问题上，利益关系基本相同，因此作出这样的规定。

第五十八条　已过诉讼时效债权的抵销

当事人互负债务，一方以其诉讼时效期间已经届满的债权通知对方主张抵销，对方提出诉讼时效抗辩的，人民法院对该抗辩应予支持。一方的债权诉讼时效期间已经届满，对方主张抵销的，人民法院应予支持。

【民法典条文】

第一百八十八条　向人民法院请求保护民事权利的诉讼时效期间为三年。法律另有规定的，依照其规定。

诉讼时效期间自权利人知道或者应当知道权利受到损害以及义务人之日起计算。法律另有规定的，依照其规定。但是，自权利受到损害之日起超过二十年的，人民法院不予保护，有特殊情况的，人民法院可以根据权利人的申请决定延长。

【相关司法解释】

《最高人民法院关于适用〈中华人民共和国合同法〉若干问题的解释（二）》

第二十三条　对于依照合同法第九十九条的规定可以抵销的到期债权，当事人约定不得抵销的，人民法院可以认定该约定有效。

第二十四条　当事人对合同法第九十六条、第九十九条规定的合同解除或者债务抵销虽有异议，但在约定的异议期限届满后才提出异议并向人民法院起诉的，人民法院不予支持；当事人没有约定异议期间，在解除合同或者债务抵销通知到达之日起三个月以后才向人民法院起诉的，人民法院不予支持。

【条文要义】

本条是对已过诉讼时效的债权可否抵销的解释。

以往的司法解释没有对超过诉讼时效的债权可否抵销作出规定。《最高人民法院关于适用〈中华人民共和国合同法〉若干问题的解释（二）》第 24 条只是对在异议期限届满后，对行使抵销权提出异议的法院不予支持的作出了规定。

《民法典》第 568 条和第 569 条规定的两种抵销，都是针对在诉讼时效期间之内的债权，无论是法定抵销还是约定抵销，都是在诉讼时效期间届满之前的债权债务关系，将自己的债务与对方的到期债务相抵销。对已经超过诉讼时效期间的债权债务关系是否可以适用抵销，没有明确规定。

尽管在理论上对这个问题可以有明确的解释，但是在实务上究竟怎样处理，应当有统一的规则。本条分成两部分，对这一问题作出了解释。

1. 对主张以诉讼时效期间届满的债权主张抵销的抗辩

在债务履行过程中，有可能出现双方当事人互负债务，一方的债权债务已经诉讼时效期间届满，另一方的债权债务尚在诉讼时效的期间之内的状况。已届诉讼时效期间完成的债务已经成为自然债务，没有强制执行的效力。另一方诉讼时效期间尚未完成的债务，是合法有效的债务，受到法律的强制保护。

由于双方当事人互负的债务在性质上存在上述不同，一方是自然债务，另一方是合法债务。如果负有自然债务的一方，主张以自己的自然债务作为主动债务抵销对方被动债务的合法债务，是否发生抵销的后果，关键要看合法债务一方的意愿。合法债务的一方如果认可这种抵销，当然没有问题；如果合法债务一方不认可这种抵销，则不发生法定抵销的后果。

因此，本条规定的规则是，一方以其诉讼时效期间已经届满的债权通知对方主张抵销，是否能够发生抵销的后果，取决于对方当事人的态度。对方当事人如果对抵销的请求提出诉讼时效完成的抗辩的，完全符合法律规定，法院对该抗辩应当予以支持。这就是主动债权罹于时效不得主张抵销的规则。

这里包含的另一个意思是，如果对方当事人认可已经超过诉讼时效期间的债权予以抵销，当然可以抵销，发生抵销的法律后果，相互消灭对应的债权债务关系。

2. 主张对对方诉讼时效届满的债权的抵销

与上述情况相反，在互负债务的双方当事人之间，一方当事人的债权已经超过诉讼时效，另一方当事人的债权没有超过诉讼时效。这时，一方当事人以自己的诉讼时效期间已经届满的债权作为主动债权，主张对享有没有超过诉讼时效期间的被动债权的对方当事人主张抵销的，等于是认可对方已经超过诉讼时效，不主张行使诉讼时效期间届满的抗辩权相对抗。对此，应当完全尊重当事人的自我决定，而且也是诚信的表现，应当依法鼓励，法院应当予以支持。

还有一种情形，本条没有作出规定，这就是双方当事人互负的债务都已经超过诉讼时效期间，双方都已经产生了对对方履行债务的抗辩权，都能够以该抗辩权对抗对方履行债务的请求。如果一方主张对已经超过诉讼时效期间互负的两个债务予以抵销，对方也同意的，当然没有问题，应当在相互之间对应的债务进行抵销，消灭债权债务关系。一方同意另一方不同意抵销的，不能抵销，即使诉讼到法院，法院也不应当支持。因为主动债权和被动债权都已过诉讼时效期间，都是自然债权，可以主张抵销，也可以行使抗辩权予以对抗。

第八章 违约责任

第五十九条 合同终止的时间

当事人一方依据民法典第五百八十条第二款的规定请求终止合同权利义务关系的，人民法院一般应当以起诉状副本送达对方的时间作为合同权利义务关系终止的时间。根据案件的具体情况，以其他时间作为合同权利义务关系终止的时间更加符合公平原则和诚信原则的，人民法院可以以该时间作为合同权利义务关系终止的时间，但是应当在裁判文书中充分说明理由。

【民法典条文】

第五百六十五条 当事人一方依法主张解除合同的，应当通知对方。合同自通知到达对方时解除；通知载明债务人在一定期限内不履行债务则合同自动解除，债务人在该期限内未履行债务的，合同自通知载明的期限届满时解除。对方对解除合同有异议的，任何一方当事人均可以请求人民法院或者仲裁机构确认解除行为的效力。

当事人一方未通知对方，直接以提起诉讼或者申请仲裁的方式依法主张解除合同，人民法院或者仲裁机构确认该主张的，合同自起诉状副本或者仲裁申请书副本送达对方时解除。

第五百八十条 当事人一方不履行非金钱债务或者履行非金钱债

务不符合约定的，对方可以请求履行，但是有下列情形之一的除外：

（一）法律上或者事实上不能履行；

（二）债务的标的不适于强制履行或者履行费用过高；

（三）债权人在合理期限内未请求履行。

有前款规定的除外情形之一，致使不能实现合同目的的，人民法院或者仲裁机构可以根据当事人的请求终止合同权利义务关系，但是不影响违约责任的承担。

【相关司法解释】

《最高人民法院关于适用〈中华人民共和国民法典〉时间效力的若干规定》

第十一条 民法典施行前成立的合同，当事人一方不履行非金钱债务或者履行非金钱债务不符合约定，对方可以请求履行，但是有民法典第五百八十条第一款第一项、第二项、第三项除外情形之一，致使不能实现合同目的，当事人请求终止合同权利义务关系的，适用民法典第五百八十条第二款的规定。

《全国法院民商事审判工作会议纪要》

48.【违约方起诉解除】违约方不享有单方解除合同的权利。但是，在一些长期性合同如房屋租赁合同履行过程中，双方形成合同僵局，一概不允许违约方通过起诉的方式解除合同，有时对双方都不利。在此前提下，符合下列条件，违约方起诉请求解除合同的，人民法院依法予以支持：

（1）违约方不存在恶意违约的情形；

（2）违约方继续履行合同，对其显失公平；

（3）守约方拒绝解除合同，违反诚实信用原则。

人民法院判决解除合同的，违约方本应当承担的违约责任不能因解除合同而减少或者免除。

【条文要义】

本条是对认定非金钱债务一方当事人请求终止合同权利义务关系时间的解释。

非违约方起诉请求解除合同，原《合同法》没有规定，对原《合同法》的有关司法解释也没有作过规定。提出这个规则的是《全国法院民商事审判工作会议纪要》第48条。《民法典》第580条第2款对此作出规定以后，本条司法解释对非违约方请求终止合同权利义务关系的时间，作出了具体规定。这一规定不仅在理论上有争议，在实务操作上也有需要解决的问题。其中最重要的是，这个权利的性质是请求权而不是形成权，且规定请求权主体是"当事人"而没有规定是哪一方当事人。

《民法典》第580条是对非金钱债务违约的继续履行及除外条款，以及不能继续履行致使合同目的不能实现时，当事人请求终止合同的规定。与原《合同法》第110条规定相比，这一条文增加了不能继续履行致使合同目的不能实现的，当事人有权请求终止合同权利义务关系的新规则。本条是对新增加的第2款规定的关于终止合同权利义务关系的时间点的解释。

除金钱债务外的其他合同债务，都是非金钱债务。债务人对非金钱债务不履行或者履行债务不符合约定，构成违约行为，应当承担继续履行的责任。例外情形：一是法律上或者事实上不能履行，即履行不能；二是债务的标的不适于强制履行或者履行费用过高；三是债权人在合理期限内未请求履行，继续履行成为不必要。在继续履行中出现上述三种情形的，债权人不能再请求继续履行，但是并不妨碍债权人请求债务人承担其他违约责任。这是《合同法》原来的规定，《民法典》继续作出了规定。

《民法典》第 580 条增加的新规则是：有前款规定的除外情形之一，致使不能实现合同目的的，人民法院或者仲裁机构可以根据当事人的请求终止合同权利义务关系，但是不影响违约责任的承担。这一条款在编纂过程中几经周折，最终形成这一规则。

这一规定最早出现在《民法典合同编（草案·二审稿）》第 353 条第 3 款，即："合同不能履行致使不能实现合同目的，有解除权的当事人不行使解除权，构成滥用权利对对方显失公平的，人民法院或者仲裁机构可以根据对方的请求解除合同，但是不影响违约责任的承担。"这是对守约方在其享有解除权却故意不解除合同致使陷入合同僵局时，违约方可以请求解除合同的规定，是一个能够解决实际问题的新规则。但是，在讨论中，这一规则受到一些民法学者的反对，理由主要是违约方不能享有合同解除权。

立法机关在 2019 年 12 月《民法典（草案）》的合体审议稿中，将这一条款删除后，又有多数学者在讨论中不同意将其删除，认为应当对滥用权利侵害违约方合法权益，使合同陷入僵局的行为提供救济方法。

立法机关反复斟酌，最终在《民法典》第 580 条增加第 2 款，表述更为和缓，含义也更为隐晦，虽然也受到很多学者的批评，但最终立法采纳了这个方案。

按照这一规定，在非金钱债务合同中，违约方存在本条第 1 款规定的三种情形之一，无法继续履行债务，致使合同目的无法实现的，当事人可以请求人民法院或者仲裁机构裁决终止合同权利义务关系。具体的内容包括：

第一，出现上述情形，当事人可以行使终止合同的请求权，将不能继续履行的非金钱债务合同予以消灭，不能让该合同永远陷入僵局。

第二，享有请求权的不仅是守约方，也包括违约方，通常应当是守约方提出终止合同的请求；但是，如果守约方拒不请求终止合同，违约方也可以行使终止合同的请求权，请求终止合同。

第三，无论是守约方行使终止合同解除权，还是违约方行使终止合同请求权，合同终止的，都不影响违约责任的承担，违约方该承担的违约责任必须承担。

第四，这种终止合同的请求权，不是形成权，不能一经请求权人行使即发生形成权的后果，须向人民法院或者仲裁机构提出诉讼或者请求，由人民法院或者仲裁机构裁决是否应当终止合同。

1. 确认合同权利义务关系终止的一般方法

本条司法解释规定确认当事人一方依据《民法典》第580条第2款的规定，请求终止合同权利义务关系时间的一般方法，是以起诉状副本送达对方的时间作为合同权利义务关系终止的时间。

由于《民法典》第580条第2款规定的请求中止合同权利义务关系的当事人，并非指违约一方或者非违约一方，因而确定当事人请求中止合同权利义务关系，就依据这一方当事人究竟是享有解除权还是不享有解除权作为区分标准，作出以下两种不同的规定，确定解除合同的时间。

（1）享有解除权的非金钱债务合同非违约方请求终止权利义务关系

非金钱债务合同的一方当事人违约，违约方存在法律规定的继续履行不能情形的，非违约方享有法定解除权。如果他行使解除权，就可以解除合同，没有必要适用《民法典》第 580 条第 2 款规定关于请求中止合同权利义务关系的请求权。这是因为，《民法典》第 580 条第 2 款规定是立法机关应对批评而采取的一种隐晦表达方法。正因为如此，本条规定，享有解除权的非违约方如果依据《民法典》第 580 条第 2 款规定请求终止合同权利义务关系的，法院可以直接依据《民法典》第 565 条关于法定解除权的规定，确定合同权利义务关系终止的时间。这就是非违约方享有解除权，当他行使解除权，将行使解除权的通知送达对方当事人时，合同就已经解除。所以，非违约方行使解除权的通知到达对方当事人的时间，就是合同解除的时间。

不过，本条规定的主体还是"当事人"，其中包括违约方和非违约方。如果非违约方不行使自己已经享有的解除权，非得要行使终止权利义务关系的请求权，法院就可以依照《民法典》第 580 条第 2 款规定，支持其行使终止权利义务关系请求权，判决解除合同。

（2）不享有解除权的非金钱债务合同当事人请求终止合同权利义务关系

相反，如果请求中止合同权利义务关系的当事人不享有法定解除权，而是违约方，或者是不享有、已丧失解除权的非违约方，他们在非金钱债务不履行或者履行非金钱债务不符合约定，又存在继续履行不能的三种情形之一，享有解除权的一方当事人拒不行使解除权，因而依据《民法典》第 580 条第 2 款规定请求终止合同权利义务关系的，才是《民法典》第 580 条第 2 款规定的本来含义。对此，法院一般应当以起诉状副本送达对方的时间作为合同权利义务终止的时间。这是因为，《民法典》第 580 条第 2 款规定的终止合同权利义务关系的权利不是形成权，而是请求权，因而不是以解除权人向法院起诉的时间作为合同解除的时间，而是将起诉状副本送达对方当事人的时间，作为确认终止合同权利义务关系的时间。

应当看到，《民法典》第580条第2款规定的当事人，确实存在双方当事人，但是双方当事人的权利基础确实不同的，非违约方享有解除权，违约方享有的只是请求权，二者的权利并不相同。除非享有解除权的非违约方不行使解除权，而是行使《民法典》第580条第2款规定的终止合同权利义务关系的请求权的，可以依据本条司法解释规定的一般方法确认合同终止的时间，否则应当按照非违约方行使解除权处理更为妥当。

2. 以公平原则和诚信原则确定合同权利义务关系终止的时间

除了以起诉状副本送达对方的时间作为合同权利义务关系终止的时间以外，如果根据案件的具体情况，确定合同权利义务关系终止的时间还可以适用合同权利义务关系终止的时间更加符合公平原则和诚信原则的标准来确定，法院也可以用该时间作为合同权利义务关系终止的时间。例如，违约方督促非违约方行使解除权解除合同，非违约方拒不行使解除权解除合同的，可以确定非违约方不行使解除权具有恶意，以该时间作为合同权利义务关系终止的时间，就属于合同权利义务关系终止的时间更加公平原则和诚信原则的要求，就可以用这个时间确定为合同权利义务关系终止的时间。

应当特别注意的是，适用公平原则和诚信原则确定合同权利义务关系终止的时间，弹性比较大，属于自由裁量的范畴，适用中应当特别谨慎。

第六十条　可得利益损失的计算

人民法院依据民法典第五百八十四条的规定确定合同履行后可以获得的利益时，可以在扣除非违约方为订立、履行合同支出的费用等合理成本后，按照非违约方能够获得的生产利润、经营利润或者转售利润等计算。

非违约方依法行使合同解除权并实施了替代交易，主张按照替代交易价格与合同价格的差额确定合同履行后可以获得的利益的，人民法院依法予以支持；替代交易价格明显偏离替代交易发生时当地的市场价格，违约方主张按照市场价格与合同价格的差额确定合同履行后可以获得的利益的，人民法院应予支持。

非违约方依法行使合同解除权但是未实施替代交易，主张按照违约行为发生后合理期间内合同履行地的市场价格与合同价格的差额确定合同履行后可以获得的利益的，人民法院应予支持。

【民法典条文】

第五百八十三条　当事人一方不履行合同义务或者履行合同义务不符合约定的，在履行义务或者采取补救措施后，对方还有其他损失的，应当赔偿损失。

第五百八十四条　当事人一方不履行合同义务或者履行合同义务不符合约定，造成对方损失的，损失赔偿额应当相当于因违约所造成的损失，包括合同履行后可以获得的利益；但是，不得超过违约一方订立合同时预见到或者应当预见到的因违约可能造成的损失。

【相关司法解释】

《全国法院贯彻实施民法典工作会议纪要》

11. 民法典第五百八十五条第二款规定的损失范围应当按照民法典第五百八十四条规定确定，包括合同履行后可以获得的利益，但不得超过违约一方订立合同时预见到或者应当预见到的因违约可能造成的损失。

当事人请求人民法院增加违约金的，增加后的违约金数额以不超过民法典第五百八十四条规定的损失为限。增加违约金以后，当事人又请求对方赔偿损失的，人民法院不予支持。

当事人请求人民法院减少违约金的，人民法院应当以民法典第五百八十四条规定的损失为基础，兼顾合同的履行情况、当事人的过错程度等综合因素，根据公平原则和诚信原则予以衡量，并作出裁判。约定的违约金超过根据民法典第五百八十四条规定确定的损失的百分之三十的，一般可以认定为民法典第五百八十五条第二款规定的"过分高于造成的损失"。当事人主张约定的违约金过高请求予以适当减少的，应当承担举证责任；相对人主张违约金约定合理的，也应提供相应的证据。

《最高人民法院关于审理买卖合同纠纷案件适用法律问题的解释》（2020）

第二十二条 买卖合同当事人一方违约造成对方损失，对方主张赔偿可得利益损失的，人民法院在确定违约责任范围时，应当根据当事人的主张，依据民法典第五百八十四条、第五百九十一条、第五百九十二条、本解释第二十三条等规定进行认定。

第二十三条 买卖合同当事人一方因对方违约而获有利益，违约方主张从损失赔偿额中扣除该部分利益的，人民法院应予支持。

　　《最高人民法院关于审理买卖合同纠纷案件适用法律问题的解释》（2012）

　　第二十九条　买卖合同当事人一方违约造成对方损失，对方主张赔偿可得利益损失的，人民法院应当根据当事人的主张，依据合同法第一百一十三条、第一百一十九条、本解释第三十条、第三十一条等规定进行认定。

　　第三十条　买卖合同当事人一方违约造成对方损失，对方对损失的发生也有过错，违约方主张扣减相应的损失赔偿额的，人民法院应予支持。

　　第三十一条　买卖合同当事人一方因对方违约而获有利益，违约方主张从损失赔偿额中扣除该部分利益的，人民法院应予支持。

【条文要义】

　　本条是对认定违约行为造成可得利益损失的计算方法的解释。

　　对于违约行为造成可得利益损失和其他损失的计算规则，2012年《最高人民法院关于审理买卖合同纠纷案件适用法律问题的解释》第 29 条至第 31 条，对买卖合同的可得利益损失计算作过规定。2020 年《最高人民法院关于审理买卖合同纠纷案件适用法律问题的解释》修订后，第 22 条和第 23 条也对此作了规定。《民法典》颁布后，《全国法院贯彻实施民法典工作会议纪要》第 11 条对认定违约行为造成可得利益损失和其他损失的计算规则作了具体规定。在此基础上，本条对此作出具体、明确的规定。

　　《民法典》第 584 条规定，合同的违约一方应当承担违约损害赔偿责任，具体的损失赔偿数额应当如何认定，最主要的方法是损失赔偿数额相当于因违约造成的损失，这个损失就是合同履行后可以获得的利益，称为"可得利益损失赔偿规则"。同时，又确定可得利益损失的赔偿不得超过违约一方订立合同时预见或者应当预见的因违约可能造成的损失的规则，称为"预期利益损失赔偿规则"。

对违约损害赔偿责任怎样计算可得利益损失，即可得利益损失赔偿规则应当怎样适用，本条司法解释作了具体规定。

1. 成本扣减：确定可得利益损失的一般规则

可得利益损失，是指合同的当事人一方未全面履行合同等违约行为，导致守约方丧失的财产利益，即在合同履行前并不为当事人所拥有的，而为当事人所期望在合同全面履行后可以实现和取得的财产利益。在通常情况下，只要构成违约行为，就可能导致对方可得利益的损失。

在司法实务中，具体认定合同违约行为造成的可得利益损失，并不是这样简单，需要按照确定的标准计算。本条第1款规定，确定可得利益损失的一般方法是，法院依据《民法典》第584条的规定确定合同履行后可以获得的利益时，可以在扣除非违约方为订立、履行合同支出的费用等合理成本后，按照非违约方能够获得的生产利润、经营利润或者转售利润等计算。其计算公式是：

合同债权实现时能获得的利益数额－非违约方订立、履行合同支付的合理成本＝非违约方能够获得的利益＝可得利益损失数额。

按照这一计算公式，一般就可以计算出可得利益损失数额，也就是违约损害赔偿责任的赔偿数额。

2. 替代交易：实现减损规则的规则

计算可得利益损失赔偿，实行《民法典》第591条规定的减损规则。非违约方在依法行使合同解除权时，向违约方请求损害赔偿，而损害赔偿的计算就必然受到减损规则的限制，受害方必须采取合理的行为以减少损失，安排替代交易以减轻损失。在损害赔偿法中，替代交易是一种有效的计算期望赔偿的方法，已经得到国内立法及国际条约或示范法文本的支持。替代交易相对于传统的期望赔偿或实际履行，有独特的理论优势和操作性便利，如接近合同履行后的地位、增加确定性、阻止或最小化间接损失的社会成本、有效分配市场风险等。

我国《民法典》第584条尽管没有规定适用替代交易规则，但是在实践中已经是比较常用的违约损害赔偿的计算方法。

替代交易与《民法典》第581条规定的替代履行不同。替代履行是用另一种履行方法替代原来约定的履行债务的方法。而替代交易是在定期合同中，违约方提前终止合同，在合同剩余的期间内，债权人遵守减损规则，寻找新当事人，为减少替代原合同当事人不履行债务期间造成的损失而形成的新交易关系。

替代交易的构成，体现为实体要素和程序要素。实体要素的合理性最重要，在实践中有必要将替代交易分为搜寻和实际选择两个阶段，而且替代交易无须经由法院或非诉讼程序。替代交易是一种任意性救济方式，只适用于不履行的情况，同时在其适用上不限于商事交易和货物交易等。

替代交易的前提是减损规则。当债权人无法请求对方继续履行，只能向违约方请求损害赔偿，而损害赔偿的计算就要受到减损规则的限制。根据减损规则，受害方应当实施合理行为以减少损失。据此，债权人应当及时解除合同，并安排替代交易以减轻损失。例如，如果出卖人未交付标的物，买受人必须付出合理的努力，在市场上迅速寻找替代的出卖人，仅可以就替代购买与原始购买的价差损失请求损害赔偿。相反，买受人如未受领标的物并拒绝支付价款，出卖人必须在市场上寻求替代买受人，从而仅可以就替代出卖与原始出卖的价差损失请求损害赔偿。

减损规则会直接影响损害赔偿抽象计算的时点。基于减损规则，通常以受害方最早可以减损，即实施替代交易或采取补救措施之时，作为计算标准。受害方不得什么都不做，而在起诉时企图请求赔偿更大范围的损失。当债务人违约时，债权人即应依照减损规则实施替代交易。因此，损害赔偿原则上以违约那一天作为损害赔偿计算的时点，但是应当扣除未进行替代交易期间的损失。

在合同履行中，非违约方依法行使合同解除权并实施了替代交易，主张按照替代交易价格与合同价格的差额确定合同履行后可以获得的利益的，是符合法律要求的合理请求，法院应当予以支持。

替代交易价格明显偏离替代交易发生时当地的市场价格，违约方主张按照市场价格与合同价格的差额确定合同履行后可以获得的利益的，法院也应当依法予以支持。例外的情形是，非违约方如果能够证明不进行替代交易将导致损失扩大的，则违约方即使有证据证明替代交易价格明显偏离替代交易发生时当地的市场价格，主张按照市场价格与合同价格的差额确定合同履行后可以获得利益损失的请求，法院不予支持。

3. 未实施替代交易的按照市场价格确定可得利益损失

在合同履行中，一方当事人违约，非违约方依法行使合同解除权解除合同，但是未实施替代交易，直接主张按照违约行为发生后的合理期间内，合同履行地的市场价格与合同价格的差额，作为确定合同履行后可以获得的利益的基准，确定赔偿可得利益损失数额的，法院依法予以支持。这是因为，一方当事人违约后，非违约方没有实施替代交易，而是直接主张按照合同履行地的市场价格与合同价格的差额来确定可得利益损失的数额，符合计算可得利益损失数额的法律要求，因此也是合情合理的，符合法律规定。

应当说明的是，在确定违约损害赔偿责任中，除应当赔偿非违约方的可得利益损失外，对违约行为造成非违约方的其他财产利益损失，也在违约损害赔偿责任的范围之内，也应当由违约方一并承担损害赔偿责任。

最典型的可得利益损失之外的其他损失，是固有利益损失。合同当事人的违约行为不仅造成了合同的预期利益损失，而且造成了非违约方的人身损害和合同履行利益以外的其他财产损害，这些都是预期利益以外的其他财产利益损失。

这是从合同保护目的的角度认识可预见性规则，会产生损害赔偿内在体系的统一效应，为统一损害赔偿体系的构建奠定基础。

违约方因违约行为造成非违约方的固有利益损失，在违约责任中构成加害给付责任。例如，债务人履行债务所交付的标的物存在瑕疵或者缺陷，造成债权人履行利益之外的人身或者财产损害的，债务人应当向债权人承担预期利益以外的赔偿责任。这种损害赔偿责任的确定，不受预期利益损害赔偿原则的限制。如果违约方的违约行为造成非违约方的固有利益损失，构成加害给付，还应当适用《民法典》第 186 条规定的违约责任与侵权责任竞合规则，也就是因当事人的一方违约行为，损害对方人身权益、财产权益的，受损害方有权选择请求其承担违约责任或者侵权责任。这个选择权为非违约一方享有，对其提出的请求，法院应当予以支持。

4. 理解本条规定的逻辑基础

本条司法解释的逻辑思路是：违约损失赔偿责任包括赔偿可得

利益损失。赔偿可得利益损失应当适用可预见性规则界定违约可得利益损失的范围。计算违约的可得利益损失，应当适用本条规定的成本扣减规则；同时适用《民法典》第591条规定的减损规则，非违约方应当采取适当措施防止损失的扩大。非违约方履行减损义务，在行使合同解除权时应当遵守替代交易规则，实施替代交易行为，替代交易价格与合同价格之间的差额就是可得利益损失；非违约方未实施替代交易的，可以主张适用市场价格规则计算可得利益损失；对上述两种方式计算出的可得利益损失，非违约方有权主张违约方予以赔偿。

第六十一条　持续性定期合同中可得利益的赔偿

在以持续履行的债务为内容的定期合同中，一方不履行支付价款、租金等金钱债务，对方请求解除合同，人民法院经审理认为合同应当依法解除的，可以根据当事人的主张，参考合同主体、交易类型、市场价格变化、剩余履行期限等因素确定非违约方寻找替代交易的合理期限，并按照该期限对应的价款、租金等扣除非违约方应当支付的相应履约成本确定合同履行后可以获得的利益。

非违约方主张按照合同解除后剩余履行期限相应的价款、租金等扣除履约成本确定合同履行后可以获得的利益的，人民法院不予支持。但是，剩余履行期限少于寻找替代交易的合理期限的除外。

【民法典条文】

第五百六十三条 有下列情形之一的，当事人可以解除合同：

（一）因不可抗力致使不能实现合同目的；

（二）在履行期限届满前，当事人一方明确表示或者以自己的行为表明不履行主要债务；

（三）当事人一方迟延履行主要债务，经催告后在合理期限内仍未履行；

（四）当事人一方迟延履行债务或者有其他违约行为致使不能实现合同目的；

（五）法律规定的其他情形。

以持续履行的债务为内容的不定期合同，当事人可以随时解除合同，但是应当在合理期限之前通知对方。

第五百八十四条 当事人一方不履行合同义务或者履行合同义务不符合约定，造成对方损失的，损失赔偿额应当相当于因违约所造成的损失，包括合同履行后可以获得的利益；但是，不得超过违约一方订立合同时预见到或者应当预见到的因违约可能造成的损失。

【条文要义】

本条是对持续性定期合同违约方赔偿可得利益损失的解释。

对这个问题，以往的司法解释没有作出规定，本条第一次作出规定。

以时间因素在合同履行中所处的地位为标准，合同分为一时性合同和持续性合同。

持续性定期合同与一时性合同相对应，是指合同内容非一次性给付即可完结，而是继续实现的合同。其特点是，时间因素在合同履行上居重要地位，总给付的内容取决于应为给付时间的长短。随着履行的时间推移，在当事人之间不断产生新的权利义务。在当代，随着经济发展和科技进步，电力、石油、燃气、自来水等持续性供用合同越来越多，呈普遍化趋势，这些合同都属于持续性合同。

持续性供应合同与分期给付合同不同，其区别在于，前者自始欠缺分期履行一个数量上业已确定的给付概念，在一定时间提出的给付不是总给付的部分，而是具有某种程度的经济上和法律上的独立性，是在履行当时所负的债务。而后者自始就有一个确定的总给付，只不过是分期履行，每期的给付仅为部分给付。

违反持续性合同，原则上应区别个别给付与整个合同予以处理。对个别给付可以直接适用合同法的规定；对整个合同而言，解除时宜无溯及力。

对于持续性定期合同的违约损害赔偿如何确定可得利益损失，是比较复杂的，本条司法解释规定了具体规则。

1. 定期合同债务人不履行金钱债务的可得利益损失计算

定期合同与一时性合同不同，债务人履行债务需要持续相当长的时间，其间违反合同规定的义务，不支付价款或者租金，构成违约，应当承担违约责任，其中包括违约损害赔偿。

按照本条规定，这种合同的违约行为造成的可得利益损失的计算方法是，一方不履行支付价款、租金等金钱债务，对方请求解除合同，法院经审理认为对方享有约定解除权或者法定解除权，合同应当依法解除的，可以考虑三方面的因素计算可得利益损失：

一是根据当事人的主张，也就是非违约方在对违约方提出的损害赔偿数额的要求。

二是参考合同主体、交易类型、市场价格变化、剩余履行期限等因素，确定非违约方寻找替代交易的合理期限。这个量的计算方法是，参考合同主体、交易类型、剩余履行期限等因素，算出损失数额后，再确定非违约方寻找替代交易的合理期限。例如，自然人租房，市场价格为月租金 0.3 万元，三年期限，已经履行了两年的租金交付义务，剩余 1 年的租金违约，违约的租金数额为 3.6 万元。确定非违约方寻找替代交易的合理期限为三个月，可得利益损失为 2.7 万元。

三是按照该期限对应的价款、租金等，扣除非违约方应当支付的相应履约成本。这个量的算法是，如上例，尚有剩余租金未履行的数额为 2.7 万元，扣除非违约方应当支付的相应履约成本，如每月为 500 元，应当扣除 0.45 万元。

按照上述三个方面的量，综合确定合同履行可以获得的利益，就是 2150 元，违约方应当承担的违约损害赔偿数额是 0.215 万元。

2. 非违约方主张剩余履行期限损失赔偿应扣除替代交易减损数额

在前述对定期合同违约主张损害赔偿可得利益损失的，除应当计算剩余的履行期限造成的损失外，还应当扣除非违约方寻找替代交易减损的数额。这样的定期合同违约可得利益损失的计算才是公平合理的。

如果非违约方直接主张按照合同解除后剩余履行期限相应的价款、租金等的数额，扣除履约成本，确定合同履行后可以获得的利益的损失赔偿，对此，法院不应予以支持。这是因为，这样的计算方法没有扣除非违约方寻找替代交易减损的数额，不符合减损规则的要求。

例外的是，如果剩余履行期限少于寻找替代交易的合理期限的除外。例如，房屋租赁合同在承租人违约时，剩余的履行期限为 3个月，而非违约方寻找替代交易的合理期限也是 3 个月，这时剩余的履行期限与寻找替代交易的合理期限基本一致，当非违约方寻找到替代交易后，该合同的履行期也就到期终结。因此，不能扣除非违约方寻找替代交易的减损数额，对其请求赔偿的 3 个月租金违约损失，就应当得到支持。

第六十二条　无法确定可得利益时的赔偿

非违约方在合同履行后可以获得的利益难以根据本解释第六十条、第六十一条的规定予以确定的，人民法院可以综合考虑违约方因违约获得的利益、违约方的过错程度、其他违约情节等因素，遵循公平原则和诚信原则确定。

【民法典条文】

第五百八十四条　当事人一方不履行合同义务或者履行合同义务不符合约定，造成对方损失的，损失赔偿额应当相当于因违约所造成的损失，包括合同履行后可以获得的利益；但是，不得超过违约一方订立合同时预见到或者应当预见到的因违约可能造成的损失。

【条文要义】

本条是对合同当事人违约但无法确定可得利益损失的赔偿计算方法的解释。

对此，以往的司法解释也没有作出过规定，本条是第一次规定这种违约可得利益损失赔偿的计算方法

在司法实践中确定合同一方当事人违约造成对方当事人的可得利益损失，计算方法并非只有本司法解释第 60 条和第 61 条规定的情形，超出这种情形，也就是无法根据本司法解释第 60 条和第 61 条规定的违约行为造成对方可得利益损失计算的，也要用其他可靠的计算方法来计算可得利益损失。对此，本条规定了酌定方法。

这种违约可得利益损失的计算方法，类似于侵权责任造成损害难以计算具体损害数额的酌定方法，如《民法典》第 1182 条规定的侵害人格利益造成财产损失的计算方法。

违约可得利益损失的酌定方法是：

首先，法院可以根据违约方因违约获得的利益作为基础计算，这个数额是可以证明的，违约方因违约行为自己获得利益的数额，是酌定其造成对方可得利益损失的基础。能够准确计算的，按照计算确定的具体数额；不能计算具体数额的，估算大体的数额。

其次，根据违约方的过错程度，即故意还是过失，过失是重大过失还是一般过失，确定责任的加重或者减轻。

最后，根据其他违约情节，酌定违约方责任的数额。具体违约情节，还有违约方的资质信誉、专业技术能力对获得违约利益的作用等，都是酌定因素。根据这些具体的违约情节，可以作为酌定可得利益损失的数额。

在综合分析和判断上述三个方面的因素后，法官综合确定违约方的违约行为给对方当事人造成可得利益损失的具体数额，遵循公平原则和诚信原则的要求，酌定违约方承担违约赔偿责任的数额。

第六十三条 可预见性规则的适用

在认定民法典第五百八十四条规定的"违约一方订立合同时预见到或者应当预见到的因违约可能造成的损失"时，人民法院应当根据当事人订立合同的目的，综合考虑合同主体、合同内容、交易类型、交易习惯、磋商过程等因素，按照与违约方处于相同或者类似情况的民事主体在订立合同时预见到或者应当预见到的损失予以确定。

除合同履行后可以获得的利益外，非违约方主张还有其向第三人承担违约责任应当支出的额外费用等其他因违约所造成的损失，并请求违约方赔偿，经审理认为该损失系违约一方订立合同时预见到或者应当预见到的，人民法院应予支持。

在确定违约损失赔偿额时，违约方主张扣除非违约方未采取适当措施导致的扩大损失、非违约方也有过错造成的相应损失、非违约方因违约获得的额外利益或者减少的必要支出的，人民法院依法予以支持。

【民法典条文】

第五百八十四条 当事人一方不履行合同义务或者履行合同义务不符合约定，造成对方损失的，损失赔偿额应当相当于因违约所造成的损失，包括合同履行后可以获得的利益；但是，不得超过违约一方订立合同时预见到或者应当预见到的因违约可能造成的损失。

【相关司法解释】

《全国法院贯彻实施民法典工作会议纪要》

11. 民法典第五百八十五条第二款规定的损失范围应当按照民法

典第五百八十四条规定确定，包括合同履行后可以获得的利益，但不得超过违约一方订立合同时预见到或者应当预见到的因违约可能造成的损失。

当事人请求人民法院增加违约金的，增加后的违约金数额以不超过民法典第五百八十四条规定的损失为限。增加违约金以后，当事人又请求对方赔偿损失的，人民法院不予支持。

当事人请求人民法院减少违约金的，人民法院应当以民法典第五百八十四条规定的损失为基础，兼顾合同的履行情况、当事人的过错程度等综合因素，根据公平原则和诚信原则予以衡量，并作出裁判。约定的违约金超过根据民法典第五百八十四条规定确定的损失的百分之三十的，一般可以认定为民法典第五百八十五条第二款规定的"过分高于造成的损失"。当事人主张约定的违约金过高请求予以适当减少的，应当承担举证责任；相对人主张违约金约定合理的，也应提供相应的证据。

【条文要义】

本条是对具体适用违约损害赔偿的可预见损失赔偿规则的解释。

在以往关于合同法的司法解释中，没有规定具体适用可预见损失赔偿规则的方法，《全国法院贯彻实施民法典工作会议纪要》第11条对此作出规定。本条就是在此基础上作出的正式解释。

在确定合同违约的损害赔偿中，除应当适用《民法典》第584条规定的可得利益损失规则，还应当适用本条但书规定的可预见性规则，即可预见损失赔偿规则。

可预见损失赔偿规则，是违约损害赔偿责任不得超过违约一方订立合同时预见到或者应当预见到的因违约可能造成损失的赔偿规则。根据这一规则，一方当事人违约给另一方当事人造成损失的，违约方只需就缔约时预见到或应当预见到的因违约所造成的损失负责赔偿，超出可预见范围以外的损失，违约方不承担赔偿责任。

本条司法解释规定了可预见损失赔偿计算的一般方法、违约方的违约行为导致非违约方对第三人违约造成损失的计算方法，以及计算可预见损失赔偿应当适用过失相抵和损益相抵规则的具体办法。

1. 计算可预见损失赔偿的一般方法

在实践中适用可预见损失赔偿规则的主要方法有以下几种：

第一，确定可预见的主体标准，是"理性第三人"。也就是把理性第三人处于违约方的位置，他通常所能预见到的损失范围，即为违约方应当预见的损失范围。不过，在案情特殊、尤其涉及商事主体进行的交易时，确定违约方的预见能力，一般应当高于理性第三人，采用"理性第三人 +具体违约方"的标准，在以理性第三人的基础上，再加上具体违约方为商事主体等因素。

第二，可预见的时间节点，是"合同订立时"。按照当事人订立合同时判断违约方是否可预见的损失范围，而不是违约方实际违约时的可预见范围。可预见的内容是"预见到损失的类型，而非具体损失金额"。具体方法是，违约方在缔约时只需要预见到或应当预见到损失的类型，不需要预见到损失的程度或具体数额。

第三，可预见的内容。对于预见的内容存在两种不同的观点：一是认为只需预见损失的类型；二是认为不仅要预见损失的类型还要求预见到损失的额度。对于争议，剖析的关键在于对违约损害赔偿的目标进行定位，以及在违约方和非违约方之间进行价值权衡。如果要求非违约方既要预见损失的类型还要预见到损失的数额，加重了非违约方的举证责任，对非违约方的苛责将导致非违约方对于可得利益的诉求无法得到实现，不符合效率原则，在一定程度上降低了违约方的违约成本，易导致非违约方不公，与公平原则背道而驰。基于上述考量，预见的内容仅要求预见损失的类型即可。

第四，可预见的标准。预见的一般认定标准，是以理性人的角度进行判断，即客观标准；如果合同双方当事人有特殊情况，则可能适用主观标准进行判断。随着客观标准带来的问题是，如何界定理性人这一角色，一般理性人不仅要考虑具体当事人的知识和能力基础，还要综合其所处行业或职业进行综合考虑。在追求分工细致化的现代，强调隔行如隔山的意义十分重要。职业对于评判当事人预见与否是极其重要的因素，其在特定行业的经验可以清楚了解其行业所存在的风险，专业经验愈丰富、专业程度愈高，愈可发生清晰认识到可能发生风险的内容。

所以，本条规定，在认定《民法典》第584条规定的"违约一方订立合同时预见到或者应当预见到的因违约可能造成的损失"时，法院应当根据当事人订立合同的目的，综合考虑合同主体、合同内容、交易类型、交易习惯、磋商过程等因素，按照与违约方处于相同或者类似情况的民事主体，在订立合同时预见到或者应当预见到的损失予以确定。其中：订立合同的目的是确定可预期损失的主要因素；合同主体、合同内容、交易类型、交易习惯、磋商过程等因素，是适用可预期损失规则的基本要素；按照违约方处于相同或者类似情况的民事主体，就是理性第三人的标准，按照理性第三人在订立合同时预见到或者应当预见到的损失，是具有决定性的因素。

综合起来，酌定可预期损失规则的公式是："合同目的+各项要素+理性第三人"。按照这一公式，能够计算出符合"违约损害赔偿不得超过违约一方订立合同时预见到或者应当预见到的因违约可能造成的损失"，符合违约损害赔偿预期利益损失规则的要求。

2. 违约方的违约导致非违约方对第三人违约造成损失的计算方法

在违约损害赔偿中，非违约方除了可以请求违约方承担合同履行后可以获得的利益的损失赔偿以外，还可以主张因违约方违约造成非违约方对第三人违约造成的损失赔偿。

本条司法解释第2款规定的，就是非违约方因违约方的违约而向第三人承担违约责任应当支出的额外费用等其他因违约所造成的损失，并请求违约方承担赔偿责任的，法院应当支持。对此，应当对非违约方的这些其他因违约所造成的损失进行事实审理，经审理确认该损失系违约一方订立合同时预见到或者应当预见到的，应当作为可预期损失的范围之内，对非违约方的赔偿请求法院应予支持。这里最重要的标准，不仅其他因违约所造成的损失与违约方的违约行为有因果关系，而且特别是须该损失系违约一方订立合同预见到或者应当预见到。例如，买受人购买出卖人的原材料进行加工，要提供给下家作为原材料，对此，出卖人在订立合同时对违约所造成的买受人因对第三人的违约造成的损失是预见到或者应当预见到的，对此，因违约造成的买受人因出卖人的违约造成的损失，认定为可预期损失规则的调整范围。

3. 计算可预见损失赔偿应适用过失相抵和损益相抵规则

确定违约损害赔偿数额，应当适用可预期损失规则计算损失数额；同样，在计算损失数额时，也应当适用过失相抵规则和损益相抵规则。

所以，在确定违约损害赔偿数额时，违约方主张扣除非违约方未采取适当措施导致的扩大损失，或者非违约方也有过错造成的相应损失的，属于过失相抵规则调整的范围，应当进行过失相抵。违约方主张非违约方因违约获得的额外利益或者减少的必要支出的，属于损益相抵规则调整的范围，应当进行损益相抵。上述这些情形，违约方主张根据过失相抵规则和损益相抵规则的适用而减少损失赔偿数额的，法院依法予以支持。

这里的"依法"，就是依据违约损害赔偿的过失相抵、损益相抵的法律或者司法解释的规定。

第六十四条　请求调整违约金的方式和举证责任

当事人一方通过反诉或者抗辩的方式，请求调整违约金的，人民法院依法予以支持。

违约方主张约定的违约金过分高于违约造成的损失，请求予以适当减少的，应当承担举证责任。非违约方主张约定的违约金合理的，也应当提供相应的证据。

当事人仅以合同约定不得对违约金进行调整为由主张不予调整违约金的，人民法院不予支持。

【民法典条文】

第五百八十五条　当事人可以约定一方违约时应当根据违约情况向对方支付一定数额的违约金，也可以约定因违约产生的损失赔偿额的计算方法。

约定的违约金低于造成的损失的，人民法院或者仲裁机构可以根据当事人的请求予以增加；约定的违约金过分高于造成的损失的，人民法院或者仲裁机构可以根据当事人的请求予以适当减少。

当事人就迟延履行约定违约金的，违约方支付违约金后，还应当履行债务。

【相关司法解释】

《全国法院民商事审判工作会议纪要》

50.【违约金过高标准及举证责任】认定约定违约金是否过高，一般应当以《合同法》第113条规定的损失为基础进行判断，这里的损失包括合同履行后可以获得的利益。除借款合同外的双务合同，作为对价的价款或者报酬给付之债，并非借款合同项下的还款义务，不能以受法律保护的民间借贷利率上限作为判断违约金是否过高的标准，而应当兼顾合同履行情况、当事人过错程度以及预期利益等因素综合确定。主张违约金过高的违约方应当对违约金是否过高承担举证责任。

《最高人民法院关于适用〈中华人民共和国合同法〉若干问题的解释（二）》

第二十七条　当事人通过反诉或者抗辩的方式，请求人民法院依照合同法第一百一十四条第二款的规定调整违约金的，人民法院应予支持。

【条文要义】

本条是对请求调整违约金的方式和举证责任规则的解释。

对于违约金的调整方式和举证责任，《最高人民法院关于适用〈中华人民共和国合同法〉若干问题的解释（二）》第27条曾经作过简要的规定。后来，《全国法院民商事审判工作会议纪要》第50

条对违约金过高标准及举证责任，作了详细的规定。本条就是在这个会议纪要条文的基础上，规定的新规则。

《民法典》第 585 条第 1 款规定，当事人在合同中可以约定违约金条款，根据违约情况向对方支付一定数额的金钱；在实际发生违约时，按照约定的违约金计算方法承担违约责任。

违约金，是按照当事人的约定或者法律直接规定，一方当事人违约，应当向另一方支付的金钱，有约定违约金和法定违约金之分。

违约金的适用，可能会与违约损害赔偿的适用发生冲突。违约金与违约损害赔偿的目的是一致的，适用违约金，在没有造成损害时就是惩罚性违约金，造成损害的就是赔偿性违约金；既然是赔偿性违约金，就会与违约损失赔偿相联系。

《民法典》第 585 条第 2 款强调，对于违约金过高或者过低，法院可以根据当事人的请求予以调整，只有在当事人要求调整违约金的情况下，人民法院才能调整，因为权利是当事人之间私的权利，法院不能依职权即公权力主动调整当事人之间意思自治范围内的私人关系。按照这样的要求，《民法典》第 585 条第 2 款规定违约金的调整原则是：第一，约定违约金的，应当按照违约金的约定执行；第二，约定的违约金低于造成损失的，可以请求增加，俗称"找齐"，这是因为违约金具有损害赔偿性质，只要低于实际损失的就应当找齐；第三，约定的违约金过分高于造成的损失的，可以请求适当减少。

如何适用《民法典》第 585 条第 2 款规定的违约金调整规则，本条司法解释规定了三种方法。

1. 对方当事人可以通过反诉或者抗辩的方法请求调整违约金

主张调整违约金，通常是在一方当事人提出违约方承担违约金的诉讼请求后，对方当事人即违约方提出调整违约金的请求。

违约方提出调整违约金的请求应当以何种方式进行，在实践中也有不同主张，有的认为应当提出反诉，抗辩则不可以。有的主张抗辩也是有效的主张。对此，《民法典》和《民事诉讼法》都没有规定。

本条规定，在违约责任的诉讼中，守约方提出对方当事人承担违约责任后，当事人如果主张调整违约金，通过反诉或者抗辩的方式都可以。相比之下，抗辩的方式更简洁、方便，也不必缴纳反诉费。当然，违约方提出反诉也是合适的诉讼方法。

违约方通过反诉或者抗辩，请求法院依据《民法典》第585条第2款规定调整违约金的，法院应当依法予以支持。

2. 请求调整违约金的举证责任

对当事人主张适用《民法典》第585条第2款规定调整违约金，法律没有规定举证责任由谁负担。本条根据主张增加违约金还是减少违约金的主张，确定以下举证责任负担规则。

一是违约方主张约定的违约金过分高于违约造成的损失，请求予以适当减少的，应当由违约方承担举证责任，证明约定的违约金确实过分高于造成的违约损失。这个比较好证明，证明了违约造成的实际损失，与约定的违约金相比较，就可以确定是否构成过分高于实际违约损失。

二是非违约方主张约定的违约金合理的，按照举证责任分配原则，违约方应当提供相应的证据。同样，非违约方主张约定的违约金合理，也应当证明违约给自己造成的实际损失，只要违约造成的实际损害与约定的违约金相差不悬殊的，其证明责任成立，不必调整违约金。

3. 合同约定不得调整违约金不能对抗依法调整违约金的主张

当事人在合同中约定了不得调整违约金的条款，能否对抗当事人提出的违约金调整请求，答案是否定的。应当区别的是，尽管不得调整违约金是合同约定的条款，是双方当事人的合意，对于双方当事人都具有拘束力。但是，《民法典》第 585 条第 2 款规定的适当调整违约金，是法律赋予一方当事人的可以在约定的违约金过分高于或者低于实际损失的情况下，根据违约金与损害赔偿责任的一致性，赋予合同当事人的权利。当事人行使这个调整违约金的权利，能够对抗双方当事人在合同中约定的违约金不得调整条款，主张调整违约金，避免受到不适当的损失。

正因为如此，本条第 3 款规定，当事人仅以合同约定不得对违约金进行调整为由，主张不予调整违约金的，法院不支持这样的诉讼请求。

4. 违约金低于造成对方当事人损失的"找齐"

依照《民法典》第 585 条第 2 款关于"约定的违约金低于造成的损失的，人民法院或者仲裁机构可以根据当事人的请求予以增加"的规定，违约金低于实际造成的损失的，只按照违约金的约定予以给付，就不能救济受损害一方当事人的实际损失。这与违约金的救济损害目的不符，应当进行调整。对这种调整方法，在起草《合同法》中就称为"找齐"，就是把违约金直接与实际损失相对应，以实际损失为准"找齐"，确定增加的违约金。

第六十五条　违约金的司法酌减

当事人主张约定的违约金过分高于违约造成的损失，请求予以适当减少的，人民法院应当以民法典第五百八十四条规定的损失为基础，兼顾合同主体、交易类型、合同的履行情况、当事人的过错程度、履约背景等因素，遵循公平原则和诚信原则进行衡量，并作出裁判。

约定的违约金超过造成损失的百分之三十的，人民法院一般可以认定为过分高于造成的损失。

恶意违约的当事人一方请求减少违约金的，人民法院一般不予支持。

【民法典条文】

第五百八十五条　当事人可以约定一方违约时应当根据违约情况向对方支付一定数额的违约金，也可以约定因违约产生的损失赔偿额的计算方法。

约定的违约金低于造成的损失的，人民法院或者仲裁机构可以根据当事人的请求予以增加；约定的违约金过分高于造成的损失的，人民法院或者仲裁机构可以根据当事人的请求予以适当减少。

当事人就迟延履行约定违约金的，违约方支付违约金后，还应当履行债务。

【相关司法解释】

《全国法院贯彻实施民法典工作会议纪要》

11. 民法典第五百八十五条第二款规定的损失范围应当按照民法典第五百八十四条规定确定，包括合同履行后可以获得的利益，但不得超过违约一方订立合同时预见到或者应当预见到的因违约可能造成的损失。

当事人请求人民法院增加违约金的，增加后的违约金数额以不超过民法典第五百八十四条规定的损失为限。增加违约金以后，当事人又请求对方赔偿损失的，人民法院不予支持。

当事人请求人民法院减少违约金的，人民法院应当以民法典第五百八十四条规定的损失为基础，兼顾合同的履行情况、当事人的过错程度等综合因素，根据公平原则和诚信原则予以衡量，并作出裁判。约定的违约金超过根据民法典第五百八十四条规定确定的损失的百分之三十的，一般可以认定为民法典第五百八十五条第二款规定的"过分高于造成的损失"。当事人主张约定的违约金过高请求予以适当减少的，应当承担举证责任；相对人主张违约金约定合理的，也应提供相应的证据。

《全国法院民商事审判工作会议纪要》

50. 【违约金过高标准及举证责任】认定约定违约金是否过高，一般应当以《合同法》第113条规定的损失为基础进行判断，这里的损失包括合同履行后可以获得的利益。除借款合同外的双务合同，作为对价的价款或者报酬给付之债，并非借款合同项下的还款义务，不能以受法律保护的民间借贷利率上限作为判断违约金是否过高的标准，而应当兼顾合同履行情况、当事人过错程度以及预期利益等因素综合确定。主张违约金过高的违约方应当对违约金是否过高承担举证责任。

《最高人民法院关于审理买卖合同纠纷案件适用法律问题的解释》（2020）

第二十条　买卖合同因违约而解除后，守约方主张继续适用违约金条款的，人民法院应予支持；但约定的违约金过分高于造成的损失的，人民法院可以参照民法典第五百八十五条第二款的规定处理。

《最高人民法院关于审理商品房买卖合同纠纷案件适用法律若干问题的解释》（2020）

第十二条 当事人以约定的违约金过高为由请求减少的，应当以违约金超过造成的损失30%为标准适当减少；当事人以约定的违约金低于造成的损失为由请求增加的，应当以违约造成的损失确定违约金数额。

《最高人民法院关于适用〈中华人民共和国合同法〉若干问题的解释（二）》

第二十八条 当事人依照合同法第一百一十四条第二款的规定，请求人民法院增加违约金的，增加后的违约金数额以不超过实际损失额为限。增加违约金以后，当事人又请求对方赔偿损失的，人民法院不予支持。

第二十九条 当事人主张约定的违约金过高请求予以适当减少的，人民法院应当以实际损失为基础，兼顾合同的履行情况、当事人的过错程度以及预期利益等综合因素，根据公平原则和诚实信用原则予以衡量，并作出裁决。

当事人约定的违约金超过造成损失的百分之三十的，一般可以认定为合同法第一百一十四条第二款规定的"过分高于造成的损失"。

《最高人民法院关于审理买卖合同纠纷案件适用法律问题的解释》（2012）

第二十六条 买卖合同因违约而解除后，守约方主张继续适用违约金条款的，人民法院应予支持；但约定的违约金过分高于造成的损失的，人民法院可以参照合同法第一百一十四条第二款的规定处理。

《最高人民法院关于审理商品房买卖合同纠纷案件适用法律若干问题的解释》（2003）

第十六条 当事人以约定的违约金过高为由请求减少的，应当以违约金超过造成的损失 30% 为标准适当减少；当事人以约定的违约金低于造成的损失为由请求增加的，应当以违约造成的损失确定违约金数额。

【条文要义】

本条是对违约金司法酌减具体操作方法的解释。

对违约金司法酌减规则，以往的司法解释作了多次规定。2003 年《最高人民法院关于审理商品房买卖合同纠纷案件适用法律问题的解释》第 16 条规定，违约金过高的标准是超过实际损失的 30%，应当司法酌减。2012 年《最高人民法院关于审理买卖合同纠纷案件适用法律问题的解释》第 26 条也对此作了规定。《最高人民法院关于适用〈中华人民共和国合同法〉若干问题的解释（二）》第 28 条、第 29 条也对违约金的司法酌减作了具体规定。《全国法院民商事审判工作会议纪要》第 50 条对约定违约金是否过高、过低，规定了以《合同法》第 113 条规定的损失为基础进行判断，规定了具体标准。

《民法典》出台以后，2020 年《最高人民法院关于审理商品房买卖合同纠纷案件适用法律若干问题的解释》第 12 条对违约金过高司法酌减作了规定。2020 年《最高人民法院关于审理买卖合同案件适用法律问题的解释》第 20 条也对此作出决定。《全国法院贯彻实施民法典工作会议纪要》第 11 条，对违约金的增加和减少都作了具体规定。本条对违约金司法酌减规定了具体规则。

《民法典》第585条第2款规定的违约金调整，包括违约金低于造成实际损失的予以增加，也包括违约金过分高于实际损失的适当减少。

本条针对的是后者，也就是约定的违约金过分高于造成的实际损失，当事人请求予以适当减少的具体操作方法。对此，《民法典》没有具体规定，本条司法解释规定了具体规则。

1. 违约金适当减少应以违约行为造成的实际损失为准

违约金适当减少的判断基础，应当是违约行为致使对方当事人造成的实际损失。这是因为，违约金具有与违约损失赔偿相同的功能，即补偿违约行为造成对方当事人的实际损失，使受到损害的一方当事人的权利得到恢复。因此，确定违约金过分高于实际损失，就应当以《民法典》第854条规定的可得利益损失规则和预期利益损失规则为标准，计算出违约造成的实际损失。

因此，本条第1款规定，当事人主张约定的违约金过分高于违约造成的损失，请求予以适当减少的，法院应当以《民法典》第584条规定的损失为基础，同时兼顾合同主体、交易类型、合同的履行情况、当事人的过错程度、履约背景等因素，遵循公平原则和诚信原则进行衡量，确定约定违约金是否过分高于实际损失，是否应当适当减少，并据此作出裁判。

2. 违约金过分高于造成实际损失的标准

如何确定违约金过分高于造成的实际损失，在原《合同法》实施后，最高人民法院根据司法实践经验，确定违约金超过造成实际损失的30%，超过30%的部分，就是过分高于实际损失。这一部分就是违约金适当减少的数额。

本条第2款继续坚持这一标准，规定的规则是，当事人约定的违约金超过造成损失的 30% 的，法院一般可以认定为《民法典》第585 条第 2 款规定的"过分高于造成的损失"。也就是说，依据当事人的请求，违约金的最高标准，就是造成损失的 130%。

这一标准也说明一点，一方当事人违约给另一方当事人造成实际损失，违约金可以适当高于造成的损失，但不能过分高于实际损失。在 130% 范围内约定的违约金，法院可以支持；超过 130% 的违约金，就是过分高于实际损失，对这一部分违约金的请求不予支持。至于超出实际损失的那 30% 的违约金，可以认定为具有惩罚性质的违约金。

3. 恶意违约当事人不得请求减少违约金

在合同履行过程中，一般违约行为的行为人对违约的心理状态，应当是过失或者重大过失，即使故意违约达不到恶意的程度，也是违约主观心理状态的常态。但是，一方当事人订立合同以后，出于恶意实施违约行为造成对方当事人损失的，应当予以谴责。所以，本条第 3 款规定，恶意违约的当事人一方请求减少违约金的，法院一般不予支持。这里说的一般不予支持，就是违约金过分高于实际损失，在惩罚恶意违约行为人的适当程度，就不能适当减少。如果违约金过分高于实际损失，达到了离谱的程度，就应当调整到能够惩罚恶意违约行为人的程度，因此也可以适当减少。例如，有一个案例，当事人约定的违约金为日 5‰，这样的违约金实在是太高了，无论怎样也不能按照这样的约定方法计算违约金，即使违约方为恶意，也不应当承担这样高的违约金。

如何界定恶意，也是应当厘清的问题。对恶意，通常解释为不良居心，坏的用意。在法律术语的解释上，恶意是故意中的最甚者。不过，在解释合同领域的恶意时，实际上相当于直接故意。当事人一方恶意违约，通常就是故意违约，且心怀坏的用意。对此，就可以认定为恶意违约的当事人。

第六十六条　违约金调整的释明与改判

当事人一方请求对方支付违约金，对方以合同不成立、无效、被撤销、确定不发生效力、不构成违约或者非违约方不存在损失等为由抗辩，未主张调整过高的违约金的，人民法院应当就若不支持该抗辩，当事人是否请求调整违约金进行释明。第一审人民法院认为抗辩成立且未予释明，第二审人民法院认为应当判决支付违约金的，可以直接释明，并根据当事人的请求，在当事人就是否应当调整违约金充分举证、质证、辩论后，依法判决适当减少违约金。

被告因客观原因在第一审程序中未到庭参加诉讼，但是在第二审程序中到庭参加诉讼并请求减少违约金的，第二审人民法院可以在当事人就是否应当调整违约金充分举证、质证、辩论后，依法判决适当减少违约金。

【民法典条文】

第五百八十五条　当事人可以约定一方违约时应当根据违约情况向对方支付一定数额的违约金，也可以约定因违约产生的损失赔偿额的计算方法。

约定的违约金低于造成的损失的，人民法院或者仲裁机构可以根据当事人的请求予以增加；约定的违约金过分高于造成的损失的，人民法院或者仲裁机构可以根据当事人的请求予以适当减少。

当事人就迟延履行约定违约金的，违约方支付违约金后，还应当履行债务。

【相关司法解释】

《最高人民法院关于审理买卖合同纠纷案件适用法律问题的解释》（2020）

第二十一条　买卖合同当事人一方以对方违约为由主张支付违约金，对方以合同不成立、合同未生效、合同无效或者不构成违约等为由进行免责抗辩而未主张调整过高的违约金的，人民法院应当就法院若不支持免责抗辩，当事人是否需要主张调整违约金进行释明。

一审法院认为免责抗辩成立且未予释明，二审法院认为应当判决支付违约金的，可以直接释明并改判。

《最高人民法院关于审理买卖合同纠纷案件适用法律问题的解释》（2012）

第二十七条　买卖合同当事人一方以对方违约为由主张支付违约金，对方以合同不成立、合同未生效、合同无效或者不构成违约等为由进行免责抗辩而未主张调整过高的违约金的，人民法院应当就法院若不支持免责抗辩，当事人是否需要主张调整违约金进行释明。

一审法院认为免责抗辩成立且未予释明，二审法院认为应当判决支付违约金的，可以直接释明并改判。

【条文要义】

本条是对违约金调整的释明与二审改判方法作出的解释。

原《合同法》对违约金调整的释明和改判方法，没有作具体规定。2012年《最高人民法院关于审理买卖合同纠纷案件适用法律问题的解释》第 27 条第一次规定，买卖合同的一方当事人对违约方主张支付违约金，对方以合同不成立、合同未生效、合同无效或者不构成违约等为由进行抗辩，而未主张调整过高的违约金的，法院负有释明的责任。《民法典》通过后，2020 年《最高人民法院关于审理买卖合同纠纷案件适用法律问题的解释》第 21 条对此继续作了规定。在这一规定的基础上，本条对违约金调整的释明和二审改判方法的规则作出的规定。

双方当事人在合同中约定的违约金过分高于违约造成对方当事人的实际损失，违约方可以在诉讼中提出适当酌减的请求权，法院应当按照《民法典》第 585 条第 2 款的规定，适当酌减违约金数额。

在实际的案件审理中，违约方可能没有主张违约金适当减少，或者在一审中没有提出违约金酌减的请求，却在二审中提出。对这些问题应当采取何种方法处理，不够明确。

约定的违约金过分高于违约造成的实际损失，违约一方请求适当减少违约金数额，是当事人的权利，原则上应当由当事人自己主张，实行当事人主义。但是，对于上述情况，违约方在诉讼中没有提出或者没有明确提出，法院不能实行职权主义，仍然应当坚持当事人主义。对此，法院审理认为违约金过分高于实际损失的，应当向违约方释明，告知其享有适当减少违约金的请求权。同时，在审判过程中，不同审级的法院应当怎样作出判决，也需要进一步明确。对此，本条司法解释作了两款明确规定。

1. 违约金过分高于损失违约方未主张调整的释明

双方当事人签订合同约定的违约金过分高于因违约造成的损失，违约方享有适当减少违约金数额的请求权。但是，违约方没有行使适当减少违约金数额请求权，而是以合同不成立、未生效、无效、确定不发生效力、不构成违约或者非违约方不存在损失等为由进行抗辩，由于这些请求未涉及违约金的调整，因而未主张调整违约金的，无论违约方是知道还是不知道自己享有适当减少违约金请求权，法院都应当向当事人释明，使违约方知道对适用违约金享有酌减请求权，并决定是否行使这一请求权。

至于违约方是否行使这一权利，由违约方自己决定。违约方行使违约金酌减请求权，法院应当依法作出判决，减少违约金数额。违约方拒绝行使违约金酌减请求权的，法院不应当判决酌减违约金。

在违约责任纠纷案件的审理过程中，违约方未提出酌减违约金数额，一审法院经审理认为酌减违约金数额的抗辩不成立，未对当事人予以释明，直接判决按照合同约定支付违约金，或者认为酌减违约金的抗辩成立而未予释明，二审法院经审理认为应当判决支付违约金的，应当采取补救措施，直接向当事人释明其享有违约金酌减请求权。违约方提出酌减违约金数额请求的，可以根据当事人的请求，就是否应当调整违约金组织进行充分的举证、质证、辩论，在此基础上，二审法院依法判决适当减少违约金。

2. 一审被告未到庭二审到庭请求减少违约金的，二审可以直接判决

双方当事人在合同中约定的违约金过分高于违约造成的实际损失，违约方享有的酌减请求权，违约方可以行使也可以不行使。在诉讼中，违约方原则上应当在一审程序中提出行权的请求。被告因客观原因在一审程序中未到庭参加诉讼，在二审程序中到庭参加诉讼，并请求减少违约金的，二审法院就是否应当调整违约金，组织进行充分的举证、质证、辩论，在此基础上，依法判决适当减少违约金。

本条没有提到另一种情况，即违约方在一审诉讼中经过释明也

没有提出酌减违约金的请求，但在二审诉讼中提出了这一请求，应当如何处理。根据本条第 2 款规定的基本精神，可以考虑处理的方法是，违约方经过释明，明知自己享有酌减违约金请求权，却在一审诉讼中没有提出，在二审诉讼中才提出，应当视为其在一审释明后，就已经放弃了酌减请求权。

第六十七条　　定金罚则

当事人交付留置金、担保金、保证金、订约金、押金或者订金等，但是没有约定定金性质，一方主张适用民法典第五百八十七条规定的定金罚则的，人民法院不予支持。当事人约定了定金性质，但是未约定定金类型或者约定不明，一方主张为违约定金的，人民法院应予支持。

当事人约定以交付定金作为订立合同的担保，一方拒绝订立合同或者在磋商订立合同时违背诚信原则导致未能订立合同，对方主张适用民法典第五百八十七条规定的定金罚则的，人民法院应予支持。

当事人约定以交付定金作为合同成立或者生效条件，应当交付定金的一方未交付定金，但是合同主要义务已经履行完毕并为对方所接受的，人民法院应当认定合同在对方接受履行时已经成立或者生效。

当事人约定定金性质为解约定金，交付定金的一方主张以丧失定金为代价解除合同的，或者收受定金的一方主张以双倍返还定金为代价解除合同的，人民法院应予支持。

【民法典条文】

　　第五百八十六条　当事人可以约定一方向对方给付定金作为债权的担保。定金合同自实际交付定金时成立。

　　定金的数额由当事人约定；但是，不得超过主合同标的额的百分之二十，超过部分不产生定金的效力。实际交付的定金数额多于或者少于约定数额的，视为变更约定的定金数额。

【相关司法解释】

　　《最高人民法院关于审理商品房买卖合同纠纷案件适用法律若干问题的解释》（2020）

　　第四条　出卖人通过认购、订购、预订等方式向买受人收受定金作为订立商品房买卖合同担保的，如果因当事人一方原因未能订立商品房买卖合同，应当按照法律关于定金的规定处理；因不可归责于当事人双方的事由，导致商品房买卖合同未能订立的，出卖人应当将定金返还买受人。

　　《最高人民法院关于审理商品房买卖合同纠纷案件适用法律若干问题的解释》（2003）

　　第四条　出卖人通过认购、订购、预订等方式向买受人收受定金作为订立商品房买卖合同担保的，如果因当事人一方原因未能订立商品房买卖合同，应当按照法律关于定金的规定处理；因不可归责于当事人双方的事由，导致商品房买卖合同未能订立的，出卖人应当将定金返还买受人。

【条文要义】

　　本条是对定金识别方法以及违约定金、立约定金、证约定金和解约定金法律适用规则的解释。

在《民法典》实施前，我国的定金规则是《担保法》规定的。在具体的法律适用中，只有 2003 年《最高人民法院关于审理商品房买卖合同纠纷案件适用法律问题的解释》第 4 条规定了定金的具体适用规则。《民法典》实施后，2020 年修订的《最高人民法院关于审理商品房买卖合同纠纷案件适用法律若干问题的解释》第 4 条继续对此作了规定。但是，对于定金适用的一般规则，司法解释没有作出规定。本条是对适用《民法典》合同编通则在违约责任中规定的定金规则，作了具体解释。

《民法典》第 586 条和第 587 条规定了定金和定金罚则。定金的法律属性是担保，交付定金就等于设立了债权的担保物权。不过，我国《民法典》没有把定金规定在担保物权体系内，而是规定为违约责任。尽管如此，定金仍然是债权的担保物权，其中第 586 条第 1 款就规定了"当事人可以约定一方向对方给付定金作为债权的担保"，表达了定金的担保物权属性。

定金的性质非常复杂，可以由当事人约定。当事人可以在合同中约定定金具有互不排斥的多重性质，如立约定金、成约定金、证约定金、违约定金等。我国《民法典》把定金规定在违约责任体系中，主要是把定金规定为违约定金，但不排斥除了违约定金性质以外具有其他属性的定金。当事人可以约定立约定金、成约定金、证约定金等，但在订立主合同后，定金不予以返还，转而用作违约定金；也可以直接约定为违约定金。

不过，《民法典》用两个条文规定了定金和定金罚则，规则还是比较简陋，有很多具体问题需要司法解释进一步明确，使具体操作有明确的规则。本条对定金的识别以及对违约定金、立约定金、证约定金和解约定金的适用，都作了具体规定。

1. 对违约定金的识别

当事人订立合同和履行合同，经常会就合同约定的定金或者类似于定金的条款发生争议，因而存在对定金的识别问题。

对定金的识别主要表现在两个方面：一是对没有写明定金字样的其他交付金钱方式是否属于定金，需要进行识别；二是对没有约定定金属性的应当如何识别其类型。

（1）对定金的一般识别

在合同实践中，经常会出现当事人交付留置金、担保金、保证金、订约金、押金或者订金等金钱，却没有约定具体性质的情形。对此，一方主张是定金，另一方否认定金的性质。对此，本条司法解释第 1 款规定的方法是，没有约定定金性质的，就不是定金，一方当事人主张适用定金罚则的，法院不予支持。

此外，对这种情形，究竟认定为定金，还是不认定为定金，关键在于是否约定适用定金罚则。如果不属于定金，就不适用定金罚则；如果属于定金，就一定要适用罚则。或者反之，约定定金罚则的，就是定金；没有约定定金罚则的，就不是定金。当然，如果双方当事人在合同中明确约定为定金，即使没有约定定金罚则，也应当认定为定金，适用定金罚则。这关系到双方当事人的利益问题，必须准确识别，确定是否构成定金。

对合同约定的留置金、担保金、保证金、订约金、押金或者订金等，一方主张适用《民法典》第 587 条规定的定金罚则的，其中必定没有约定定金罚则，因此原则上都不是定金，不能认定为定金，因为不适用定金罚则。所以，法院对于这种诉讼请求不予支持。

不过，这里有一个问题，如果当事人在合同中约定了留置金、担保金、保证金、订约金、押金或者订金，同时也约定了定金罚则或者类似于定金罚则，尽管这些留置金、担保金、保证金、订约金、押金或者订金没有直接称为"定金"，但只要约定适用定金罚则的，就能与留置金、担保金等作出严格区分，因而属于定金。这在本条司法解释没有提到，在实践中识别定金时是可以适用的。

（2）对违约定金的识别

当事人在合同中约定了定金，但未约定定金类型或者约定不明，对此发生争议，一方主张为违约定金的，依照《民法典》的规定，我国定金的主要类型是违约定金，因而其主张有法律根据，况且在立约定金、成约定金、证约定金等在合同成立后，都有可能转化成违约定金，所以，对这一方当事人关于违约定金的主张，法院应予支持。

对双方约定的违约定金适用定金罚则，《民法典》已经作了明确规定，给付定金的一方不履行债务或者履行债务不符合约定，致使不能实现合同目的的，无权请求返还定金；收受定金的一方不履行债务或者履行债务不符合约定，致使不能实现合同目的的，应当双倍返还定金。在定金适用中，正是由于定金罚则的存在和适用，才使定金有了对合同债权担保的属性。

由于违约定金具有上述债权担保的属性，关乎双方当事人的权益，因而定金合同应当以书面形式订立，增加其严肃性，强调对双方当事人履行合同的担保作用。

2. 约定立约定金但拒绝订立合同或未订立合同的定金罚则适用

在交易中，如果当事人已经明确约定以交付定金作为订立合同的担保，约定的定金就具有明确的立约定金和违约定金的属性。在当事人约定了以交付定金作为订立合同担保后，一方无正当理由拒绝订立合同或者在磋商订立合同时违背诚信原则导致未能订立合同，不论是已经交付了定金还是没有交付定金，只要对方主张适用《民法典》第 587 条规定的定金罚则的，就有《民法典》第 586 条的依据，所以法院应予支持。

这里存在的问题是，当事人约定以交付定金作为订立合同的担保，一方无正当理由拒绝订立合同，或者在磋商订立合同时违背诚信原则导致未能订立合同，这里究竟是几个合同，不够清楚。其中当事人约定以交付定金作为订立合同的担保，是口头约定还是书面约定，不无疑问。按照文字理解和法理，约定交付定金担保合同订立和履行，定金合同应当以书面形式订立，可以在主合同中约定，也可以单独订立定金合同。按照上述文字理解，是订立了定金合同后主合同没有订立更准确。不过，双方当事人口头约定以交付定金作为订立合同的担保，双方没有争议的，也可以认定立约定金合同成立，对双方当事人具有约束力。所以，这一部分在实践中还应当进一步探索。

3. 约定证约定金未支付定金认定合同成立或者生效的要件

定金具有证约定金的属性。如果当事人约定以交付定金作为合同成立或者生效条件，定金就具有了证约定金的属性。如果一方当事人约定了证约定金，但是，并没有交付定金，怎样才能认定合同已经成立或者生效，以及合同的成立或者生效应当确定在何时，要有明确的规则。

对此，本条第 3 款规定，应当交付定金的一方未交付定金，但是合同主要义务已经履行完毕并为对方所接受的，法院应当认定合同在对方接受履行时已经成立或者生效。这就解决了两个问题：

首先，尽管约定了证约定金，当事人却没有交付定金，认定合同成立或者生效须具备两个要件：一是合同的主要义务已经履行完毕；二是对方当事人已经接受履行。按照《民法典》的规定，这时合同就已经成立、生效，不应当再对合同的成立或者生效提出质疑，因为双方的行为已经证明合同成立和生效，并且已经在实际履行。

其次，在这种情况下，证约定金尽管没有交付，但是已经不再起到证明合同已经成立和生效的作用。

4. 约定解约定金的法律适用

在理论上，对当事人是否可以约定解约定金，以适用定金罚则为条件而解除合同，是有争议的。最主要的质疑意见是，解约定金的适用违反合同信守原则，属于不诚信的表现，以为只要付出定金，就可以理所当然的解除合同，因而造成对方当事人权益的损害。

这种意见是不成立的，既然双方已经约定为解约定金，在依法提出解约时适用定金罚则，是双方当事人意思自治的体现，当他们愿意接受定金罚则的约束而解除合同时，他们的约定就是有效的。如果否定当事人约定解约定金的合理性和合法性，确认解约定金违反诚信原则，是不尊重意思自治原则。同时，解约定金的约定，在一方愿意支付定金罚则的损失，实际上已经对被解约的一方当事人的合法权益损害有了补偿，也不存在不公平的问题。

因此，本条第4款作出规定，当事人约定定金性质为解约定金，交付定金的一方主张以丧失定金为代价解除合同，或者收受定金的一方主张以双倍返还定金为代价解除合同的，法院应当予以支持，确认双方当事人约定解约定金的合法性和有效性。

第六十八条　定金罚则的法律适用

双方当事人均具有致使不能实现合同目的的违约行为，其中一方请求适用定金罚则的，人民法院不予支持。当事人一方仅有轻微违约，对方具有致使不能实现合同目的的违约行为，轻微违约方主张适用定金罚则，对方以轻微违约方也构成违约为由抗辩的，人民法院对该抗辩不予支持。

当事人一方已经部分履行合同，对方接受并主张按照未履行部分所占比例适用定金罚则的，人民法院应予支持。对方主张按照合同整体适用定金罚则的，人民法院不予支持，但是部分未履行致使不能实现合同目的的除外。

因不可抗力致使合同不能履行，非违约方主张适用定金罚则的，人民法院不予支持。

【民法典条文】

第五百八十七条　债务人履行债务的，定金应当抵作价款或者收回。给付定金的一方不履行债务或者履行债务不符合约定，致使不能实现合同目的的，无权请求返还定金；收受定金的一方不履行债务或者履行债务不符合约定，致使不能实现合同目的的，应当双倍返还定金。

第五百九十条　当事人一方因不可抗力不能履行合同的，根据不可抗力的影响，部分或者全部免除责任，但是法律另有规定的除外。因不可抗力不能履行合同的，应当及时通知对方，以减轻可能给对方造成的损失，并应当在合理期限内提供证明。

当事人迟延履行后发生不可抗力的，不免除其违约责任。

【相关司法解释】

《全国法院民商事审判工作会议纪要》

47.【约定解除条件】合同约定的解除条件成就时,守约方以此为由请求解除合同的,人民法院应当审查违约方的违约程度是否显著轻微,是否影响守约方合同目的实现,根据诚实信用原则,确定合同应否解除。违约方的违约程度显著轻微,不影响守约方合同目的实现,守约方请求解除合同的,人民法院不予支持;反之,则依法予以支持。

【条文要义】

本条是对定金罚则具体适用规则的解释。

通常认为,定金的固有功能决定了定金责任的惩罚性色彩通常比违约金责任更浓厚。对定金责任适用控制存在问题,应当通过惩罚性赔偿法定原则限制其惩罚性,由此可统合各类违约赔偿约款的法律适用。对于定金罚则,以往的司法解释没有作出规定,只是在《全国法院民商事审判工作会议纪要》第47条作了规定。本条就是在这个规定的基础上形成的。

《民法典》第587条关于定金罚则的规定是明确的,但是,在具体适用规则上,还有很多问题需要明确,使其具有更好的可操作性,便于在司法实践中适用。

本条司法解释就是针对《民法典》关于定金罚则的规定在具体适用中的规则作出了解释。

1. 双方当事人都有违约行为不适用定金罚则

《民法典》第587条规定定金罚则适用的条件,是给付定金的一方不履行债务或者履行债务不符合约定,或者收受定金的一方不履行债务或者履行债务不符合约定，因而致使不能实现合同目的。这里明确说的是一方当事人违约致使不能实现合同目的。如果是双方违约，双方的违约行为都致使不能实现合同目的，就不具备适用《民法典》第587条规定的定金罚则适用条件，不能适用定金罚则。

同时，一方当事人仅有轻微违约行为，另一方的违约行为致使不能实现合同目的，有轻微违约行为的一方当事人可否主张适用定金罚则，也应当有明确的规定。

对于上述两种情形，本条第1款作了明确规定。

首先，双方当事人均具有《民法典》第587条规定的致使不能实现合同目的的违约行为，其中一方请求适用定金罚则的，法院不予支持。主要原因是，《民法典》第587条规定定金罚则适用于一方违约，不适用于双方违约的情形。

其次，当事人一方仅有轻微违约，另一方违约行为致使合同目的不能实现，是否适用定金罚则，关键在于轻微违约是否为适用定金罚则的条件。

违约是一个含义广泛的概念，合同当事人实施的任何与法律、合同规定的义务不相符合的行为，都可以被认定为违约。从违约的严重程度划分，违约可以分为轻微违约、严重违约和根本违约。

轻微违约，常常并未使非违约方遭受重大损失，亦未动摇合同存在的基础。严重违约则是违约方的违约行为较为严重，致使对方当事人遭受重大损失，但是并未致使合同目的不能实现。根本违约则是"实际剥夺了相对方根据合同规定有权期待得到的东西"，致使合同目的不能实现。

既然违约分为轻微违约、严重违约和根本违约，因而相对应的对合同对方当事人的处置就有程度的区别。通常认为，合同一方轻微违约或者严重违约，应当承担违约责任，但是合同能够履行的还是要继续履行，合同不能履行的，应当承担赔偿责任。只有对违约行为致使合同目的不能实现的根本违约，对方当事人才享有法定解除权，请求解除合同。

在定金罚则的适用上，如果一方当事人仅有轻微违约，而对方当事人有致使不能实现合同目的的根本违约，是否认为双方都违约而不能适用定金罚则，是有疑问的。对此，本条第 1 款后段规定，当事人一方仅有轻微违约，对方具有致使不能实现合同目的的违约行为，轻微违约方主张适用定金罚则，对方以轻微违约方也有违约行为为由抗辩的，法院对该抗辩不予支持。这一规定的实质意义在于，一方当事人虽然有轻微违约行为，但不构成致使合同目的不能实现，因此他对对方实施的违约致使合同目的不能实现，仍然可以主张定金罚则，主张对方无权请求返还定金或者双倍返还定金。简言之，轻微违约方对严重违约方可以主张适用定金罚则。

2. 部分未履行合同义务按比例适用定金罚则

在适用定金罚则的场合，一方当事人部分履行合同，部分合同义务没有履行，对方当事人是否可以请求适用定金罚则，有不同的见解。一种主张认为，定金罚则应当适用于全部合同未履行，体现定金罚则对于违约行为处罚的整体性，也体现定金担保债权的整体性。另一种主张认为，定金罚则虽然担保整个债权，但是，对合同部分没有履行的，可以按照比例适用定金罚则。对于这两种见解要有确定的规则，统一定金罚则的适用方法。

对此，本条第 2 款规定，当事人一方已经部分履行合同，对方接受并主张按照未履行部分所占比例适用定金罚则的，法院应当支持按照未履行部分所占比例适用定金罚则的主张。如果对方主张按照合同整体适用定金罚则的，则违反公平原则，法院不予支持。

不过有一个例外，如果部分未履行致使不能实现合同目的，符合《民法典》第587条规定的适用定金罚则的要求，应当适用定金罚则。这是因为，《民法典》第587条规定适用定金罚则的条件，除了致使不能实现合同目的以外，在规定违约行为的要件中不仅包括不履行债务，而且也规定履行债务不符合约定。在履行债务不符合约定中，就应当包含部分不履行。

所以，当事人部分不履行合同债务，对方请求按比例适用定金罚则的，符合法律规定，应当支持，按比例适用定金罚则。部分不履行合同债务致使合同目的不能实现的，也符合定金罚则适用的规定，应当整体适用定金罚则。

3. 不可抗力免除适用定金罚则

《民法典》第590条规定，当事人一方因不可抗力不能履行合同的，根据不可抗力的影响，部分或者全部免除责任。在适用定金罚则上也应当同样如此，适用《民法典》第590条的这一规定。

因此，本条第3款规定，因不可抗力致使合同不能履行，非违约方主张适用定金罚则的，法院不予支持。

这里存在的问题是，不可抗力对履行合同并非发生全部不履行的影响。因此，《民法典》第590条规定，一方主张不可抗力不能履行合同，应当根据不可抗力的影响，部分或者全部免除责任。在不可抗力适用于定金罚则时，本条司法解释第3款没有区分这些不可抗力的不同影响，而是一律适用定金罚则。这样的规定是否全面，有斟酌的余地。例如，虽然发生了不可抗力，但是，不足以影响全部不履行合同，仍然有能力履行部分合同债务，这时应否按照比例适用定金罚则，还应继续进行探讨，本书采取支持的态度。

第九章　附　则

第六十九条　司法解释生效时间

本解释自 2023 年 12 月 5 日起施行。

民法典施行后的法律事实引起的民事案件，本解释施行后尚未终审的，适用本解释；本解释施行前已经终审，当事人申请再审或者按照审判监督程序决定再审的，不适用本解释。

【相关司法解释】

《最高人民法院关于适用〈中华人民共和国民法典〉时间效力的若干规定》

第一条　民法典施行后的法律事实引起的民事纠纷案件，适用民法典的规定。

民法典施行前的法律事实引起的民事纠纷案件，适用当时的法律、司法解释的规定，但是法律、司法解释另有规定的除外。

民法典施行前的法律事实持续至民法典施行后，该法律事实引起的民事纠纷案件，适用民法典的规定，但是法律、司法解释另有规定的除外。

第二条　民法典施行前的法律事实引起的民事纠纷案件，当时的法律、司法解释有规定，适用当时的法律、司法解释的规定，但是适用民法典的规定更有利于保护民事主体合法权益，更有利于维护社会和经济秩序，更有利于弘扬社会主义核心价值观的除外。

第三条 民法典施行前的法律事实引起的民事纠纷案件，当时的法律、司法解释没有规定而民法典有规定的，可以适用民法典的规定，但是明显减损当事人合法权益、增加当事人法定义务或者背离当事人合理预期的除外。

第四条 民法典施行前的法律事实引起的民事纠纷案件，当时的法律、司法解释仅有原则性规定而民法典有具体规定的，适用当时的法律、司法解释的规定，但是可以依据民法典具体规定进行裁判说理。

《全国法院贯彻实施民法典工作会议纪要》

12. 除上述内容外，对于民通意见、合同法解释一、合同法解释二的实体性规定所体现的精神，与民法典及有关法律不冲突且在司法实践中行之有效的，如民通意见第 2 条关于以自己的劳动收入为主要生活来源的认定规则等，人民法院可以在裁判文书说理时阐述。上述司法解释中的程序性规定的精神，与民事诉讼法及相关法律不冲突的，如合同法解释一第十四条、第二十三条等，人民法院可以在办理程序性事项时作为参考。

13. 正确适用《时间效力规定》，处理好新旧法律、司法解释的衔接适用问题。坚持"法不溯及既往"的基本原则，依法保护当事人的合理预期。民法典施行前的法律事实引起的民事纠纷案件，适用当时的法律、司法解释的规定，但《时间效力规定》另有规定的除外。

当时的法律、司法解释包括根据民法典第一千二百六十条规定废止的法律，根据《废止决定》废止的司法解释及相关规范性文件，

《修改决定》所涉及的修改前的司法解释。

14. 人民法院审理民事纠纷案件，根据《时间效力规定》应当适用民法典的，同时适用民法典相关司法解释，但是该司法解释另有规定的除外。

17. 民法典施行前的法律事实引起的民事纠纷案件，根据《时间效力规定》应当适用民法典的，同时列明民法典的具体条文和《时间效力规定》的相关条文。民法典施行后的法律事实引起的民事纠纷案件，裁判文书引用法律、司法解释时，不必引用《时间效力规定》的相关条文。

18. 从严把握溯及适用民法典规定的情形，确保法律适用统一。除《时间效力规定》第二部分所列具体规定外，人民法院在审理有关民事纠纷案件时，认为符合《时间效力规定》第二条溯及适用民法典情形的，应当做好类案检索，经本院审判委员会讨论后层报高级人民法院。高级人民法院审判委员会讨论后认为符合《时间效力规定》第二条规定的"三个更有利于"标准，应当溯及适用民法典规定的，报最高人民法院备案。最高人民法院将适时发布相关指导性案例或者典型案例，加强对下指导。

【条文要义】

本条是对本司法解释生效施行时间的规定。

本司法解释是关于适用《民法典》合同编通则具体规则的解释，在具体适用中，当然应当遵守《最高人民法院关于适用〈中华人民共和国民法典〉时间效力的若干规定》，还应当注意参考《全国法院贯彻实施民法典工作会议纪要》关于适用《民法典》效力的有关规定。

对于本司法解释生效时间，本条主要是规定了以下两点。

1. 生效时间

本条第 1 款规定，本解释自 2023 年 12 月 5 日起施行。本司法解释是 2023 年 12 月 4 日发布的。据此，本司法解释已经发生效力，开始施行。

2. 本司法解释生效后的具体适用

对于本司法解释生效以后怎样具体适用的范围，本条第 2 款规定与其他司法解释的适用方法相同。

一是《民法典》施行后的法律事实引起的民事案件，本解释施行后尚未终审的，适用本司法解释。这就是，2021 年 1 月 1 日以后发生的法律事实引起的民事争议案件，在本司法解释施行后还没有终审的，适用本司法解释作为裁判依据。

二是本司法解释施行前，民事争议案件涉及本司法解释的适用，但是已经终审，当事人申请再审或者按照审判监督程序决定再审的，不论当事人是否主张适用本司法解释，都一律不适用本解释。

图书在版编目（CIP）数据

民法典合同编通则解释条文要义 / 杨立新著 . —北
京：中国法制出版社，2024.1
ISBN 978-7-5216-3734-2

Ⅰ.①民… Ⅱ.①杨… Ⅲ.①合同法-法律解释-中
国②合同法-法律适用-中国 Ⅳ.①D923.65

中国国家版本馆 CIP 数据核字（2023）第 119694 号

策划编辑：谢雯　　　　　　责任编辑：白天园　　　　　　封面设计：杨泽江

民法典合同编通则解释条文要义
MINFADIAN HETONGBIAN TONGZE JIESHI TIAOWEN YAOYI

著者/杨立新
经销/新华书店
印刷/三河市紫恒印装有限公司
开本/880 毫米×1230 毫米　32 开
版次/2024 年 1 月第 1 版

印张/ 11.75　字数/ 233 千
2024 年 1 月第 1 次印刷

中国法制出版社出版
书号 ISBN 978-7-5216-3734-2　　　　　　　　　　　　定价：46.00 元

北京市西城区西便门西里甲 16 号西便门办公区
邮政编码：100053
网址：http://www.zgfzs.com
市场营销部电话：010-63141612

传真：010-63141600
编辑部电话：010-63141792
印务部电话：010-63141606

（如有印装质量问题，请与本社印务部联系。）